普通高等教育"十三五"规划教材

科技文献检索与科教论文写作

主　编　张虎芳
副主编　张四方　阎元红

中国石化出版社
·北京·

内 容 提 要

本书是为高等院校本科生毕业论文(设计)环节教学而编写的指导性教材。体系安排符合科学研究的思维习惯，内容选择尽量做到系统而简明，具备了系统性、简明性、操作性、工具性、适用性等特点。本书包含科技文献检索、科技论文写作和教育科研论文写作三个模块。书中还收录和摘编了科技论文写作的标准和格式，供学习者查阅和参考。

本书既可作为高等院校理科师范类专业学生用书，也可作为非师范类理科学生用书；既可作为研究生用书，也可供从事科学研究活动人员和中学教师参考。

图书在版编目（CIP）数据

科技文献检索与科教论文写作 / 张虎芳主编 .—北京：中国石化出版社，2017. 8(2025. 8 重印)
普通高等教育“十三五”规划教材
ISBN 978-7-5114-4615-2

Ⅰ. ①科… Ⅱ. ①张… Ⅲ. ①科技情报-情报检索-高等学校-教材②科学技术-论文-写作-高等学校-教材 Ⅳ. ①G254. 97②H152. 3

中国版本图书馆 CIP 数据核字(2017)第 185156 号

中国石化出版社出版发行
地址:北京市东城区安定门外大街 58 号
邮编:100011 电话:(010)57512500
发行部电话:(010)57512575
http://www. sinopec-press. com
E-mail:press@ sinopec. com
宝蕾元仁浩（天津）印刷有限公司印刷
全国各地新华书店经销
*
710 毫米×1000 毫米 16 开本 17. 75 印张 344 千字
2025 年 8 月第 1 版第 4 次印刷
定价:36. 00 元

前　言

日趋激烈的国际竞争，反映在教育层面，就是人才的竞争，确切地讲，就是创新性人才的竞争，因此，培养创新人才无疑是一个国家、一个民族屹立于世界之林的根本保障。高等院校作为国家创新性人才培养的重要基地，如何对大学生的创新能力进行有效地培养，使大学生成为适应当代社会发展的创新型人才，在他们走出校门之后，在社会中自觉地承担起社会的责任，这已成为现代高等教育的首要任务。而大量的国内外成功经验业已证明，提高大学生创新能力的重要途径就是要加强大学生科研能力训练。因此，努力提高大学生的科研能力和毕业论文(设计)的写作能力，对提高大学生的创新精神与实践能力、提升国家在国际科技舞台上的竞争能力都具有重要的现实意义。

本书是为高等师范院校理科大学生科研训练的重要环节——毕业论文(设计)写作而专门编写的一本指导性教材。其目的是学生通过本书学习，了解科学研究的过程、掌握科学研究的方法、提高科技论文的写作能力、提升科学研究的创新能力。

本书编写时，我们以辩证唯物主义的认识论和方法论为指导，在体系安排上尽量符合科学研究的思维习惯，在内容选择上尽量做到系统而简明，在操作技术上尽量保证实用与可行，在适用范围上尽量做到面向不同群体，因此，本书具备了以下五个特点：

系统性　本书系统完整地介绍了科学研究过程包含的各个环节，并对各个环节中所涉及的概念、原理、方法、规范等内容进行了介绍，阐明了它们之间的相互关系。

简明性　本书对概念、原理只进行了简明扼要的介绍，对重要方法重点阐述，对一般方法简单示例，从而使本书简明扼要，重点突出。

操作性　本书注重理论联系实际，既强调理论在宏观上的把握，又注重具体方法在微观上的具体应用，通过一定量的典型示例，对各个环节给予具体指导。

工具性　为了方便读者查阅书中的各部分内容，本书给出了较为详细的目录，因此，本书具有工具书的部分功能和特点，方便了读者的使用。

适应性 本书虽然是为高等师范院校理科学生专门编写的，但它以科学技术研究和教育科学研究为切入点，因而对从事科学研究活动的人员、理科专业的研究生、理科师范类专业的大学生以及中学科学教师与科学教育研究人员也具有一定的参考价值。

本书共三部分18章。第一部分为科技文献检索，涉及科技文献检索基础知识、事实检索与数据检索、综合性文献检索、专利文献检索、特种文献检索、计算机检索、搜索引擎、文献数据库，共8章；第二部分为科技论文写作，涉及科技论文概述、写作程序、写作思维、结构与表达、写作格式与规范，共5章；第三部分为教育科研论文写作，涉及教育科学研究范式、方法、选题、方案设计、研究成果的表述，共5章。此外，书后还以附录的形式收集和摘编了科技论文写作中常用的一些标准、格式和理科学科主要中文期刊，供学习者参考与查阅。

本书由张虎芳教授任主编，参与编写的有忻州师范学院张虎芳、范建凤，太原师范学院张四方、阎元红、任跃红、彭邓民，晋中学院李军等同志。张四方、阎元红对全书中的部分内容作了修改并统校全书。

在编写过程中，我们参考了国内外有关书籍和资料，吸取了文献中的很多精华和优点，并引用了其中一些材料与数据，我们向这些书籍和资料的作者表示深深的谢意。在本书的出版过程中，我们得到了中国石化出版社的大力支持，在此，我们表示真诚的感谢。

由于我们的水平有限，加之时间仓促，书中一定会存在错误与不妥，敬请各位专家和读者不吝指正。需要教材课件的读者，请和张四方老师联系，邮箱：tysysyk@163.com。

张虎芳

2017年9月

目　录

第一部分　科技文献检索

第二部分　科技论文写作

第三部分 教育科研论文写作

附 录

第一部分　科技文献检索

本部分内容包括：科技文献检索基础知识、事实检索与数据检索、综合性文献检索、专利文献检索、特种文献检索、计算机检索、搜索引擎、文献数据库等。旨在了解科技文献的类型及著录格式，掌握科技文献检索的方法，提高查阅资料的能力。

第一章　科技文献检索基础知识

文献是用文字、图形、符号、声频、视频等技术手段记录知识信息的一种载体。文献不仅包括各种图书和期刊，而且包括会议文献、科技报告、专利文献、学位论文、科技档案等各种类型的出版物，甚至包括用声音、图像以及其他手段记录知识信息的全部现代出版物。

科技文献是人们从事生产活动和科学实验的记录，它是人类共同精神财富的一部分。随着科学技术的迅猛发展，科技文献对社会的发展影响越来越大。其特征表现在：文献数量大，增长速度快；文献分布广；文献时效性强；文献内容交叉重复；文献载体与语种增多；文献信息污染严重。

科技文献检索是根据特定需要利用一定的检索工具(设备)，从整理加工并存贮在某种载体上的文献集合中检索出所需的信息。其意义在于：促进信息资源的开发和利用，传播知识和利用知识，使知识转化为社会物质财富和创造出更多的精神财富；协助管理者作出正确的决策；继承和借鉴前人的成果，缩短研究周期，获得预期的经济效果。

第一节　文 献 类 型

文献的种类有多种多样，依加工程度分有：零次文献、一次文献、二次文献、三次文献；依出版类型分有：图书、期刊、会议文献、科技报告、专利文献、标准文献、学位论文、产品技术资料、技术档案、政府出版物。

1. 按加工程度分类

(1) 零次文献

未经出版发行的文献，包括手稿、个人通信、原始记录等。

(2) 一次文献

首次出版的各种文献，也称原始文献。如期刊论文、科技报告、会议论文、专利说明书等。一次文献是以科研生产活动的第一手成果为依据而创作的文献，内容丰富，参考价值大。

(3) 二次文献

报道和查找一次文献的检索书刊，如各种目录、题录和文摘等。二次文献是图书情报工作者在大量收集原始文献的基础上，经过分析、归纳、重组后出版的。二次文献是一次文献集约化、有序化的再次出版，是贮藏、利用一次文献的主要途径。

(4) 三次文献

利用二次文献提供的线索，选用大量一次文献的内容，经综合、分析和评述再度出版的文献，如各种述评、进展报告、动态综述、手册、年鉴和百科全书等。

一般说来，零次文献收集利用困难，一次文献是检索利用的对象；二次文献是检索的工具；三次文献是重要的信息源。

2. 按出版类型分类

(1) 图书

论述或介绍某一领域知识的出版物。图书又可分为三类：阅读性图书，如教科书、科普读物和一般生产技术图书；工具性图书，如辞典、手册和百科全书等；原始文献，如独创性的专著。图书的特点是内容比较系统、全面、成熟、可靠，缺点是出版周期较长，报道速度相对较慢。

(2) 期刊

期刊一般是指名称固定、开本一致的定期或不定期连续出版物。期刊论文内容新颖，报道速度快，信息含量大，是传递科技信息、交流学术思想最基本的文献形式。

(3) 会议文献

会议文献是指在国际或国内重要的学术或专业性会议上发表的论文。会议文献学术性强，往往代表着某一领域内的最新成就，反映了科技发展水平和趋势，是获得最新情报的一个重要来源。

(4) 科技报告

科技报告是指国家政府部门或科研生产单位关于某项研究成果的总结报告，或是研究过程中的阶段进展报告。报告的特点是各篇单独成册，统一编号，由主管机构连续出版。在内容方面，报告比期刊论文专深、详尽、可靠，是一种不可多得的情报源。

(5) 专利文献

专利文献主要由专利说明书构成。所谓专利说明书是指专利申请人向专利局递交的有关发明目的、构成和效果的技术文件。它经专利局审核后，向全世界出版发行。专利说明书的内容比较具体，有的还有附图，通过它可以了解该项专利的主要技术内容。其特点是：新颖性、实用性。

(6) 标准文献

标准文献是指为工业生产产品、工程建设而制定的质量、规格、检验方法等技术规定文件。作为一种规章性文献，它具有一定的法律约束力。一个国家的标准文献反映着该国的生产工艺水平和技术经济政策。

(7) 学位论文

学位论文是指为申请硕士、博士等学位而提交的学术论文。学位论文是就某一专题进行研究而作的总结，具有一定的独创性。

(8) 产品技术资料

产品技术资料是指产品目录、产品样本和产品说明书一类的厂商产品宣传和使用资料。产品样本通常对定型产品的性能、构造、用途、用法和操作规程等作具体说明。其特点是内容成熟，数据可靠，有的有外观照片和结构图，可直接供产品的设计制造参考。

(9) 技术档案

技术档案是指科研生产活动中形成的、有具体事物的技术文件、图纸、图表、照片和原始记录。详细内容包括任务书、协议书、技术指标、审批文件、研究计划、方案大纲、技术措施、调查材料、设计资料、试验和工艺记录等。技术档案一般为内部使用，不公开出版发行，有些有保密限制，因此在参考文献和检索工具中极少引用。

(10) 政府出版物

政府出版物是指各国政府部门及其设立的专门机构发表的文献。就文献的性质而言，政府出版物可分为行政性文件(如会议记录、政府法令、方针政策、规章制度以及调查统计资料等)和科学技术文献两部分。

第二节　检索类型

文献检索是根据特定需要利用一定的检索工具(设备)，从整理加工并存贮在某种载体上的文献集合中检索出所需的信息。

文献检索按处理信息的手段分有：手工检索和机器检索；按检索过程分有：直接检索和间接检索；按检索对象分有：文献检索、数据检索、事实检索；按加工深度分有：题录检索、文摘检索和全文检索。

1. 手工检索

手工检索是利用手工检索设备(如书本式目录、文摘、索引、卡片柜等)、检索语言、文献库进行文献检索的过程。它具有方便、成本低廉等特点，缺点是检索效率和响应时间均较差。

2. 机器检索

机器检索又可以分为机械检索和计算机检索。机械检索主要由穿孔卡片、选卡机、机械探针、编码规则、文献库等构成。计算机检索主要由计算机检索设备(联机检索设备、光盘检索设备、微机检索设备、缩微品机检设备等)、检索语言、文献库等构成。机器检索具有检索效率高、响应速度快等特点，缺点是是成本和检索费用较高。

3. 直接检索

直接从报刊杂志中通过浏览的方法获得所需文献，称为直接检索。它具有快捷、方便的特点，适于浏览新到的书刊资料，是一种获得最新情报的方法，缺点是受到各种限制而漏查很多相关文献，因此只能作为一种辅助性的检索方法。

4. 间接检索

间接检索是指借助于目录、文摘、索引等工具，或检索系统，先检索出文献线索，然后根据线索查出所需文献。间接检索可以比较有系统地、全面地获得相关课题的情报。这是我们需要掌握的方法。一般来说，间接检索有以下几个步骤：

(1) 分析研究课题，明确检索要求

弄清楚课题的性质，学科专业范围，所需的文献类型，要求的文种、年代的限定、课题的关键词等。

(2) 选择检索工具

根据检索课题的要求，选择符合检索要求的检索工具。选择检索工具时，首先必须对各种检索工具所覆盖的学科范围有清楚的了解，然后从文献的类型、文种、出版的时间等方面来考虑选择何种检索工具。例如查找有机化合物方面的资料选用电气电子类的文摘就不合适，若找专利文献利用期刊论文类的检索工具就会没有结果。

(3) 确定检索策略

选用具体的检索工具后，就要考虑选择哪种检索方法，确定具体的检索途径，是从分类途径还是从主题途径检索，所查找的文献要达到什么要求，选用什么检索词等，以便具体进行检索。

(4) 使用检索工具书

确定了具体的检索方法后，就要利用所用检索工具的索引，在一定的年代范围内具体查找，以获得文献线索。

(5) 获取原文

利用检索工具获得文献线索，获取文献原文。若馆藏目录中查不到，则可利用各类联合目录获得其他单位收藏的信息。

第三节　检 索 语 言

检索语言是专门用来描述文献的内容特征、外表特征和表达情报提问的一种人工语言。

检索语言按文献内容特征划分有：分类语言、主题语言、代码语言；按表达文献的外表特征划分有：题号索引、著者索引、引文索引、序号索引；按其包括的学科范围划分有：综合性语言和专业性语言；按其标识的使用方法划分有：先组式语言（文献标识在编表时就固定组配好）和后组式语言（文献标识在检索时才组配起来）。检索语言的种类虽然较多，但最为常用的是体系分类语言、标题词语言、叙词语言和关键词语言。

1. 分类语言与分类表

分类语言是以学科体系为基础，将各种概念按学科性质进行分类和系统排列，其特点是能集中体现学科的系统性，反映事物的从属、派生关系。分类语言是通过分类表来体现，一部完整的分类表大体可由：编制说明、大纲、简表、详表、辅助表、索引、附录等组成。如《国际专利分类表》、《美国国会图书馆图书分类法》、《中国图书馆图书分类法》和《中国科学院图书馆图书分类法》。

2. 标题词语言与标题词表

标题词语言是采用标准化处理的名词术语作为标识，来表达文献所论述或涉及的事物（主题），并将全部标识按字顺排列。

任何一个标题词，都是一个完整的标识，可以独立地标引一个文献主题。

标题词表是标题词的汇编，是一部标题词典。一部标题词表由三个部分组成：编制说明、主表、副表。

3. 叙词语言与叙词表

叙词是指以概念为基础，经过规范化、具有组配功能并可以显示词间关系和动态性的词或词组。叙词语言就是以叙词作为文献检索标识和查找依据的一种检索语言。

叙词作为标引和检索人员之间的共同语言，是通过叙词表来实现的。叙词表的结构比较复杂，一般由一个主表和若干辅表构成。

4. 关键词语言

关键词语言是直接选用文献中的自然语言作基本词汇，并将那些能够揭示文献题名或主要意旨的关键性自然语词作为关键词进行标引的一种检索语言。它是将文献原来所用的、能描述其主题概念的那些具有关键性的词抽出，不加规范或只作极少量的规范化处理，按字顺排列，以提供检索途径的方法。

关键词语言目前已得到广泛的应用，出现了多种关键词索引形式，如题内关键词索引、题外关键词索引、单纯关键词索引、词对式关键词索引和简单关键词索引。

第四节 检 索 工 具

检索工具是指用以报道、存贮和查找文献线索的工具。它是附有检索标识的某一范围文献条目的集合。

目前使用的检索工具有很多，按加工文献和处理信息的手段不同可分为：手工检索工具和机械检索工具。按照载体形式不同可分为：工具书检索、光盘检索、联机检索和网络检索。按照著录格式的不同可分为：目录检索、题录检索、文摘检索、索引检索。

1. 目录检索

目录又称书目，是按照一定的次序编排而成的一种揭示与报道文献的工具。目录的著录项目一般包含：书(刊)名、卷(期)数、作者、出版年月、出版地及书(刊)收藏情况等。

目录的种类很多，按照目录编制目的和社会功能可分为登记书目、科学通报书目、推荐书目、书目之书目五种基本类型；按照目录收录文献的内容范围可分为：综合书目，专业(专题)书目，地方文献书目，个人著述书目等；按照目录反映文献收藏情况，可以划分为馆藏目录和联合目录；按照文献的出版时间与书目编制的时间关系可以分为现行书目、回溯书目和预告书目。

2. 文摘检索

文摘是以精练的语言把文献的重要内容、学术观点、数据及结构准确地摘录下来，并按一定的著录规则与排列方式编排起来，供读者查阅使用。文摘的种类很多，按照文摘的编写者不同可分为著者文摘和非著者文摘。著者文摘是指按原文著者编写的文摘；而非著者文摘是指由专门熟悉本专业的文摘人员编写而成。按摘要的详简程度，可分为指示性文摘和报道性文摘两种。指示性文摘以最简短的语言写明文献题目、内容范围、研究目的和出处，实际上是题目的补充说明，一般在 100 字左右；报道性文摘以揭示原文论述的主题实质为宗旨，基本上反映了原文内容，讨论的范围和目的，采取的研究手段和方法，所得的结果或结论，同时也包括有关数据、公式，一般 500 字左右，重要文章可多达千字。

3. 题录检索

题录是将图书和报刊中论文的篇目按照一定的排检方法编排，供人们查找篇目出处的工具。它按照论文的篇名顺序排列，按“篇”报道，不论是否收藏原文，只要是已出版发行的文献都收录，具有广、全、快的特点。

4. 索引检索

索引是将书刊内容中所论及的篇名、语词、主题等项目，按照一定的排检方法加以编制，注明出处，供读者查检使用的检索工具。索引的种类繁多，按照索引的对象可分为篇目索引、分类索引、主题索引、著者索引、号码索引、语词索引、引文索引及专用索引(如型号索引、功能索引、分子式索引等)。常用的索引有：篇名索引、主题索引、辅助索引等。

5. 工具书检索

工具书是研究人员在从事科研、教学、生产或其他领域活动或学习的过程中对遇到问题可以随时查阅，获取线索或知识，从而满足各种需要的必备参考资料。利用工具书可以查到各种数据、公式、事实、图表、解释、人名、地名、事件名称、技术术语等。工具书可以分为三类：检索文献的工具书，如书目、索引、文摘等；语言性工具书，如各种字典、辞典等；参考性工具书，如百科全书、年鉴、手册、指南、名录、图册等。

检索常用的工具书有：《中国教育书目》、《中国国家书目》、《中文报刊教育论文索引》、《中国学术期刊文摘》、《世界教育文摘》、《计算机应用文摘》、《辞海》、《新大不列颠百科全书》、《中国大百科全书》、《中国青年百科全书》、《中国中学教学百科全书》、《中国百科年鉴》、《不列颠百科年鉴》、《电脑知识手册》等。

6. 光盘检索

光盘检索的特点是：运行速度快、成本低、检索效果好、下载方便、安全性能高。

光盘检索提供的服务有：追溯检索服务、定题服务、专题追溯检索服务。

光盘检索的基本流程：分析研究课题，明确查找要求；选择检索数据库；确定检索词；编写检索式；检索结果显示及判断。

常用的光盘数据库有：《中文科技期刊数据库》、《中国专利文献》、英国《科学文摘》等。

7. 联机检索

联机检索即用户利用终端设备，通过通信网络或通信线路与检索系统联机，进行“人机对话”，从检索中心的数据库查找所需文献信息的过程。联机检索的特点：可以实现信息资源共享、检索速度快、信息资源专业化、查全率和查准率高。

联机检索提供的服务有：追溯检索服务、定题服务、联机订购原始文献、光盘联机检索服务、电子邮件服务等。

联机检索的基本流程：根据具体课题内容选择数据库、确定联机检索策略、实施检索、保存检索结果。

常用的联机检索系统有：Dialog 联机检索系统、ORBIT 联机检索系统、BRS 系统。

8. 网络检索

由于电信网、卫星电视网、公共数据通信网等都可以为信息检索传输数据，世界各大检索系统纷纷进入各种通信网络，每个系统上的计算机成为网络中的一个节点，每个节点可以联接多个检索终端，各个节点之间通过通信线路彼此相连，这就是网络检索。网络检索即基于 Internet 的检索，它可以使人们在很短的时间里检索全球性文献资料，网络使得网上信息资源的利用率提高，信息组织更为有序和高效。随着信息网络技术的发展，信息检索技术将向着标准化、自动化、智能化、专业化的方向发展。

第五节　检索方法和途径

1. 检索方法

文献检索方法有很多种，归纳起来，主要有追溯法、工具法、循环法和浏览法。

（1）追溯法

追溯法是从已有文献后所列的参考文献着手，逐一追查原文，再从这些原文后所附的参考文献逐一检索，获得一批相关文献的方法。其优点是：在没有检索工具或检索工具不齐全的情况下，借助此法可较快地获得一批相关文献，但这种方法漏检和误检的可能性较高。

（2）工具法

工具法是利用文摘或题录等各种文献检索工具查找文献的方法。根据时间范围又分为顺查法、倒查法和抽查法。

① 顺查法。以所查课题起始年代为起点由远而近地按时间顺序查找的方法。这种方法比较费时，且问题发生的起始时间不容易确定，但查得的文献比较齐全。

② 倒查法。这是一种由近而远逆时间顺序的查找方法。与顺差法相比，倒查法比较省时省力，但有可能漏查一些有用的文献。

③ 抽查法。根据课题研究的特点，抓住该课题研究发展迅速、出版文献较多的年代，抽取一段时间或一段时间内的几个点，再进行顺时查找的方法。其特点是检索时间较少，查得文献较多，但也有漏检文献的可能。

（3）循环法

循环法是追溯法和工具法的结合，既要利用一般检索工具书刊，又要利用文献后附的参考文献进行追溯，分期分段地交替使用，直到获得满意的相关文献为止。

(4) 浏览法

浏览法就是科技人员对本专业或本学科的核心期刊逐期浏览阅读的方法。该方法的优点是：直接阅读原文内容，能最快地获取信息，获取本学科发展的动态和水平。缺点是：科技人员必须事先知道本学科的核心期刊；检索的范畴不够宽，因而漏检率较大。

通过检索工具搜寻文献是科技人员获得文献的主要途径，只要方法得当，往往可以事半功倍，在短时间里可获得大量切合课题需要的文献。但是，由于任何一种检索工具都只能收录有限的期刊和图书，而且检索工具与原始文献之间往往有一定的时间差。为了弥补这些缺陷，科技人员还必须借助其他方法来收集文献。实际检索选用何种方法，要根据课题研究的需要、检索工具和检索手段的具体情况而定。若检索工具书刊比较丰富可以利用常用法；若获得针对性很强的文献可利用追溯法；若获悉研究课题出版文献较多的年代可利用抽查法。

2. 检索途径

文献检索的途径同样有多种，常用的主要有分类途径、主题途径、著者途径、序号途径、引文途径和代码途径。

(1) 分类途径

根据文献的内容特征，利用分类目录或分类索引查找文献的途径。利用分类途径检索文献，首先要明确课题的学科属性、分类等级，获得相应的分类号，然后逐类查找。使用分类途径检索要求检索者对所用的分类体系有一定的了解、熟悉分类语言的特点，熟悉学科分类的方法，熟悉多学科课题的分类特征。

(2) 主题途径

根据文献的主题特征，利用各类主题目录和索引进行检索的途径。主题途径具有直观、专指、方便等特点，不必像使用分类途径那样，先考虑课题所属学科范围、确定分类号等。主题途径表征概念较为准确、灵活，不论主题多么专深都能直接表达和查找，并能满足多主题课题和交叉边缘学科检索的需要，具有特性检索的功能。

(3) 著者途径

利用著者目录和著者索引进行检索的途径。已知课题相关著者姓名，便可以依著者索引迅速准确地查到特定的资料。

(4) 序号途径

根据文献的序号特征，利用其序号索引进行检索的途径。利用序号途径，需对序号的编码规则和排检方法有一定的了解。

(5) 引文途径

文献所附参考文献或引用文献，是文献的外表特征之一。利用这种引文而编制的索引系统，称为引文索引系统，它提供从被引论文去检索引用论文的一种途径，称为引文途径。

(6) 代码途径

利用事物的某种代码编成的索引，如分子式索引、环系索引等，可以从特定代码顺序进行检索。

3. 检索步骤

文献检索是一项实践性很强的活动，它要求我们善于思考，并通过经常性的实践，逐步掌握文献检索的规律，从而迅速、准确地获得所需文献。一般来说，文献检索有以下步骤：

① 分析检索课题，包括分析检索课题的性质、读者已掌握文献的情况和要求、检索文献的类型、文种、时限以及检索的难易程度。

② 制定检索方案，主要是确定检索策略，安排适当人员，提出质量要求，规定完成的期限。

③ 选择检索工具。

④ 确定检索途径。

⑤ 提供检索结果，包括原始文献的出处、收藏单位及索取号码，以便直接获取原始文献或文献复制品。

4. 检索策略

检索策略是为实现检索目标而制订的全盘计划或方案。要在浩如烟海的文献中迅速准确地检索出自己需要的东西，就必须注意以下策略：

(1) 检索前的思考

检索前的思考就是要弄清楚以下问题：明确待查文献的目的是什么？准备做什么？是否已经掌握一些线索？在什么样的范围内查找？查找何类文献？用什么工具？用什么途径？用什么方法？

(2) 检索中的决断

检索时应做到：选择熟悉的检索工具；检索过程信息筛选做到心中有数；仔细记录和保存检索结果；查不到的信息也要记录下来；查清原文收藏单位索取原文。

(3) 检索后的分析

对收集到的文献初步筛选鉴别分类排序；对重要文献要研究，判断使用价值；进一步摘取有价值的内容；对获取的文献做出综述与评论。

(4) 养成调阅文献的习惯

能熟练查阅科技文献并不是一朝一夕能达到的，它需要结合自己的工作，经常注意科技信息的动态，经常浏览与查阅，日积月累方能成就。

第二章　事实检索与数据检索

事实检索是通过对存贮的文献中已有的基本事实，或对数据进行处理(逻辑推理)后得出新的(即未直接存入或所藏文献中没有的)事实过程；数据检索是以数据为检索对象，从已收藏数据资料中查找出特定数据的过程。

事实检索和数据检索是要检索出包含在文献中的具体信息；文献检索则是要检索出包含所需要信息的文献。文献检索的结果是与某一课题有关的若干篇论文，书刊的来源出处以及收藏地点等。事实检索和数据检索，主要靠参考工具书来解决。

第一节　事实检索和数据检索的信息源

1. 参考工具

(1) 参考工具书主要类型

参考工具书的主要类型有：字(词)典、辞典、手册、年鉴、百科全书、机构名录、人名录、公式与数表、图册(集)、产品目录、产品样本和产品说明书等。

(2) 参考工具书的内容特征

① 手册的内容特征。手册有综合性和专业性之分，它是围绕某一课题或学科的各种事实和数据、统计数字、规则、技术参数、图表、符号公式、原理方法等各类资料汇集成册的出版物。综合性手册概括了各学科的内容，知识面广泛、全面、系统，但浅显简要。专业性手册内容只涉及某学科的专业知识，概括了某学科的基本知识。常用的手册有：

《D. A. T. A. 半导体器件摘要》　它收录了世界各国生产的电子产品的特性参数、外形图、接线图等技术资料，涉及了约500家公司的电子元器件。全套丛刊分为17个分册，常用的有：二极管、数字集成电路、接口集成电路、线性集成电路、存储器集成电路、微处理器集成电路、光电子学器件、晶体管、功率半导体器件、使用说明、高可靠电子元件、集成电路替换手册和分立半导体元件替换手册等。

《CAPSXpert数据库》　该数据库收录了180万余种电子元器件的技术参数，包括世界1500多个厂家的数字电路、线性电路、接口电路、存储器、微处理器、半导体二极管、三极管、晶闸管、光电器件等。其中100万种以上的器件有详细的技术说明，包含文字和图形说明，如产品的管脚图、封装图、应用电路、特性曲线等，另外还提供了产品的价格及厂商销售点的信息。

《化学物理手册》 它是世界著名的化学物理手册，全书共有20个部分，包括：基本常数、单位及换算因子、命名法、符号与术语、有机化合物的物理常数、元素和无机化合物的性质、热力学、电化学与动力学、流体性质、生物化学与营养、分析化学、分子机构与光谱学、原子分子及光物理学、核与粒子物理学、固体性质、聚合物性质、地球物理学、天文学与声学、实验室实验数据、保健与安全信息，另有附录A(数学用表)和附录B(常见化学物质的化学文摘登记号和分子式)及索引。

《全球Internet网址簿》 这是一本因特网资源指南。该书按主题介绍网上最热门、最有应用价值的站点，每个站点都有简介，包括农业、艺术、航天、生物学、商业和金融、计算机、化学、物理学等学科以及各种休闲娱乐站点。

② 年鉴的内容特征。年鉴是收录某年内发生的事情和其他动向性问题的年度性出版物。其内容包含年内的各类事实、数据、统计资料、图表、图片及近期发展动向等。年鉴有综合性和专业性之分。按其收录的地域范围不同，则有地区性年鉴、国家性年鉴和世界性年鉴等。常用的年鉴有：

《中国百科年鉴》 其内容由“概况”和“百科”两部分组成。“概况”部分包括中国各省市概况、世界各国概况、国际会议等，以介绍情况为主。“百科”部分报道一年内发生的重大事件，采用分类编排，有19个部类，包括：国际、政治、军事、外交、法律、国土、环境、经济、产业、能源、交通与通信、科学技术、社会科学、教育、卫生、体育、文化、文学艺术、社会生活等。部类下有分目及条目，卷首有“分类目次表”，卷后有“分析索引”，按汉语拼音字顺编排。

《不列颠百科年鉴》 它是为《不列颠百科全书》提供补充资料，介绍一年来在政治、经济、文化诸方面的状况及发展，其中包括许多统计资料。

《麦格劳-希尔科学技术年鉴》 它是一种专业性年鉴，是为《麦格劳-希尔科学技术百科全书》提供补充资料。全书分为两部分：前一部分是重要论文，是有关当前人们关注的一些重大课题和科学技术发展的专题论述；后一部分是按字顺编排的条目，有大量插图和参考文献。

《世界年鉴》 它是一部有代表性的综合性年鉴，内容广泛，涉及众多学科和主题，资料可靠。

《联合国统计年鉴》 它是世界性综合年鉴，内容包括全球280多个国家及地区的人口、工农业、贸易、交通、财政、科技、教育、文化等方面的各种统计资料，并有英、法文字的对照。

《中国统计年鉴》 它是一部全面反映我国国民经济和社会发展的大型统计资料，包括人口、物价、能源、工业、城市建设和环境保护等各方面的情况。它收录全国及各省市一年的经济和社会各方面的大量统计数据，还包括历年的全国主要统计数据。这些资料大部分来自统计报表，一部分来自抽样调查，其内容广泛、图表规范。该书按分类编排，有“目录表”，它可作为科学研究、预测和决策的重要参考工具。

③ 百科全书的内容特征。百科全书收录的内容包括各学科或专业的定义、原理、方法、基本概念、历史及现状、统计资料、书目和重大事件等。百科全书有综合性和专业性之分。综合性百科全书包含多个学科和领域的知识；专业性百科全书提供的是只限于某个学科或领域的知识。常用的百科全书有：

《中国大百科全书》 该书有印刷版、简明版、网络版。印刷版全书按学科共分为 74 卷，其中有 73 卷为正文，1 卷为索引。正文中与科技相关的包括：数学、物理学(2 卷)、力学、化学(2 卷)、天文学、地质学、固体地球物理学、测绘学、空间科学、大气科学、海洋科学、水文科学、地理学、生物学(3 卷)、现代医学(2 卷)、中国传统医学、农业(2 卷)、水利、交通、矿冶、机械工程(2 卷)、土木工程、建筑园林城市规划、电工、电子学与计算机(2 卷)、自动控制与系统工程、航空航天、化工、轻工、纺织、环境科学等；简明版全书共 12 卷，按拼音顺序编排。《中国大百科全书》网络版网址为：http://www.ecph.com.cn/。

《新不列颠百科全书》 该书也称《大英百科全书》，全书共分为 32 卷，有四个主要组成部分：《百科简编》第 1～12 卷(共 12 卷)，其条目较短，按其名称字顺编排。提供基本概念和解释，有大量的参见索引，可指向《百科详编》。《百科详编》第 13～29 卷(共 17 卷)，其条目较详细，也按字顺编排。《百科类目》第 30 卷(共 1 卷)，是全书的分类目录。该类目将其内容分为 10 个大类，类下又细分为 14 个部类，189 个门类，1.5 万个细类，共 6 个层次。每类目都有类目释义及类目在《百科详编》中的卷号、页码和页内的分区号，可指引到《百科详编》4.5 万处，它是全书的分类指南。《关键词索引》第 31、32 卷(共 2 卷)，它著录有《百科简编》和《百科详编》的卷号、页码及页内的分区号，提供主题检索途径。《新不列颠百科全书》网络版网址为：http://www.eb.com。

《美国百科全书》 全书共分 30 卷。书中内容是世界性的，但偏重北美的人文、历史，有相当的科技含量。条目按名称字顺编排，条目后有许多书目。《美国百科全书》网络版网址为：http://publishing.grolier.com。

《美国学术百科全书》 全书共分 21 卷，最后一卷是索引。它是中小条目型百科全书，其中有词条 3 万，照片、地图 300 幅。

《麦格劳-希尔科学技术百科全书》 它是当前世界上在科技方面最具声誉和权威的百科全书，汇集了基础学科和技术学科的基本概念、基本原理，以及新兴科学技术的进展和应用。全书 20 卷中，有 19 卷为正文，最后一卷为索引。现收录条目近 8000 条，正文条目按其名称字顺编排，大部分条目除注释外还附有书目，书中有许多插图和照片。索引部分包括分析索引、主题索引和研究指南。

《计算机科学技术百科全书》 该书全面涉及计算机科学领域，包括：计算机科学理论、计算机组织与体系结构、计算机软件和硬件、计算机应用技术和人工智能等，条目有近1300条。

④ 字(词)典、辞典的内容特征。字典和词典是收录字、词的出版物，其内容在于注释字、词、科技名词术语、缩略语的形、音、义、全称、用法、不同文种的对译等。科技类的辞(词)典，主要是学科名词术语定义解释或不同文种互译对照。常用的字(词)典、辞典有：

《麦格劳-希尔科学技术术语词典》 它收录了有10余万条术语、11.7余万条定义和3千多照片，内容涉及100多学科，侧重电子、计算机和物理、化学学科，对术语、定义的解释说明简洁、明晰。另有科学家小传、诺贝尔奖获得者介绍等。

《辞海》 它是我国的一部较大的综合性词典，收录词语12万余，包括10余万个词语和1.6余万个单字。正文按部首编排，并有汉语拼音索引和笔画查字表。它有合订本和各学科的分册本。

⑤ 名录的内容特征。名录包括机构名录和名人录、人物传记、地名录等，提供学术机构、政府部门、事业机构、公司企业、城市地区和知名人士的有关资料和信息，包括机构和人物的名称、缩写，地址、电话号码、传真号码、电子邮件，机构职能、机构组织、历史沿革、人事情况、研究状况、活动领域、服务内容、出版物、产品等。名人录一般收录在世人物，而传记多数收录已故人物。常用的名录有：

《学术世界》 该书全面收录各国各类学术机构及其主要情况。该书的正文为两部分，前一部分是国际组织，先是介绍联合国教科文组织，而后是按学科介绍了400多国际组织。后一部分是国家组织，它按国名顺序编排各国的学术机构，提供学术团体、研究机构、博物馆、图书馆、高等院校等组织机构的信息。其中对重点高等院校等学术机构的介绍比较详细，包括校名、校址、校领导、所设院系、教授姓名及其学术专长、教工及学生人数等。正文后有机构索引。

《国际研究中心名录》 收录了125个国家和地区8千多个机构，包括：政府、大学、独立的非盈利机构、商业研究开发中心、研究所、实验室、数据收集分析中心、基金会、委员会及其他各支持研究的机构，提供了它们的地址、联系人、研究方向、出版物及服务等信息。

《科技机构名录》 收录了世界各国的科研机构1.5万个，包括协会、学会、政府机构、研究中心、基金会、大学、出版社、图书馆、标准和专利机构、信息服务机构等，介绍了它们的名称、地址等情况。

《世界科学学会和学会指南》 收录了世界150个国家和地区的科学技术、社会科学和人文科学方面的学会、协会，条目按地区和国家名称的字顺编排，并有索引。

⑥ 图册(集)、表册的内容特征。图册是收录各类设计图、线路图、工作曲线图、产品装配图、结构图和其他以图为主并附以少量文字说明或解释的出版物；表册主要是以公式、数据、计量单位换算及其他以数据、数表为主的出版物。

⑦ 产品资料的内容特征。产品资料主要指产品样本、产品目录和产品说明书。它的内容包括产品名称、型号、外观造型、外部尺寸、主要性能、参考价格及其简要的说明等。

2. 缩微胶卷、数据库和视频资料

（1）缩微胶卷

事实和数据类的缩微胶卷主要有产品资料、统计数据和机构方面的内容，如《Master Catalog Service》就是用 16mm 盒式缩微胶卷摄制的。

（2）数据库

事实和数据类的数据库内容很广泛，如公司企业机构数据库、产品资料信息数据库等。在众多的事实和数据型数据库中，DIALOG、ORBIT、ESA、《中国企业、公司及产品数据库》、《中国经济电讯数据库》等数据库都可供用户利用。

数据库的计算机检索方便、快速、远程，能实现信息资源的共享。

（3）视频资料

一些公司、企业将其最新的产品资料制成录像磁带或激光视盘，作为宣传广告和用户沟通的媒介。这类产品资料声、文、画并茂，动感和立体感强，是一种新型的事实和数据型信息源。

3. 报纸、期刊

（1）报纸

就载体信息源来说，报纸对信息的传递时效快、内容新、涉及面广、信息量大，缺点是过于分散。

（2）各种专业性期刊

期刊的信息传递一般较报纸为晚，但信息源相对集中。

第二节　事实和数据的检索

要进行事实和数据的检索，首先必须熟悉各种信息源，了解各种信息源的内容特征及掌握检索的具体方法。具体来讲，可按三步进行：分析研究课题，选定工具书；依工具书的排检特点，选定检索方法；查阅并记录检索结果。

示例 1：

课题：查找中国生产的 BY 系列永磁式步进电机的相关信息

步骤：

① 分析研究课题，选定工具书。

按课题要求，查找中国某种电机系列相关信息这类具体的事实和数据，可在中国出版的具有一定系统性和权威性的机电类产品目录或产品样本中查找。本课

题可选用《机械产品目录》。

② 依工具书的排检特点，选定检索方法。

步进电机属微电机类，从《机械产品目录》说明中可知，微电机类产品在第八分册。该产品目录按产品的功能分类排列，故按分类法检索。

③ 查阅并记录检索结果。

先在目录中查出“微电机”类，然后在该类往下查“步进电机”，再在“步进电机”小类中依顺序逐页查找，查得的相关信息为：

中国生产的 BY 系列永磁式步进电机有 20BY、25BY001、26BY 等 16 个型号，还有每一型号的技术特性参数、生产厂家和代码，部分还给出参考价格(基本信息)。厂家代号 20、22、19、3 分别为：国营重庆微电机厂、常州电机电器总厂、国营 906 厂和南京微电机厂。

示例 2：

课题：解释“计算机模拟”及“计算机辅助制造”两词条的基本内涵

步骤：

① 分析研究课题，选定工具书。

本课题的要求是说明某一科学词条的基本内涵，故可以选择百科全书、手册和学科类词条解释词典等工具书检索。现对前者选用《中国大百科全书——电子学与计算机》检索，后者选用中国计算机学会编的《计算机普及辞典》检索。

② 依工具书的排检特点，选定检索方法。

上述两书的正文部分均按分类法排检，书后附有中英文词条索引。首先通过两书的英文词条索引查找。用“Computer Simulation”和“Computer-aided Manufacturing”分别查找两书的英文词条索引，得出页码，然后依其给出的页码查找词条解释正文。

③ 查阅并记录检索结果。

计算机模拟(Computer Simulation)在《中国大百科全书——电子学与计算机》中查得该词条的解释为：

建立研究对象的数学模型或描述模型并在计算机上加以体现和试验。研究对象包括各种类型的系统，它们的模型是指借助有关概念、变量、规则逻辑关系、数学表达式、图形和表格对系统的一般描述。把这种数学模型或描述模型转换成对应的计算机上可执行的程序，给出系统参数、初始状态和环境条件等输入数据后，可在计算机上进行运算得出结果，并提供各种直观形式的输出，还可根据对结果的分析改变有关参数或系统模型的部分结构，重新进行运算。

计算机辅助制造(Computer-aided Manufacturing)在《计算机普及辞典》中查得该词条的解释为：

计算机辅助制造亦称计算机辅助生产或生产自动化。它把计算机用于生产过程，包括使用计算机来管理、控制和操作各种设备。

第三章　综合性文献检索

第一节　《工程索引》检索

1. 概述

美国《工程索引》(简称 EI)，创刊于 1884 年，由美国工程信息公司编辑出版。

《EI》名为索引，实为文摘期刊。它报道的文献主要为美国工程学会图书馆收藏的各种期刊、会议录、技术报告、论文集、政府出版物和图书，报道的文献几乎涉及工程技术各个领域。《EI》目前有以下出版形式：

(1)《工程索引月刊》

1962 年创刊。该月刊文摘报道日期与原始文献发表日期间的时差约 6~8 周，报道较为迅速，但它不便于追溯检索。

(2)《工程索引年刊》

1906 年定为本刊名。它将每年月刊上的文摘依据标题词重新汇集而成。每年出版一卷，每卷由文摘正文、著者索引、工程出版物等辅助索引和附表组成。年刊的优点是便于追溯检索。

(3)《工程索引缩微胶卷》

1970 年起出版，主要为多年累积索引。

(4)《工程索引》数据库

1988 年起将 COMPENDEX 和 EI Engineering Meeting 两个数据库合并为 COMPENDEX Plus 一个数据库，用户通过联机检索系统的终端可以检索到《EI》中的有关文献信息。

(5)《工程索引》光盘产品

① COMPENDEX Plus 数据库的 CD-ROM 是只读光盘产品。时间跨度为 1986 年至今，每季度更新一次。

② EI 生物工程与生物技术数据库的 CD-ROM 是专题性工程信息光盘产品。

③ EI 书目型数据库的 CD-ROM，每张光盘存储有两年的期刊论文和会议文献的题录约 50 万条，每月更新一次。

《EI》的特点表现在：报道的文献数量大、涉及学科多、参考价值高；正文文摘采用主题(标题词)编排，可依字顺查找所关心的标题词，标题词下即列有有关文献摘要和出处，有利于直接检索；出版形式多，可根据需要选择使用，也可配合使用。

2. 编排结构与著录

《EI》的月刊和年刊由正文、索引和附录三部分组成。

(1) 正文

月刊和年刊的正文是以主、副二级标题词为标目的文摘。主标题词采用黑体大写字母印刷，副标题词则以首字母大写印刷。主、副标题词分别按字顺排列。

著录格式举例：

COMPUTER SOFTWARE(主标题词)

Management(副标题词)

030395(文摘号)

Managing software products and process(文摘题名)

The software crisis is not a problem than can be solved by traditional engineering methods. It has introduced an additional level of complecity in product development. This has lead to an environment analogous to a softwaredepression of long duration and with poor prognosis of recovery. One of the first challenges lies in finding an estimating method to insure that everything that needs to be included in the estimate of software development costs are identified. Management must implement a comprehensive metrics program. The pragmatism is to minimize the risk in the software development process. Another first step in establishing a good software management program is to develop a software configuration management plan and a software quality assurance program. The development of training programs for software engineers cannot be over emphasized. Modern management methods must be applied to the software development in order to keep a competitive position in the world. (文摘)

13 Refs. English (参考文献及原文语种)

Richards, Thomas C. (Univ of North Texas , Denton, TX, USA). (著者及其所属单位)

Proc Proj Manage Inst Annu Semin Symp Managing for Quality(文摘来源会议名称缩写或期刊的缩写)

Proceedings of the 1991 PMI Annual eminar/Symposium, Dallas, TX, USA, Sep 27-Oct2 1991. (会议录名称，会议举办地点，举办日期；会议录出版者，出版地)

Publ by Project Management Inst, Drexel Hill, PA, USA, 1991 p 180-184. (会议录出版者，出版地，本篇论文在会议录中的起止页数)

(2) 著者索引

《EI》著者索引是将文摘正文中出现的著者全部收入本索引，并按著者姓名的字顺排列。排列顺序是先比较著者姓的字母，在姓相同情况下，则先排名字为首字母缩写的著者，最后排名字为全称的著者。如：

Richards，T. L.，010398，150403

Richards，Thomas C.，030395

Richards，Tony H.，122538

Richards，W. O.，013674

Richards，William G.，158758

Richards-Kortum，Rebecca.，014192

Richardson，A.，124912

（3）主题索引

1987年以后，《EI》的月刊和年刊均增加了主题索引。

① 月刊主题索引著录的项目。

a. 非正式标题词，即关键词　以非黑体大写字母排印，后面直接跟文摘号。

b. 正式标题词　以黑体大写字母排印，后面也直接跟文摘号。

c. 副标题词　以首字母大写的黑体字母排印。

d. 文摘号。

② 年刊主题索引著录的项目。

a. 非正式标题词，即关键词　用非黑体大写字母印刷词取自文献题名和文摘。

b. 文献题名　在同一关键词或主、副标题词下如果有多篇文献，则按文献题名的字母顺序排列。

c. 文摘号　其中A代表年刊文摘号，M代表月刊文摘号。

d. 正式主标题词　用黑体大写字母印刷。

e. 副标题词　用首字母大写的黑体字印刷。

f. 非英语文献的语种说明。

（4）著者单位索引

著者单位索引是将文献第一著者所属单位，按字顺排列后，该单位所发文献的全部文摘号。其著录项目包括：

① 著者单位名称及地址，按原文著者给出的著录。

② 文摘号。

（5）《工程出版物索引》（PIE）和《出版物一览表（PL）》

在《EI》年刊中，反映当年摘引的全部出版物名称的辅助索引，称之为《工程出版物索引》（简称PIE）。《工程出版物索引》从1977年开始出版，位置排在各年刊著者索引之前。到1987年，《工程出版物索引》被单独抽出，编成单行本。1988年后改名为《出版物一览表》（简称PL）和《会议一览表》，列于主题索引之后。

①《出版物一览表》著录的内容。

a. 连续出版物的缩写题名。

b. 连续出版物的全称。

c. 连续出版物的计算机检索代码(1990年起代码后还列有该刊的ISSN号)。

②《会议一览表》的著录包括:

a. 会议名称　用黑体字印刷。本表以会议名称的英语字母顺序排列。

b. 会议主办单位。

c. 会议举办地、举办时间。

d. 会议录名称。

e. 出版机构名称。

f.《EI》会议编号　本编号可用在计算机联机或光盘检索时使用。

3.《EI》检索方法及示例

(1)《EI》检索方法

根据课题要求和已有线索,《EI》检索方法主要有以下三种:

① 已知著者姓名,查该著者的有关文献,可利用《EI》年刊的著者索引查找他往年发表的文献,再利用当年《EI》月刊的著者索引查找他近来发表的文献。

② 已知某研究单位或公司名称,查该机构发表的有关文献,可利用《EI》年刊中的著者单位索引查找。

③ 未知课题任何线索,查课题相关文献。利用《EI》做这类课题,可以直接以课题涉及的概念,用《EI》年刊或月刊的主题索引试查,取得文摘号后转查题目、摘要和出处。

(2)《EI》检索示例

检索课题:彩色电视机接收器遥控装置的设计。

① 分析课题。彩色电视机接收器遥控装置的设计包括该类装置的原理、电路安排、器件选择以及外形方面的选择等问题。其核心问题是主体面是彩色电视机,接收器和遥控装置属从属面,设计这个概念可以考虑成通用面。

② 确定主、副标题词。彩色电视机在英语中为 Color television,接收器为 Receiver,遥控装置 Remote controller,将这些概念词依字顺在《工程标题词表》中核查分析后,可以确定该课题的主标题词为"TELEVISION RECEIVERS, COLOR",副标题词为"Remote Control",相关主标题词为"TELEVISION RECEIVERS",副标题词仍为"Remote Control"。

③ 使用《EI》月刊和年刊查找本课题相关文献。

在1992年第12期《EI》月刊的主题索引中查得:

TELEVISION RECEIVERS Remote Control 064850

④ 依064850这个文摘号,在文摘正文中得到这篇文献的题目、文摘、出处

等如下：

TELEVISION RECEIVERS，COLOR Remote Control

064850Device for the integration of television and telephone control via hand held infrared remote. The author describes a device buite for Sask Tel ' s Superman 1 Trial. The objective was to provide the look and feek of an integrated two-way broadband network.

The device described integrates control of telephone and television systems at the hand-held remote，providing the user with interactive video-on-demand 5. Refs. King，Paul D.（Sask Tel，Regina，Sask，Canada）Proc IEEE West Can Conf Comput Power Common Syst Rural Environ Wescanex ' 91 Proceedings of the IEEE Western Canada Conference on Computer，Power and Communications Systems in a Rural Environment Wescanex ' 91，Regina，Sask，Can，May 29 - 30 1991，Publ by IEEE，IEEE Service Center，Piscataway NJ. USA，1992（IEEE cat n 92CH2927-2）. P 309-311

使用 1991 年《EI》年刊的主题索引，将课题涉及的红外遥控器转换成英语 Infrared Remote Controller 后，依字顺查得：

INFRARED REMOTE CONTROLLER Infrared sheds light on new usersfor remote units A104464 M110085

用 A104464 文摘号查得文摘如下：

104464Intrarad sheds light on new uses for remote units. Sharphas developed the optical IC remote control sensor IS1U60. The company ' s proprietary OPIC technology has made it possible to create a single chip with all the functions of remote control light-receiving unit. By increasing the sensitivity of the signal processing circuits and adopting an aspherical，highly integrated lens，a size opnly about one-sixth that of conventional lightreceiving units has been realized.

The topics discussed are external form，characteristics，chip structure and circuit configuration（Edited authorabstract） Kihara，Seiichiro （Sharp corp. Jpn）JEE J Electron Eng v. 27 n 284 Aug 1990 p. 58-60.

⑤ 索取原始文献。根据已查得的文摘中给出的文献出处，利用《出版物一览表》或《工程出版物索引》将缩写还原成全称，分清原始文献的出版类型，然后利用馆藏目录查找馆藏，索取原文。

第二节 《科学引文索引》检索

1. 概述

《科学引文索引》（简称 SCI），是美国费城科学情报所编辑出版的一种综合性科技引文检索刊物，创刊于 1961 年，当时为年刊。报道文献的学科涉及生命科学、临床医学、数理科学和化学、农业、工程技术、行为科学等方面，主要侧重于基础学科。

《SCI》报道的核心内容并不是原始文献，而是原始文献所附的参考文献。由于报道量很大，《SCI》采取原始文献只报道题录，参考文献只报道著者和出处，涉及期刊、会议录及著者单位名称的一律采用缩写；对著者姓名、关键词中拼写过长的则予以截断。

《SCI》报道内容经计算机编排，被组织成三个互有联系的索引：引文索引、来源索引和轮排主题索引。

引文索引报道来源索引中原始文献所附的参考文献，它以被引用著者及其被引用文章作为组织内容的依据，是《SCI》区别于其他文献检索刊物的主要地方。

来源索引报道所摘期刊上的原始文献及其著者、篇名、出处等信息，相当于其他文献检索刊物的著者索引。

轮排主题索引将原始文献篇名中的关键词抽出，按一定规则轮流排列而成，相当于其他文献检索刊物的主题索引。

《SCI》有四种主要用法：一是利用来源索引，通过已知著者姓名查找他所发表的文献；二是利用来源索引，通过著者单位所在地和名称查找该单位著者所发表的文献；三是利用轮排主题索引，通过课题关键词查找使用这些词的著者姓名，再由这些著者姓名转查来源索引得到课题相关的原始文献；四是利用引文索引，通过知名专家查得引用该专家文章的著者姓名，再由这些著者姓名在来源索引中得到原始文献的篇名、出处等信息。

2. 编排结构与著录

（1）引文索引

引文索引是根据文献之间相互引证的关系组织起来的。它根据期刊或少量丛书中发表的文章（称引文文献）后面所附的参考文献（即被引文献）的著者（即被引著者）的姓名组织编排文献。引文索引的著录内容包括：

① 被引著者姓名　用较小的黑体字印刷。受排版空间限制，被引著者姓名最多列 15 个字母，超过部分用“·”删去。

② 被引用文献　用再小一号的黑体字印刷。多数由期刊论文的发表年份刊物名称简写和卷页数构成。无发表年份者，用“ * * ”代替。未出版的期刊论文（冠有“UNPUB”）、学位论文（冠有“THESE”）以及会议论文后无卷、页数。

③ 引用著者姓名以及来源文献名称（多数为期刊刊名缩写）　引用著者姓名最多列 8 个字母，超过部分也以“·”删除，但在来源索引中可查出被删简的引用著者姓名的完整拼法。

④ 来源文献的卷数。

⑤ 来源文献的起始页数。

⑥ 来源文献发表年份。

⑦ 来源文献类型代码(空白代表期刊论文、科技报告、技术资料等；B代表书评；C代表更正、勘误等；D代表讨论会、会议论文；E代表编者按或类似文章；I代表个人事项，如祝词、传记等；K代表编年表；L代表通信、快报等；M代表会议文摘；N代表技术札记；R代表评论和专题目录；W代表计算机硬件、软件、数据库等的评论文章)。

(2) 来源索引

来源索引是根据被选用出版物上刊登的论文著者的姓名字顺而排列的一种索引。它可以用于由已知著者(引用著者)的姓名查找他们发表的文献(来源文献)的篇名、出处以及著者的单位地址，其作用相当于其他检索刊物的作者索引。

(3) 轮排主题索引

轮排主题索引使用的主题词是直接来自著者在论文题目中使用的词。在使用轮排主题索引时应注意：根据课题内容及要求，在分析概念基础上，充分收集与课题相关的单词，以避免造成遗漏；注意使用轮排主题索引中已注明"sa"后给出的词；在主要词确定的情况下，把同一著者的所有配合词都找出来，以帮助确定该著者的这篇论文是否符合课题要求；轮排主题索引特别适合于已掌握文献标题而需要查找文献的著者和出处的场合。

3.《SCI》检索方法及示例

(1) 检索方法

《SCI》的主要检索方法可以根据已知情况以及课题要求，分成四种情况：

① 已知著者以及他在以前发表的文献，查引用这位著者这些文献的情况。其方法是：将已知著者作为被引著者，逐期依字顺查找"引文索引"。若有引用情况，还需了解引用文献的题目，利用已得的引用著者姓名再转查"来源索引"即可。

② 已知著者姓名，查他在近期发表过什么文献。其方法是：直接使用"来源索引"，逐期依字顺检索，便可得到结果。如果需要获取原文，还要使用"来源出版物目录"将"来源索引"给出的缩写刊名换成全称，然后再查馆藏。

③ 已知某机构名称，查这个机构的成员发表过什么文献。其方法是：如果已知该机构的所在地，可使用"团体索引"，依照国名、城市名、机构名顺序，即可得到结果。如果未知机构所在地，则须先使用"团体索引"，依机构名称字顺查出所在地，然后再使用"地区部分"即可；如果还需了解机构成员发表文献的题目等，可进一步转查"来源索引"。

④ 检索者只知道要查课题的内容，其他线索一无所有，则可使用"轮排主题索引"。其方法是：通过概念分析，用所有可用来表达课题要求的词或词组在该

索引中试查，选取合乎要求的主要词和配合词后面的著者姓名，再以这些著者姓名转查“来源索引”决定取舍。

（2）检索示例

示例1：

课题：检索G. H. C. New在《Optics Letter》1990年15卷22期1306页上发表的“Self-stabilization of synchronously mode locked lasers”文章的被引用情况。

步骤：

将已掌握的著者作为被引著者，查阅“引文索引”，可查得引用著者和引用文献的出处。经查，G. H. C. New1990年发表于《Optics Letter》V. 15p. 1306一文仅在1992年《SCI》索引报道期间就曾被7位著者在论文中引用过。

根据引用著者姓名，查阅《SCI》的“来源索引”，确认引用论文是否与被引用论文的课题密切相关。实际查找后发现，4篇论文与被引论文的课题有一定关系。

由第二步所得引用文献的出处，用“来源出版物目录”将刊名缩写换成全称，再通过各种馆藏目录，便可获得与课题相关的原文。

示例2：

课题：查找“同步锁模激光器”方面的文献。

步骤：

分析课题，提取检索概念。

可选用激光器（Laser，Lasers）、同步（synchronous，synchronously）、锁模（mode-locked，mode · locking）作为该课题的主要检索词。

使用“轮排主题索引”，查找相关的来源著者。现以“mode-locked”为主要词，“synchronously”，“lasers”作为配合词，在1992年第6期《SCI》“轮排主题索引”查得结果如下：

MODEMODE-LOCKED

COMPRESSOR……………………4 OSVAY K

LASERS……………………………"

PRISMATIC…………………………"

PUMPED……………………………"

PULSE………………………………"

SYNCHRONOUSLY…………………"

利用上述所得来源著者姓名，在“来源索引”查得K. Osvay所发表的这篇文章题目、出处如下：

OSVAY K

BOR Z—PRISMATIC PULSE COMPRESSOR FOR SYNCHRONOUSLY NOUSLY PUMPED MODE—LOCKED LASERS　JQ130　INST PHYS　C　（126）：93—96

92 5R JO2SEF A UNIV. DEPT OPT & QUANTUM ELECTR. DOM TER9 H6720 SZEGED HUNGRARY

第三节 《科学文摘》检索

1. 概述

英国《科学文摘》(简称 SA)，创刊于 1898 年，是一种物理学、电气电子学、计算机与控制领域综合性科技检索刊物。《SA》创刊时刊名为《科学文摘：物理与电气工程》，后经过多次调整充实，1969 年变为现在的三个分辑：

A 辑：《物理文摘》(简称 PA)，半月刊。

B 辑：《电气与电子学文摘》，月刊。

C 辑：《计算机与控制文摘》，月刊。

《SA》报道的文献来自世界 50 多个国家和地区各种文字的期刊论文、会议文献、技术报告、学位论文、图书专著、标准资料等。

2. 编排结构与著录

《SA》各辑由分类目次表、主题指南、文摘正文、著者索引、小索引和引用期刊目录等组成。

(1) 分类目次表

《SA》的分类体系是：A 辑采用 INSPEC 与美国物理学会、欧洲物理学会等联合编制的物理分类表，B、C 辑分别采用自编的分类表。三辑的分类表均以学科为基础，设类原则与《中图法》相仿。其著录内容包括：

① 类号 《SA》的类号分四级，从左向右，第一位数字为一级类号，第二位为二级类号，第三、四位为三级类号，第五位是字母，为四级类号。《SA》各辑的分类详表单独出版，各期分类目次表列出的只是本期报道文摘的实有类号。

② 类名 一级类名用黑体大写字母印刷，二级类名用非黑体大写字母，三级类名用首字母大写，其余用小写的正体字印刷，四级类名用斜体印刷。另外，各级类名依次向右缩位印刷，可清楚地看出它们之间的等级区分关系。

③ 页码 起始页码。

(2) 主题指南

《SA》各辑分类目次表后都附有主题指南，主题指南将分类目次表中的类名关键词依字顺排列，其后注明相应的分类号。它是从主题角度查找类号的一种辅助索引，其作用相当于分类目次表的分类索引。著录内容包括：

① 类名词或关键词 其中包含常见的缩写词、倒置的关键词以及一般的关键词或原分类目次表中的类名。

② 类号　给出类名词或关键词相应的类号。

(3) 文摘正文

《SA》各辑的文摘正文依分类编排，每页的页眉线中部有本页类号、类号、类名，其著录内容包括：

① 分类号。

② 类名　类名字体同分类目次表。有的类名下有“inc. …”类目注释，或者“See also…”参见其他类的指示。

③ 文摘号　文摘号各辑每年从 1 号开始顺序编号，它是从著者索引、主题索引或其他小索引查找文摘的依据。

④ 文献题名　非英文文献的一律给出英文题名。

⑤ 著者姓名。

⑥ 著者单位　所在城市名、国家名放在圆括号中。

⑦ 期刊名称　(以斜体印刷) 期刊的出版国家缩写、卷数、期数、本文起止页数以及出版年份。

⑧ 文献出处　注释放在圆括号中。

⑨ 文摘。

⑩ 本文参考文献数。

(4) 著者索引

《SA》期文摘的著者索引反映本期报道文献的全部著者及其文摘号，半年和多年累积索引中的著者索引分别反映相应时间段报道文献的著者姓名、文献篇名及其文摘号。其著录内容包括：

① 著者姓名　姓和名被倒置后按字顺排列，另外“+”号表示有合著情况，“+”在著者姓名之后该著者为第一著者，之前为非第一著者。

② 文摘号。

③ 累积著者索引　以黑体字印刷。

④ 文献题名。

(5) 小索引

《SA》各辑最后和半年累积著者索引后面附有参考书目索引、图书索引、会议索引、团体著者索引四种索引，通常称它们为小索引。

(6) 主题索引

《SA》的主题索引只在半年累积索引中有它与期文摘的主题指南在用途、编排方法上都不相同。主题索引按主题词字顺编排，其著录内容包括：

① 主题词　主题词取自《科学文摘主题词表》。

② 文献的主题说明语。

③ 文摘号。

④ 非正式主题词。

⑤ 相关主题词。

3.《SA》检索方法及示例

《SA》检索文献资料的方法主要有三种途径，即分类途径、主题途径和著者途径。

（1）分类途径

分类检索即在分类目次表中选定相应类号，并按所给页码循序查找，即可查到所需文摘款目。其步骤为：

① 分析所查课题的内容与要求，确定使用《SA》分辑。

② 在确定的《SA》分辑中，细查“分类目次表”，找出与课题相对应的分类号及其所在起始页码。

③ 按查得的起始页码，依次逐项查阅文摘正文，即可查得课题所需的文摘款目。

④ 根据文摘款目所提供的文献出处，查引用期刊目录，索取原文。

示例：

课题：中文字符识别

步骤：

经分析课题的内容与要求，确定使用《SA》的 C 辑。在所选定的 C 辑，1993，No. 11 的分类目次表上，查得：

12. 00　SYSTEMS THEORY AND CYBERNETICS　4652

12. 50　Patternrecognition　4678

12. 50B　Characterrecognition　4695

查得课题所需的分类号为：12. 50B，所在页码为 4695 页。

在 C 辑文摘 4695 页，12. 50B 类目下逐条查阅，查得符合课题所需文摘款目一条：

58546　A Constrained approach to multifont Chinese Character recognition. X, Huang, J. Gu（Dept. of Electr. & Comput. Eng.，Galgary Univ.，Alta.，Canada），Y. Wu IEEE Trans. Pattern Anal. Mach. Intell.（USA）. Vol. 15，No. 8，p. 838 – 43（Aug. 1993）（文摘略）

根据上述文摘款目中所提供的文献出处 IEEE Trans. Pattern Anal. Mach. Intell. USA). Vol. 15，No. 8，p. 838-43(Aug. 1993)，查看“引用期刊目录”，经过还原处理后，查馆藏目录，就可索取阅读原文了。

（2）主题途径

从主题途径检索文献的关键是选准主题词。其检索方法及步骤为：

① 分析课题，提取检索关键词。

② 用《科学文摘主题词表》核对主题词，确定可使用的主题词。

③ 利用主题索引，查找文献线索——文摘号。

④ 利用相关主题词进一步查找。

⑤ 根据文摘号查找文摘正文，找到课题所需的文摘款目。

⑥ 据文献出处索取阅读原文。

示例：

课题：计算机辅助电路设计(不包括大规模集成电路)

步骤：

分析课题，选取检索关键词：computer-aided circuit design

查《科学文摘主题词表》，核对主题词，按字顺查得：

computer-aided circuit design USE circuit CAD 表明 circuit CAD 是正式叙词，进一步查得：circuit CAD 可用作检索词。

使用 C 辑，1990 年 7-12 月累积索引本中的"主题索引"，用确定的检索词进行查找，得到几百篇。

利用叙词表中列出的相关主题词，或利用主题索引中叙词下的"See also"相关叙词进一步扩大查找，如此例相关主题有"Circuit analysis computing"叙词，查到相关文献几十篇。

利用文摘号找到相应的文摘，阅读并根据课题需要进行筛选。下面列出其中一条文摘：

72748 Analogue macroodeling for system simulation. E. S. Filseth, J. Berwick, H. Mann (Valid Logie Syst., San Jose, CA, USA). Electron. Eng. (UK), vol. 62, no. 765, p. 75-82(Sept. 1990).

This article is intended to provide a conceptual framework for creating accurate, in-depth analogue simulation models, as well as some samples of complex device models. Most for system simulations is done at the macro level. The macromodelling process is described. (4 refs.)

如文摘的原文是期刊论文，应把文摘款目中的缩写刊名通过累积索引中"引用期刊目录"转换成全称。本例中文摘的缩写刊名为 Electron. Eng. 转换为《Electronic Engineering》。

了解馆藏，到有关图书馆或文献收藏中心索取原文。

第四节 《化学文摘》检索

1. 概述

《化学文摘》(简称 CA)创刊于 1907 年，由美国化学学会化学文摘服务处编辑出版，它是一种"打开世界化学文献宝库的钥匙"。CA 现为周刊，每年出版 2

卷，每卷 26 期。它以世界上 56 种文字的 16000 余种刊物为摘录对象，主要报道世界各国化学、化工文献，同时收录大量生物学、医学、药学、卫生学等相关专业的文献。

2. 编排结构

（1）期结构

期结构由以下三部分组成：

① 分类目次　位于每期的第一页。CA 的正文内容按分类编排，共分为 5 大类 80 小类。从 1997 年 126 卷开始无论单双期均刊载 80 个类目的全部内容。

② 文摘正文　CA 的主要内容。各类目下的文摘按文献类型分为四个部分，编排次序依次为：期刊论文(综述位于最前面)、会议录和资料汇编、技术报告、学位论文、新书及视听资料、专利文献、互见参考。

③ 期索引　位于正文之后，每期都附有三种索引，它们是：关键词索引、专利索引和著者索引。

（2）卷索引

CA 每半年出版一卷，全年出两卷，目前每卷有 5 种索引：普通主题索引、化学物质索引、分子式索引、专利索引、著者索引。

（3）累积索引

1957 年以后每 5 年出版一次，到目前为止已出版到第十三次累积索引。

（4）辅助索引

辅助索引包括：索引指南，杂原子索引(1967 年 66 卷～1971 年 74 卷)、环系索引、登记号索引(手册)、资料来源索引。

3. 著录内容

（1）期刊论文

① 文摘号　自 1979 年 84 卷起开始著录卷号。每卷从 1 号开始，通卷连续编号。号码后尾随一英文字母，是计算机编排所采用的核对字母。

② 论文题目　一律采用英文，非英文题目均按原意译成英文。

③ 著者姓名　姓在前，名在后，以逗号隔开，各合著者之间用分号相隔。

④ 著者所在单位或通讯地址　置于括号内。

⑤ 期刊名称　刊名全称及其他内容可查“CA 资料来源索引”。

⑥ 出版年。

⑦ 卷、期名称及起止页码。

⑧ 原文文种　置于括号内。

⑨ 出版社名称。

⑩ 文摘。

(2) 会议录和资料汇编

① 文摘号　每卷从 1 号开始，通卷连续编号。号码后尾随一英文字母，是计算机编排所采用的核对字母。

② 论文题目　一律采用英文，非英文题目均按原意译成英文。

③ 著者姓名　姓在前，名在后，以逗号隔开，各合著者之间用分号相隔。

④ 著者所在单位或通讯地址　置于括号内。

⑤ 会议录名称或会议名称。

⑥ 会议召开届次和时间　括号内为资料出版时间。

⑦ 原文所在会议录的页码。

⑧ 原文文种。

⑨ 资料编辑者姓名　一般所列为总编或主编，最多只列 3 名，多卷时，只著录该卷编者。

⑩ 出版社、城市、国别或州名。

(3) 技术报告

① 文摘号　每卷从 1 号开始，通卷连续编号。号码后尾随一英文字母，是计算机编排所采用的核对字母。

② 论文题目　一律采用英文，非英文题目均按原意译成英文。

③ 著者姓名　姓在前，名在后，以逗号隔开，各合著者之间用分号相隔。

④ 著者所在单位或通讯地址　置于括号内。

⑤ 技术报告识别标志　若单独出版，则以斜体字"Report"加以标志。若以连续出版物的一部分形式出版，则与期刊论文的著录格式相同。

⑥ 出版年份。

⑦ 技术报告类型、编号和/或报告顺序号　PB 报告顺序号采用"PB+年份+号码"的形式，其中单篇报告的顺序号从 100000 开始计号。

⑧ 报告页数。

⑨ 文种。

⑩ 原始报告的来源，一般以缩写符号表示。

(4) 学位论文

① 文摘号　每卷从 1 号开始，通卷连续编号。号码后尾随一英文字母，是计算机编排所采用的核对字母。

② 论文题目　一律采用英文，非英文题目均按原意译成英文。

③ 著者姓名　姓在前，名在后，以逗号隔开，各合著者之间用分号相隔。

④ 著者所在单位或通讯地址　置于括号内。

⑤ 论文完成日期。

⑥ 论文总页数。

⑦ 文种。

⑧ 学位论文来源。

⑨ 编号 采用DA+年份+顺序号的方式。

⑩ 刊载本学位论文摘要的刊名缩写、出版年、卷、期及所在页码。

(5) 电子文献

① 文摘号 每卷从1号开始，通卷连续编号。号码后尾随一英文字母，是计算机编排所采用的核对字母。

② 论文题目 一律采用英文，非英文题目均按原意译成英文。

③ 著者姓名 姓在前，名在后，以逗号隔开，各合著者之间用分号相隔。

④ 著者所在单位或通讯地址 置于括号内。

⑤ 电子期刊刊名 缩写，刊名后的中括号内注明文献载体。

⑥ 出版年份。

⑦ 页数 对于电子文献，往往没有页码信息，著录为“No pp. Given”。

⑧ 文种。

⑨ 出版商。

⑩ 文献来源 对于来自网络的文献，CA均著录详细的网络地址。

(6) 新书及视听资料

① 文摘号。

② 书名 一律用英文，每个首字母都大写。其他文种出版的新书，先著录英文译名，再于后面括号内以音译的形式著录原名。

③ 本书著者或编者。

④ 出版社、城市、国别或州名。

⑤ 出版年。

⑥ 全书总页数。

⑦ 原书文种。

⑧ 价格。

(7) 专利文献

① 文摘号。

② 专利题名 此题名是CA根据专利说明书的内容重新给予的题名，与原专利标题不尽相同。

③ 专利发明者(个人或团体)的姓名或名称。

④ 专利权受让者(个人或团体)的姓名或名称 置于专利发明者后的括号内。

⑤ 专利所属国家(缩写)和专利号 专利号由专利种类+国别代号+顺序号组成。

⑥ 国际专利分类号。

⑦ 专利批准或公布日期以及专利优先国 不著录优先国则表示优先权属于所在国。

⑧ 专利申请号及日期。

⑨ 专利总页码。

⑩ 相关专利(包括申请国与申请号码)、文种。

4. 检索方法

CA 的检索体系不仅种类多样，而且组织完善，结构严谨，科学性强，无论是查找最新的文献，还是累积回溯检索，都为读者提供了最便利的条件。这一点是其他检索工具所无法比拟的。

(1) 关键词索引检索

利用关键词索引检索的关键在于选词，如果选词不当，就很可能查不到所需的文献，所以检索时应注意：

① 关键词必须具有实际意义，且能反映主题内容或文献类型。

② 关键词一般采用单数名词或形容词。

③ 同义词中 CA 只选择其中一个作为关键词。

④ 关键词索引中采用大量的缩写词，凡是单字母缩写或可作为完整单词的缩写，关键词索引中均不采用。

⑤ 各种化合物均采用商品名或俗名，而不采用系统化学名称。

⑥ 关键词索引中的物质只采用最基本的结构单元，只有无法转化的物质才用其完整形式，同分异构体一般不重复著录。

⑦ 分子式不作为关键词。

示例：

课题：查找“内毒素吸收疗法治疗多器官功能衰竭”的文献

步骤：

分析课题，找出有可能被列为关键词的词：内毒素(endotoxin)，吸收(absorption)，治疗(therapy)，多器官功能衰竭(multiple organ failure)。

任选其中一个词作为检索词，其余为限定词，到关键词索引中查找文摘号：

Therapy　endotoxin absorption SIRS MOF review　23626p

Endotoxin　absorption therapy SIRS MOF review　23626p

Multiple　organ failure therapy review　23626p

……

按文摘号到正文中查找文摘：

127：23626p Endotoxin absorption therapy in treatment of prevention of SIRS and MOF.

prevention of SIRS and MOF. Tani，Tohru；Araki，Hirohsi；Kodama，masashi.(shiga Ika Daigaku，Otsu，Japan 520-21). Igaku no Ayumi. 1997，181(1)，118-121(Japan)，Ishiyaka. A review with 10 refs. discussing the endotoxin absorption therapy in treatment ofprevention of systemic inflammatory response symdrome (SIRS) and prevention of multiple organ failure (MOF) by using polymyxin B-bond polystyrene column. (Toraymyxin).

(2) 专利索引检索

CA 目前收编了世界上 32 个国家和国际组织化学、化工方面的各种专利。主要包括：正式专利、原始专利、等同专利、其他专利。其著录内容包括：

① 专利国家代号　括号内为专利国家全称，全部索引按国别字顺和号码顺序排列。

② 专利号　"/"前表示年代，中国、日本、巴西、荷兰、南非和世界知识产权组织的专利号每年都从 1 号开始，在专利号前加年代号，日本专利加年号，其余国家均采用逐年累积编号。

③ 专利类别。

④ 不同审查阶段的专利号和类别。

⑤ 以公元纪年表示的专利号。

⑥ 文摘号　表示专利所在 CA 的卷和文摘号码。。

⑦ 相关参见。

⑧ 缩格　表示一系列与本专利有关的族性专利，分别在括号内注明与本专利的关系。

示例：

课题：已知专利号为 JP 09/107894A2，查找英文文献

步骤：

分析课题，JP 代表日本专利，09 为日本平成年号，因此以公元纪年表示的该专利号应为 97107894，是 1997 年公布的专利，应在 1997 年的专利索引中查找。若卷索引尚未出版，可使用每一期的专利索引。

在 CA 1997 年 127 卷中查到：

JP (Japan)

09/107894 A2 [97107894], 127: 16855j　EP 772976 A2 (Designed states: DE, FR, GB, IT)

根据 127：16855j 可查到专利文摘：

127: 16855j　Preparation of antitumor supplements from Cruciferae vegetables.

vegetables. Pusateri, Donald J.; Leitz, Richard E. A.; chiang, William C.; Seprrazzo, Phelicia M. (Amway Corp., USA) Jpn. Kokai Tokkyo Koho JP 09, 107, 894 [97, 107, 894] (cl. A23L1/064), 28 Apr 1997, US Appl, 534, 645, 27 Sep 1995; 5pp. (Japan). A supplement contg. antitumor sulforaphane and least ant. of sulforphanenitrile is prepd. It contains $>50\mu g$ sulforaphane and $<50\mu g$ sulforaphanenitrile. the Cruciferae vegetables include cabbage, cantiflower, turnip, brocoli, mustard green, etc.

若想了解全部内容，应查等同专利 EP772976 A2 的专利说明书。

(3) 化学物质索引检索

由于化学物质的系统名称较为复杂，读者难以掌握，因此在使用化学物质索引查阅文献时，必须依据“索引指南”的指导，将拟查的化学物质名称转化为 CA 中使用的系统名称，才能在化学物质索引中查到文献。

该索引包括：母体化合物、取代基、副标题、说明语、文摘号等几部分内容。由于相同主题的文献较多，为提高主题的专指性，更快捷地筛选所需文献，CA 将相同主题的内容以限义词作为副标题词进行细分。化学物质索引中起限定作用的副标题有：普通副标题 10 个，化学功能基副标题 16 个，取代基副标题以及合金类物质副标题。

示例：

课题：查找有关“伽马亚麻酸(γ-linolenic acid)与二高伽马亚麻酸治疗亨廷顿舞蹈病(Huntington's Chorea)”方面的文献

步骤：

在化学物质索引中未查见 linolenic acid 这一标题，说明该词不是 CA 所选用的化学物质名称，应先查索引指南。

在索引指南中查到：

γ-linolenic acid see 6, 9, 12-Octadecatrienoic acid, (z, z, z,)-[506-26-3]

在化学物质索引中按字顺查到母体 Octadecatrienoic acid，再分别对照取代基，即可查到：

6, 9, 12-Octadecatrienoic acid, (z, z, z,)-[506-26-3](γ-linolenic acid)

根据标题后的说明语筛选，可得到所需文摘：

γ-linolenic acid or dihomo-γ-linolenic acid for treatment of Huntington's Chorea P 30179z(该文摘为专利文献)

(4) 分子式索引

该索引将全卷所报道的各种化合物的分子式按化学符号字顺及其右下角的原子数从小到大顺序编排起来，用以通过分子式查找 CA 的文摘。尤其是对一些结构复杂、分子量大、异构体多的特殊化合物或只有分子式、尚未命名、没有系统名称的化合物，利用该索引进行查找更为便利。

示例：

课题：已知氨苄青霉素的分子式为 $C_{16}H_{19}N_3O_4S$，查其钠盐的有关资料

步骤：

分析课题。已知分子式，应查分子式索引；

在分子式索引中，根据说明语查找钠盐的有关文摘得：

11497p, 84050x, 108829m, 122436n11497p, 84050x, 108829m, 122436n

文摘 7 条。

5. 查阅原则

① 若查阅最新动向的文献，在当卷的卷索引尚未出版以前，应先查关键词索引，它可集中提供某一专题的多方面的资料。

② 若要回溯查找，应使用卷索引和累积索引，但累积索引有删节，遗漏较多，不及卷索引齐全。

③ 已知文献作者，应使用不同版本的著者索引，这样更简便、直接。

④ 查阅有关专利的文献，应使用不同版本的专利索引。

⑤ 已知分子式而不知其化合物名称，只有用分子式索引，但分子式索引著录较简便，不利于筛选。因此通过分子式索引掌握了化学物质名称后，仍需要利用化学物质索引查阅文摘。

⑥ 只知道化学物质的登记号，可先通过登记号索引或手册查找其化学物质名称或分子式，然后再利用化学物质索引或分子式索引查阅文摘。

⑦ 当查找新课题或用已知物质名称在化学物质索引或化学物质索引中遇到困难时，应及时查阅来源索引指南。

⑧ 当所查的文摘不能满足要求时，可根据原文出处的缩写名称查阅资料来源索引系列，以便进一步获得原文文献。

第五节 《生物学文摘》检索

1. 概述

《生物学文摘》(简称 BA)创刊于 1926 年，由美国生物科学情报服务社编辑出版。现为半月刊，每年出两卷，每卷 12 期。报道内容主要包括：有关生物学、医学、农学、兽医学、古生物学等领域的理论研究及来自实验室、临床与各种操作现场的原始数据资料；生命科学研究中采用的新技术、新方法；生命科学研究的主要成果及其评论；生命的信息理论和应用；新发现的生物种类、名称、分布情况和定义。其特点是：收录面广、报道内容丰富、文摘量大、质量高、信息报道快、时差短、检索系统完善、回溯性强。

2. 文摘著录内容

① 一级类目　主要概念词。

② 参见　参见类目为两个以上时，类目用“·”隔开。

③ 二级类目　概念词。

④ 二级类目的参见。

⑤ 文摘号　同卷自行连续排号。

⑥ 著者　多著者时，最多著录 10 名著者，超过 10 名时，则只著录第一著者，其他著者用"et al"表示。第一著者按姓前名后的规则著录，姓与名用"，"隔开；其他合著者按原署名形式著录，各著者之间用"，"隔开，对非拉丁文姓名，只著录其音译名称。

⑦ 带有"＊"号著者的单位和地址。

⑧ 刊名　缩写形式。

⑨ 卷、期、页码及年份。

⑩ 文献题目　用黑体字表示、文摘内容。

3. 检索途径与方法

（1）著者途径

在已知文献著者的情况下，可以使用著者索引查阅文献。著者索引是由著者姓名和文摘号组成。著者索引中包括文献中的每一个著者、合著者和团体著者，著者姓名按字顺排列，姓在前，名在后，且用缩写，其后列出文摘号。对于佚名的文献，则以团体著者——文献来源机构代替著者。

示例：

课题：查找 Adrian Kantrowitz 撰写的论文

步骤：

先以著者的姓名 Kantrowitz A 按字顺在索引中查找，得文摘号 1300，再按文摘号到文摘部分查阅文摘。

使用著者索引时应注意：①对于个人著者，若带 De、La、Van、Von 等前缀的个人著者，前缀与姓之间有一空格，如 DE VILLE；带 O'、M'、Mc、Mac 等前缀的姓氏，前缀与姓之间无空格，如 MCCLELLAN；带有辈份标记的，如 Sr.、Jr.、I、II、III 等，辈份的标记跟在缩写名之后，如 SIMPSON J SR；双姓保留连字符，如 SMITH-JONES。②官衔通常被删去，例如 LORD（公爵）等。③对于团体著者，当用机构名称代替佚名文献的著者时，对易混淆的机构名称加注机构所在地的国名或地名，如 CHEM SOC（ENGL）；机构名称在文摘中用全称，在索引中则用"美国国家标准研究所和国际标准机构"规定的标准缩写形式；首字母缩略词，字母之间无空格，如 WHO。

（2）分类途径

从分类途径检索文献，可以使用"一级类目目次表"、"生物分类索引"或"属类索引"，根据所查课题的性质，从不同的分类角度，检索浏览最新情报或查阅有关文献。

使用生物分类索引检索文献时，首先必须确定拟查对象在生物学分类中的位置，在索引中找到该生物类目名称；然后在其下查找与课题内容相应的概念词及文摘号；根据文摘号获得一批文献资料。

示例：

课题：查找“溶组织内阿米巴的免疫学”方面的文献

步骤：

确定溶组织内阿米巴的拉丁学名。

在索引中按字顺查找 Entamoeba—histolytica 的位置，见论述溶组织内阿米巴的文献有 4 篇，文摘号分别是 4417、4419、7033、8859。

利用“属类索引中使用的概念词表”，核对缩写概念的全称含义，得知 4417 号和 4419 号文献为切题文献。

根据文摘号到文摘部分查阅文摘。

（3）主题途径

主题索引是通过生物学和医学术语查找文献的一种索引，该索引由关键词及其左右的上下文和文摘号组成，故又称上下文关键词索引。关键词一般都是直接从文献的题目、文摘或正文中抽取出来，并具有检索意义的(不包括介词、冠词、连词等无检索意义的词)作者原用词，是未经过规范的自然语词。该索引具有掌握容易、查找迅速、方便等优点。

利用主题途径检索文献是以关键词做标目，一般按下列步骤进行：从拟查课题中选出适当的关键词；在索引栏内按关键词字顺查找该词；查到后，参考其上下文进行判断选择，得到文摘号；依据文摘号到文摘部分查阅文摘。

示例：

课题：查找有关利用自体肌肉帮助衰竭的心脏工作方面的文献

步骤：

选出适当的关键词。本课题可选“自体的”(autologous)、“衰竭的”(failing)等词做关键词进行检索。

参考上下文判断 1300 号文摘为切题文献，据此文摘号到文摘部分查阅文摘。

4.《生物学文摘/报告、评述、会议录》

《生物学文摘/报告、评述、会议录》(简称 BA/RRM)是《BA》的姊妹篇，创刊于 1964 年，现为半月刊，年出两卷。《生物学文摘/报告、评述、会议录》收录《BA》未收录的生物学文献，包括编辑部文章、综述、评论文章、翻译的俄文期刊文献、生物命名资料等；新书及其某些章节；会议及其单题资料。编排方式及其检索方法与《BA》基本相同，唯一的区别是，《生物学文摘/报告、评述、会议录》是以一种特有的题录形式报道文献，它是题录型的工具期刊。

《生物学文摘/报告、评述、会议录》的四种辅助索引与《BA》完全相同，检索方法也完全相同。

第六节 《数学评论》检索

《数学评论》(简称 MR)，创刊于 1940 年，是由以美国数学协会为首的世界上 20 多个国家的数学协会联合主办，美国数学协会出版的一套专门报道数学基础理论和应用数学的检索工具。

MR 是月刊，每年出版 12 期，此外有年度和多年累积索引等。《MR》的文摘条目按其自编的数学主题分类表编排 60 个大类，每期前页有目次表，列出了这 60 个类目。大类下再分一级和二级小类。各级类目下的文摘按文摘号排列。其著录格式如下：

Igusa，Kiyoshi① 87c：00003②Solution of the Bulgarian solitaire conjecture. ③ Math. Mag. 58 (1985)， no. 5， 259 - 271 ④ The game of Bulgarian solitaire was introduced to readers of Scientific American by M. Gardner in his “Mathematical games” [column Sci. Amer 249(1983)， no. 2， 12−21]. The player divides a deck of N cards into one or more stacks. . . . . ⑤G. A. Heuer(Moorhead ， Minn.)⑥

示例：

课题：检索关于幂级数过度收敛特性的研究

步骤：

① 分析课题 大概属于“复变函数”的范畴。

② 确定类目 找 MR 的分类表，得知复变函数是一个大类，其下分有“30B30 幂级数的边界特性，过度收敛”。转查分类索引，按类号找 30B30 小类。

③ 检索结果 浏览各条目就能得到检索结果。

第四章　专利文献检索

第一节　专利文献概述

专利文献是一种重要的信息源，它是专利申请人向政府递交的说明新发明创造的书面文件。此文件经政府审查、试验、批准后，成为具有法律效力的文件，由政府印刷发行。专利产品不仅具有实用性，而且反映了世界技术与发展动向。

1. 专利文献

专利一词包含三层含义：专利法保护的发明、专利权、专利说明书。其核心是受专利法保护的发明，而专利权和专利文献是专利的具体体现。从广义上看，专利文献包括：专利说明书、专利公报、专利检索工具、专利分类表和专利有关的法律文件及诉讼资料等。从狭义上看，专利文献就是专利说明书。由于各国的专利法不同，专利种类的划分也不尽相同，美国分为发明专利、外观设计专利和植物专利。中国、日本、德国等国分为发明专利、实用新型和外观设计专利。

(1) 发明专利

国际上公认的应具备新颖性、先进性和实用性新产品或新方法的发明。

(2) 实用新型专利

对机器、设备、装置、器具等产品的形状构造或结合所提出的实用技术方案。

(3) 外观设计专利

指产品的外形、图案、色彩或结合其作出的富有美感而又实用的新设计。

2. 国际专利分类(IPC)

国际专利分类系统于1968年诞生于欧洲。第一版国际专利分类法于1968年9月1日正式生效。国际专利分类表分别用英法两种文字出版，每5年修订一次。共分8个部、118个大类、620个小类，小类之下还分有大组和小组，类目总数达6万4千余个。由于国际专利分类系统结合了功能分类原则和应用分类原则，兼顾了各个国家对专利分类的要求，因此世界上已有50多个国家和地区及2个国际组织采用。

(1) 国际专利分类的体系结构

国际专利分类法是按照技术主题来设立类目。分类表采用等级结构，把整个技术领域按降序依次分为5个不同的等级，即部、大类、小类、大组和小组。

①部　将与发明专利有关的全部技术领域划分为8个部分，并分别用A~H中的一个大写字母进行标记。这8个部分别是：

A部：生活必需

B部：作业、运输

C部：化学、冶金

D部：纺织、造纸

E部：固定建筑物

F部：机械工程、照明、采暖、武器、爆破

G部：物理

H部：电技术

②大类　大类是对部的进一步细分。大类类号用一个二位数进行标记，其完整的表示形式为：部号+类号。

例如：B64　飞行器、航空、宇宙飞船

③小类　小类是对大类的进一步细分。小类类号用一个大写字母进行标记，其完整的表示形式为：部号+大类号+小类号。

例如：B64C　飞行

④主组或大组　主组或大组是对小类的进一步细分。类号用1~3位数加/00表示，其完整的表示形式为：部号+大类号+小类号+主组类号。

例如：B64C25/00　起落装置

⑤分组或小组　在小组的基础上进一步细分出来的类目。其类号标记是将主组类号中"/"后的00改为其他数字。小组之内还和继续划分出更低的等级，并在小组文字标题前加注"·"的方法来标示小组之内的等级划分，标题前的"·"数目越多其类目等级越低。这种小组内的等级划分在分类号中是表现不出来的。

例如：

B64C25/00　　起落装置

25/02　　·起落架

25/08　　··非固定的，如：可抛弃的

（2）IPC分类表索引

IPC分类表索引是为了帮助用户从主题词入手，确定发明的IPC类号而设置的辅助性检索工具。该索引以关键词做标目，其后给出该关键词所属技术领域的IPC类号。该索引共收入6000多个关键词，全部关键词用大写体印刷，按字顺进行排列。有些关键词下又进一步划分出下属关键词，下属关键词用小写体表示，用来限定说明标目的含义。

示例：

课题：皱纹纸的加工

步骤：

根据课题确定关键词：纸(paper)

按字顺到分类表索引中查 paper 一词的一级标题：paper

在此一级标目下，又找到下属关键词：加工

Working　B31

根据分类表索引提供的初步分类号 B31 类目查到：

B31F 纸或纸板的机械加工或变形

B31F 1/12 皱纹纸

在 B31F 1/12 之下，又有三个下一级分组：

1/14，1/16，1/18

故该课题完整的 IPC 类号应为：

B31F 1/12、B31F 1/14、B31F 1/16、B31F 1/18

3. 德温特专利分类系统

德温特专利分类系统是英国德温特出版公司自编的分类系统。德温特分类系统属于应用性分类系统，非常适合大众查找专利的需求。

德温特分类表首先将所有的技术领域划分为三个部分：即化学、一般与机械、电气。每部分内容按等级划分，共分三级。第一级类目用一个大写字母表示，第二级类目用一位数字表示，第三级类目亦用一位数字表示，如：P26。在检索时，首先根据技术主题查找其所属的一级类目，然后再在其下查找二级和三级类目。

4. 部分国家和地区专利网址

中国专利信息网 http://www.patent.com.cn

中国专利文献数据库 http://www.beic.gov.cn

美国专利数据库 http://patents.cnidr.org/

IBM 知识产权信息网(IPN)http://www.patents.ibm.com/

加拿大专利数据库 http://patents1.ic.gc.ca/intro-e.html

PCT 国际专利 http://pctgazette.wipo.int/

欧洲及欧洲各国专利 http://www.european-patent-office.org/espacenet/info/access.htm

台湾专利数据库 http://www.apipa.org.tw/

第二节　中国专利检索

1992 年《中华人民共和国专利法》修订版通过后，我国专利检索工具体系已基本定型，即每周发行发明专利、实用新型专利和外观设计专利三种公报。每年出版《分类年度索引》、《申请人·专利权人年度索引》以及发明和使用新型两种专利文摘。

1. 专利检索工具的编排结构

(1) 中国专利公报

中国专利公报包括：《发明专利公报》、《实用新型专利公报》、《外观设计专利公报》。它们的编排结构基本一致，发明和实用新型专利按《国际专利分类表》(IPC)分类，而外观设计专利则采用《国际外观设计分类表》分类及排序。此外，在发明专利公报上还有“发明保密专利”项，报道保密专利的授权和解密等事项。

(2) 中国专利索引

① 分类年度索引 《分类年度索引》指的就是按《国际专利分类表》分类和排序的索引，或简称“IPC 索引”。该索引实际是三种专利全年各期“IPC 索引”的累积本。索引按发明、实用新型、外观设计三种专利的申请公开(告)、审定公告、授予公告分列。

② 申请人专利权人年度索引 该索引是发明、实用新型、外观设计三种专利申请人专利权人索引的年度累积本，按三种专利依次分列，并以申请人专利权人字顺排列。

(3) 专利分类文摘

专利分类文摘只有《中国发明专利分类文摘》和《中国实用新型专利分类文摘》二种。文摘按 IPC 号的顺序排列，即先按 IPC 表的“部”分类成册，各册再按 IPC 的五级分类类号大小次序排列。文摘前附有 IPC 三级类号简表，其后附有索引。

(4)《中国专利数据库》

该光盘数据库收录了 1985 年以来的全部专利文摘(发明专利公报、实用新型专利公报、外观设计专利公报)。《中国专利数据库》光盘采用的检索系统是《中国专利光盘管理系统》(简称 CPAS)，该系统是由中国专利文献出版社北京中献电子技术开发中心研制的。CPAS 系统提供多个检索字段：公告日、分类号、公告号、申请号、申请日、颁证日、优先权、申请人、地址、代理人、专利代理机构、设计人、分案原申请号、公开日、公开号、发明人、全文检索词等。

中国专利局网址：http://www. patent. com. cn

(5) 申请号/公开(告)号对照表

该对照表 1989~1990 年出版第一册，随后每年出一册，为专利公报上申请号/公开(告)号的年度累积本。对照表按发明专利、实用新型专利、外观设计专利分列，并以申请号的号码顺序排列。

(6) 符号与代码

① INID 码 在专利的申请公开(告)文摘中，用中括号“[ ]”标注的为

INID 码。我国专利文献上常用的 INID 码有如下几种，其含义为：

[11]文件号(专利号)
[12]文件所属类别
[19]出版文件的国家及标志
[21]申请号
[22]申请日
[30]优先权项
[31]优先申请号
[32]优先申请日
[33]优先申请国
[43]公开(或申请)说明书出版
[44]审定说明书出版日期
[45]专利说明书出版日期
[51]国际专利分类号
[54]发明创造名称
[57]摘要
[71]申请人
[72]发明人或设计人
[73]发明人或设计人
[74]代理人

② 申请号、公开(告)号、审定号、授权公告号

a. 申请号　申请专利时由专利局给予的一个号码。号码由申请年份、专利类型代号、当年申请顺序号和计算机校验码四部分构成。如：89 1 07292·6(专利类型代码：1—发明专利；2—实用新型专利；3—外观设计专利)。

b. 公开(告)号　专利局在申请专利公开(告)时给予的一个号码。号码由专利国别代号、专利类型代号、顺序号和专利申请阶段代码四部分构成。如：CN 1 050559 A(专利申请阶段代码中，A—发明专利申请公开；U—实用新型专利申请公告；S—外观设计专利申请公告)。

c. 审定号　专利局对申请审定的发明专利给予的号码。号码由专利国别代号、专利类型代号、顺序号和专利申请阶段代码四部分构成。如：CN 1 019289 B(专利号：当申请的专利被专利局批准授予专利权时给予的号码，该号码与申请号相同，在号码前冠以 ZL 代码。ZL 是专利二字的汉语拼音首字母)。

d. 授权公告号　专利局对授予专利权的专利作公告时给予的一个号码。其构成同公开(告)号和审定号。如：CN 1 020001 C(C—授予专利权的发明专利；若为 Y 和 D，则分别指授予专利权的实用新型和外观设计专利)。

2. 专利检索示例

课题：查“多画面电视接收机”的发明专利

途径：中国专利检索工具有 IPC 分类途径，故从分类途径检索

步骤：

① 分析研究课题，选择分类号。

电视接收机在专利技术的分类中属于电学部分的图像通信和电视类，故选 IPC 表(第五版)H 部，查得 IPC 五级类号为：H04N5/272，H04N5/45。

查《发明专利公报》各期的申请公开部分的 IPC 索引，或《年度分类索引》中发明专利申请公开的 IPC 索引，获取文献线索。

在 1991 年的《年度分类索引》查得如下线索：

H04N5/272　CN1054694A 90102807. X 秦方　多画面电视　7-38

在《发明专利公报》1992，Vol. 8 No. 48 上查得线索：

H04N5/45　CN1066548A　92103363. X 汤姆森消费 电子有限公司　具有“画中画”和非线性处理的电视接收机 等信息。

② 用所获得的线索查阅文摘、筛选文献。

根据从年度分类索引中获得的文献线索，找出该卷、期的发明专利公报，依 IPC 号顺序便可找出全部专利文摘。

③ 索取专利说明书。

用申请号(专利号)向中国专利局专利文献馆索取专利说明书。但 1989 年后，对公开(告)的专利申请要有公开(告)号才能提取专利说明书，故本例用公开号 CN1066548A(申请号：92103363. X)便可向专利局索取到专利说明书。

第三节　德温特专利检索

英国德温特出版公司是英国一家专门从事专利情报的私营公司，创立于 1951 年。它负责报道世界上 29 个国家和 2 个国际组织的专利文献以及 2 种技术杂志上发表的技术发明，是世界上最大的专利文献出版公司。其出版的专利索引体系具有报道国家广、专业面全、出版迅速、检索途径多、文种单一等优点，在世界上各种专利方面检索工具中占有重要的地位。

1.《世界专利索引》

《世界专利索引》简称 WPI，1974 年创刊，报道 29 个国家和 2 个国际组织的专利文献，其中《题录周报》每周出版一次。每期分 4 个分册，其内容是：

P 分册：一般技术，包括农业、轻工、医药、一般加工工艺与设备、光学、摄影等；

Q 分册：机械，包括运输、建筑、机械工程、机械零件、动力机械、照、明、加热等；

R 分册：电气，包括仪器仪表、计算机和自动控制、测试技术、电工和电子元器件、电力工程和通信等；

CH 分册：化工，包括一般化学、化工、聚合物、药品、农药、食品、化妆品、洗涤剂、纺织、造纸、印刷、涂层、石油、燃料、原子能、爆炸物、耐火材料、冶金等；每个分册均有 4 种索引：专利权人索引、国际专利分类索引、登记号索引和专利号索引。

(1) 专利权人索引

专利权人索引主要按专利权人代码排序，代码相同的按申请日期先后编排，日期相同的按基本专利、相同专利、非法定专利顺序编排。著录内容包含：

① 专利权人代码。

② 专利标题 “—”号前为专利的主标题，“—”号后为专利的副标题，“ * ”号表示本件专利在德温特本期周报中首次发表。

③ 专利权人名称。

④ 最晚优先权项 申请日期、国家和申请号。

⑤ 德温特登记号。

⑥ 美国专利号 “ * ”表示基本专利。

⑦ 德温特分册分类号 M24 为相关分类号。

⑧ 专利说明书的公布日期

⑨ 国际专利分类号

⑩ 最早优先权项

（2）国际专利分类索引

此索引是按国际上通用的专利分类法来查找专利文献的一种检索工具。WPI《题录周报》的分类索引就是按国际专利分类法(简称 IPC)编制的。其著录内容包含：

① IPC 小类类号及类目 括号内 R16 表示相应的德温特分类号。

② IPC 主组类号。

③ 基本专利标题 “—”号前为主标题，“—”号后为副标题，“ * ”号表示本专利为德温特首次发表。

④ 德温特分册分类号。

⑤ 专利权人名称。

⑥ 最早优先权申请日期。

⑦ 德温特登记号 非化工类。

⑧ 基本专利号。

⑨ IPC 分组类号。

⑩ 相同专利标题 只列主标题，不列副标题。

（3）登记号索引

该索引是按照德温特公司的专利入藏号由小到大的顺序排列，为基本专利登记号。本登记号分两种形式：一是化工类，用 5 位数字后面加一个英文字母表示年份，如：30124X(X 表示 1976 年)；二是非化工类，用 4 位数字后面加一个英文字母表示年份，同时在 4 位数字的前面加一个英文字母，表示非化工类的编号，如：E9806A。从 1983 年第 27 周起将两类登记号的编制一律改为公历年号加上 6 位阿拉伯数字，如 83--506688。

（4）专利号索引

专利号索引用于从专利号查《题录周报》中的著录项目，并以此为线索转查其他索引。专利号索引把当期报道的全部专利文献按专利号排列。著录格内容包含：

① 专利国家。

② 专利号。

③ 德温特登记号。

④ 专利权人代码　其中“＊”表示基本专利，“＝”表示相同专利。

(5) 优先案索引

WPI 各分册中除包含以上 4 种索引外，还有一种 WPI《优先案索引》。专利的优先项一般包括：专利的优先申请日期、优先申请国家和优先申请号。它是鉴别同族专利的可靠依据。优先案索引就是供人们按照专利申请中的优先权声明来检索同族专利的一种工具。它按照国别、申请年和申请号的顺序编排。如果一项发明在发展过程中曾经作过一次以上的申请，则注明较早的申请案(E)，或较晚的申请案(L)。然后，在每一优先权声明下列出全部同族专利以及《题录周报》期号，末尾给出德温特的登记号和大类号。该索引给人们提供了从优先项查找同族专利的有效途径。它还能在有多项优先权情况下指明相关优先权、部分接续申请及其相同专利。最后，还可根据该族专利的分册分类号，来查阅各件专利的文摘。

2. 检索方法

用德温特专利检索工具进行检索，一般从两个途径入手，即分类途径和专利权人途径。

(1) 分类途径

主要步骤：分析课题；确定 IPC 号查 WPI、IPC 索引，确定德温特分类号、专利号；查 CPI、GMPI、EPI 文摘；选择记录专利号；根据专利号查专利说明书。

(2) 专利权人途径

主要步骤：专利权人通过《公司代码手册》换成专利权人代码；查 WPI 中的专利权人索引，确定换成专利权人代码；查 CPI、GMPI、EPI 文摘；选择记录专利号；根据专利号查专利说明书。

3. 检索示例

示例 1：

课题：查找关于“用氧化法处理废水”的专利文献

工具：《目录周报》

途径：分类途径

步骤：

利用 WPI《目录周报》中国际专利分类法的关键词索引，用“水”(Water)在关键词索引中查到国际专利分类号：

Water

Obtaining or treating—：distilling B01D treating foul or waste—heaters C02F

C02F 这个类号与课题有关，其主题内容是关于“污水与废水处理”。

据此分类号可在国际专利分类表中核对：

C02F　TRETMENT OF WATER，WASTER WATER，SAWAGE，OR SLUDGE

1/00 Treatment of water，waste water，or sewage(3/00 to 9/00 take precedence)

1/02 · by heating

1/04　· · by distillation or evaporation

……

1/72 · by oxidation(用氧化法)

从分类表中确定符合课题的国际专利分类号为 C02F1/72。据此号在 WPI《目录周报》中查专利分类索引：

C02F—01

wast—water sludge treatment using pressurised reaction vessels—Which espose sludge to aeration，oxidising agent and lime D Process RWS DEV & M30. 09. 8284-116343 B2128-980-A72

示例 2：

课题：查找日本索尼(SONY)公司彩色电视机改进方面的近期专利

工具：《公司代号手册》、EPI

途径：专利权人

步骤：

利用《公司代码手册》，由公司名称查出专利权人代号：按公司名称 SONY CORP 的字母顺序查得其代号为 SONY。

利用 EPI 分类本(或分国本)中的“专利权人索引”初步确定专利号：经过逐条阅读 SONY 之下的标题项，确定有参考价值的日本专利的主标题为“Colour CRT automatic degaussing system”(彩色阴极射线管的自动消磁系统)。

利用 EPI 分类本(或分国本)找到文摘款目，进一步确定专利号：这是一件日本相同专利=J01316—085A，EPI 只报道标题和附图，无文摘；另外，日本专利说明书用日文书写，看不懂，需“转换”成内容相同的，有文摘的英文说明书专利，则通过查同册的入藏号索引(由第 1 步知其入藏号为 88—337996)，得说明书用英文书写并有文摘的美国基本专利号 US4783—715，其文摘款目(略)登载在 EPI—W 分册第 8847 周。阅读后确认其有用。

按专利号索取专利说明书。

第五章　特种文献检索

第一节　会议文献

1. 会议文献类型

会议出版形式多样，按出版发行的时间先后可分为会前文献、会间文献、会后文献三种。

(1) 会前文献

会前文献是指在会议前预先印发、出版的会议资料，主要包括：会议论文预印本、会议论文摘要和会议预告。会议论文预印本是会上即将宣读的论文的全文，一般在会议前3~5周出版，在开会前分发给与会者。预印本比会后正式出版的会议录要早得多，但内容不够精确、成熟。大多数预印本出单行本，有连续性编号。会议论文摘要是会议论文文摘的汇集。会议预告是预告将要召开的会议，包括会名、会址、会期、使用语言、截稿日期等信息。

(2) 会间文献

会间文献是那些开会期间发给与会者的文献，包括开幕词、闭幕词、演讲稿、讨论记录、会议决议等会议材料。

(3) 会后文献

会后文献是指会议结束后，经会议主办单位等机构正式出版的会议论文集，也称会议录、会议出版物、会议论文汇编、会议摘要等。

会议文献主要以图书和期刊方式出版，部分会议文献也被编入科技报告。会议文集一般都采用图书出版形式。会议常有届次，因此就有定期或不定期出版的连续性出版物。这些图书通常以会议名称作为书名或副书名，并按会议届次编号。

2. 检索工具

会议文献检索的工具有多种，在许多综合性、专业性的检索工具中对会议文献都有相当大量的报道，如《科学文摘》、《工程索引》、《化学文摘》等。专门用于报道会议信息和会议文献的检索工具有：

(1)《科技会议录索引》

《科技会议录索引》(简称ISTP)，由美国科学情报研究所编辑出版。它是当前报道国际重要会议论文的权威性刊物，是一种经典的检索工具。《ISTP》报告的学科包括生命科学、物理、化学、农业、生物和环境科学、临床医学、工程技术和应用科学等各个领域。它每年报道的内容包括了世界出版的重要会议录中的大部分文献。

（2）《会议论文索引》

《会议论文索引》（简称 CPI）由美国剑桥文摘社编辑出版。它是一种常用的检索工具，报道世界科技、工程和医学、生物科学等方面的会议文献，年报道文献量约 8 万篇。除印刷型版本外，还有电子版本，在 DIALOG 联机检索系统中为 77 号文档。

（3）《世界会议》

《世界会议》由美国 Macmillan Publishing Company 编辑出版。它的特点是预报两年内即将召开的重要的国际性会议，有数以千个。它只报道会议有关信息而不包括会议论文。每期有四个分册：

《世界会议：美国和加拿大》，创刊于 1963 年。

《世界会议：美国和加拿大以外地区》，创刊于 1968 年。

《世界会议：医学》创刊于 1978 年。

《世界会议：社会与行为科学，人类服务与管理》创刊于 1971 年。

（4）《中国学术会议文献通报》

它由中国科技信息研究所主编，由科学技术文献出版社出版。该刊是检索我国召开的学术会议及其论文的主要工具。现已出版《中国学术会议论文库》（简称 CACP）。它收录全国 100 多个国家级学会、协会及研究会召开的学术会议论文。

《中国学术会议文献通报》网址为：http://www.chinainfo.gov.cn

（5）《在版会议录》

《在版会议录》由美国 Proceeding in Print，Inc. 出版。该刊有会议录编者索引、会议主题索引和主办单位索引。主要报道世界宇航会议方面的文献。

（6）《科学会议》

《科学会议》由美国 Scientific Meeting Publication Co. 出版。

（7）《近期国际科技会议》

《近期国际科技会议》由英国 Aslib 出版。主要预报本年内即将召开的国际和英国的科技会议情况，包括会议名称、会议日期、会议地点和主办单位等信息。

（8）《出版会议录指南》

《出版会议录指南》由美国 Inter Dok Corp 公司出版。有三个分册，包括：社会科学与人文学，科学、工程、医学、技术，污染控制与生态学。它主要报道会议录中的论文，也收集期刊、丛书和报告中的会议论文。

3. 学术会议站点

Conference Proceedings by Sponsoring SIG

网址是：http://www.acm.org/dl/proclist.html

Proceedings-Circuits，Devices and Systems

网址是：http://www.iee.org.uk/publish/journals/profjrnl/cntncds.html

CALENDAR OF UPCOMING TECHNICAL CONFERENCES

网址是：http://www.techexpo.com/events

Meeting/Conference Announcement Lists

网址是：http://www.lib.uwaterloo.ca/society/ meetings.html

Internet Conference Calendar

网址是：http://conferences.calendar.com/

TechCalendar

网址是：http://www.techweb.com/calendar。

Calendar of Upcoming Events

网址是：http://www.acm.org/events/coe.html。

Technical Activities Guide

网址是：http://www.ieee.org/tag/。

第二节　科技报告

科技报告是最重要最特殊的一类科技文献。其特殊性表现在：它的出版形式既不是书也不是刊；产生于二战期间；它往往还带着不同程度的保密性质，是世界各先进国家在进行经济竞争中竞相搜求和猎取的对象；难于搜求。其重要性表现在：科技报告内容大多专深、新颖，往往涉及尖端学科或世界最新研究课题；内容丰富、信息量大，科技报告对问题研究的论述往往既系统又完整，并针对问题的难点技术，不但有包括技术研究的整个试验过程，而且记录有各种数据和图表，甚至对试验失败也有穷究原因的详尽分析；此类文献数量巨大、形式多样，据报道仅美国每年产生的科技报告在87万件以上。

世界上发达国家都有自己的科技报告，如英国航空航天委员会的报告、法国原子能的报告、原联邦德国的航空研究报告等，但美国的“四大”报告(PB报告、AD报告、NASA报告和DOE报告)却一直雄居首位，是世界上广大科技人员注目的重心。

科技报告按研究进展划分有初步报告、进展报告、中间报告或终结报告；按密级划分则有：绝密、秘密、非密级限制发行、解密、非密公开等各种密级的科技报告；从技术角度来分，有技术报告、技术札记、技术备忘录、技术论文、技术译文、合同户报告和特殊出版物。

1. PB和AD报告

PB即Publication Board(出版局)缩写，它产生于二战结束之后。当时美国政府为了整理和利用从战败国获得的数以千吨计的秘密科技资料，于 1945 年 6 月专门成立了美国商务部出版局，负责收集、整理、报道利用这些资料。每件资料都先编上顺序号，并冠以 PB 字样。而从 1970 年 9 月开始由美国商业部国家技术情报服务处(NTIS)负责管理这批报告，并继续使用该报告号。1980 年使用新的编号(PB+年代-顺序号)，这样使收藏号中含有时间信息，例如 PB81-11789。PB 报告早已编完战时资料，但其机构仍然存在，后来的报告来源就转向美国政府机构、军事科研和情报部门、公司和国家合同单位、高校、研究所和实验所的科技报告等。从 20 世纪 60 年代开始，报告的内容才侧重于民用工程技术，如土建、环境污染、城市规划、生物医学、社会科学等。PB 报告均为公开资料，无密级。

AD 报告于 1951 年开始出版，现由美国国防技术情报中心(DTIC：Defence Technical Information Center)负责。报告内容以国防部各个合同户的研究报告为主，其报告号冠以 AD，A 原先为 Armed、D 则为 Document 之意，现在则可理解为入藏报告(Accession Document)。

PB 和 AD 报告的主要检索工具是美国《政府报告通报及索引》(Government Report Announcements & Index)，简称 GRA & I，由 NTIS 编辑出版。这名称是从 1971 年开始使用的，其编排也实际上是《政府报告通报》和《政府报告索引》两部分。前者是文摘，后者是索引，是同一种检索工具的两个部分，相互配合使用，现为双周刊。

2. NASA 报告

美国的(IAA)和(STAR)是检索国际宇航文献的“姊妹篇”，它们报道内容都选自世界各国有关航空航天方面的技术文献，但在收录范围方面不太一致。IAA 是美国航空航天学会(AIAA)办的，主要收录期刊论文等；而 STAR 是 NASA 办的，主要收录科技报告。

3. DOE 报告

Energy Research Abstracts，简称 ERA，是美国能源部 DOE(Department Of Energy)技术情报中心编辑出版的半月刊。ERA 收录能源部部属科研机构和各大学等一切与能源有关的科技文献，但以科技报告为主。ERA 的文摘是按能源方面的主题分类编排的，共有 40 个一级类和 284 个二级类。在每期文摘的卷首分别以数字和字顺两种形式列出两级类目。

第三节　学位论文

学位论文是作者为获得某种学位而撰写的研究论文。学位论文分为博士、硕士和学士论文。其中博士论文有较高的参考价值，内容丰富，一般侧重于理论，而且文后附有大量的参考文献。

学位论文通常不正式出版，而是保存在授予学位的单位图书馆里，这使得学位论文来源分散，不易获取。通常需要借助于检索工具来查找所需要的学位论文。目前，国外权威的学位论文检索工具多为美国大学缩微制品公司（简称UMI）的产品。该公司收录欧美1000多所大学的学位论文，产品包括印刷型、缩微型和电子型等。

1. 检索工具

（1）《国际学位论文文摘》

《国际学位论文文摘》是查找国外博士论文的主要检索工具。目前该刊分为3个分册：A辑是人文与社会科学；B辑是科学与工程；C辑是欧洲文摘。该刊报道美国、加拿大等国大学的博士论文。该刊的文摘较详细，正文前有分类目次表。

（2）《中国学位论文通报》

《中国学位论文通报》是我国自然科学类学位论文的权威性检索工具。该刊为双月刊。文摘和题录款目按《中国图书资料分类法》分类号的顺序编排，正文前有分类目录。文摘款目的著录内容是：分类号、顺序号、论文题目、学位名称、文种、著者姓名、学位授予单位、总页数、发表年月、文摘、图表、中国科学技术情报研究所馆藏资料索取号等。

检索者可按分类途径查找所需文献，按馆藏索取号向中国科学技术情报研究所借阅。对过去未曾报道的论文，补收在《中国博士硕士学位论文通报》中。

2. 原文检索

学位论文的原文获取通常是直接向授予学位的单位索取，或去国内的收藏单位阅读或复制。我国的主要收藏单位是中国科技信息研究所和北京图书馆，它们还收藏一些国外的学位论文，也可通过馆际互借或直接向UMI订购学位论文的复印件。目前，学位论文也可以通过中国学术期刊光盘版数据库获得。

第四节　标准文献

标准是公认的权威机构批准的标准化工作成果。按其性质可分为：技术标准、工作标准和管理标准；按其适用范围可分为：国际标准、区域标准、国家标准、部标准、行业标准及企业标准；按其内容又可分为：基础标准、产品标准、零部件标准、原材料标准和方法标准；按成熟程度又可分为：法定标准、推荐标准和试行标准。

1. 中国国家标准

根据国家标准化管理条例，我国标准分为国家标准、行业标准(部标准)和企业标准三级。标准的编号方法为：代码+序号+年代。代号采用两位大写汉语拼音字母表示。国家标准代号是 GB，如：GB/T3859. 3—1993。行业标准的代码多用其主管部门名称的汉语拼音两个首字母表示，如：机械工业部代号是 JB，邮电部代号是 YD，航空航天工业部的代码是 HB，电力部(能源部)的代码是 DL，轻工业标准是 QB，化工部的代码是 HG 等。企业标准的代码为 Q，在 Q 前冠以省市的简称汉字，Q 后是企业名称的代码及颁布年份。

(1)《中华人民共和国国家标准目录及信息总汇》

《中华人民共和国国家标准目录及信息总汇》由国家标准化管理委员会主编。它收录对象为中国国家标准、推荐性国家标准和行业标准。标准分上下两册，全文都有中英文对照。该检索工具的正文按专业分类顺序编排，分类采用中国标准文献分类法，它适用于我国除军工外的全部标准文献。按专业划分，分类由一级和二级类目组成。一级类目有 24 类，包括：A 综合，B 农业、林业，C 医药、卫生、劳动保护，D 矿业，E 石油，F 能源、核技术，G 化工，H 冶金，J 机械，K 电工，L 电子技术、计算机，M 通信、广播，N 仪器、仪表，P 建筑，Q 建材，R 公路与水路运输，S 铁路，T 车辆，U 船舶，V 航空、航天，W 纺织，X 食品，Y 轻工、文化与生活用品，Z 环境保护。

正文前的分类目录给出分类、类目及标准著录的页码。标准条目著录有：专业分类、标准号、标准名称(中文及英文)、提出部门、标准类别、标准水平、和国际标准的关系、发表日期、实使日期、代替标准等。正文后附有“标准顺序号索引”，它按标准顺序号编排，给出标准所在页码。

(2)《中华人民共和国国家标准和行业标准目录》

《中华人民共和国国家标准和行业标准目录》由国家技术监督局标准化司主编，由中国标准出版社出版。

(3)《中国标准化年鉴》

《中国标准化年鉴》是由标准化管理委员会主编，中国标准出版社出版。

(4)《中国国家标准汇编》

《中国国家标准汇编》从 1983 年起陆续出版，已经出版了近 200 册，收录我国公开发行的现行国家标准，按国家标准顺序号编排。

(5)《中国国家标准分类汇编》

《中国国家标准分类汇编》收录各类标准，按专业分类。每卷有若干分册，卷与一级类对应，如电子与信息技术卷为 L 分册，有 26 分册。

2. 国际标准(ISO)

国际标准是由国际标准化组织通过的标准。国际标准化组织是世界最大的国际标准化机构，负责研究、制订除电工与电子技术以外的各种技术标准。ISO 有 90 个成员国，下设 146 个技术委员会(TC)、600 多个分技术委员会(SC)、1500 个工作组(WG)。

ISO 的标准编号是：ISO+顺序号+制(修)订年份。ISO 标准的分类按制订标准的技术委员会(TC)的名称设定类目，共 146 类，类号由字母和数字构成。

(1)《国际标准化组织标准目录》

《国际标准化组织标准目录》是检索 ISO 标准的主要工具，为年刊，以英文、法文两种文字出版，收录全部现行标准。它由四个部分组成：主题分类目录、字顺索引、标准序号目录、技术委员会序号索引。

主题分类目录是目录的正文部分，按 ICS 标准分类编排，著录有标准号、版次、页数、价格代码、技术委员会代码和标准题目。

字顺索引，按文中关键词编排。

标准序号目录，著录有标准号、TC 号和标准在分类目录中的页码。

技术委员会序号索引，著录有标准号和标准在分类目录中的页码。

(2)《国际电工委员会出版物目录》

《国际电工委员会出版物目录》是国际电工委员会(IEC)负责研究、制订、批准电工和电子技术方面的标准。IEC 标准的编号形式为：IEC+年代号(制订/修订年份)。它的正文之前是目录表，按 TC 号顺序编排，TC 号后列出标准名称和页码，页码指引到正文的相关标准。正文部分是 IEC 出版物序号表，按 IEC 出版物序号编排。条目著录有 IEC 标准号、标准名称、所属技术委员会的 TC 号和文摘简介。正文后是主题索引，著录有 IEC 标准号和说明语。IEC 标准的检索方法和 ISO 标准类似。

(3)《世界标准光盘数据库》

《世界标准光盘数据库》收录世界 400 个主要标准组织的标准，数据来自国际、国家及欧洲标准组织，90%以上常用工业标准都有文摘，多数能提供全文。该数据库双月更新，可使用英语、法语、德语进行检索，其检索点有：主题、文献号、标准制订组织及关键词等。

3. 其他国家标准

①《美国国家标准目录》由三部分组成：主题索引、标准分类索引、各专业标准的序号索引。

②《标准和规格》由美国国家标准协会提供，在 DIALOG 联机系统中提供书目型文献检索，报道美国政府收藏的目录和工业标准。

③《美国标准光盘数据库》收录美国主要标准组织的重要文摘数据，双月更新。

④《英国标准学会出版物目录》是英国标准学会制订的国家标准，编号的形

式是：BS+序号+年代。

⑤《JIS 标准总目录》收录范围几乎包括日本所有工业领域的标准，还有药品、化肥、农药、畜产品、水产品及农林产品的标准。标准的编号形式为：JIS+字母类号+数字类号+序号+年代。

⑥《德国标准目录》由德国标准化学会制定，标准的编号形式为：DIN+序号+年代。

⑦《法国标准目录》标准的编号形式为：NF+字母类号+数字类号+顺序号+年代。

第六章　计算机检索

第一节　概　　述

当前广泛使用的计算机检索包括：联机检索、光盘检索和互联网检索。

1. 联机检索

联机检索是指用户利用计算机终端设备，通过通信线路，从信息中心的计算机(主机)数据库中检索出所需要信息的过程。

联机检索系统不仅数据库多，而且数据库的文献报道量大，数据更新及时，系统检索点多，组合方式多样，输出形式、输出方式多样。用户容易得到最新、最准确和最完全的检索效果。

要进行远程联机检索，需要借助通信设备，包括：调制解调器、通信线路、微机终端和通信及检索软件等。

联机检索采用命令检索方式，即通过一些系统能够识别的命令(指令)，完成对检索式的运算，实施检索。命令方式能比较恰当地反映检索词之间的概念范围，表达检索各概念间的关系，检索灵活、简捷、快速、利落，检索的精度较高。

2. 光盘检索

光盘检索是应用计算机技术、激光技术、多媒体技术存取数字信息的过程。其特点是：无机械磨损、携带方便、耐用。

光盘检索系统有单机检索系统和联机光盘检索系统。单机光盘检索系统由微机、光驱、光盘数据库等硬件设备和驱动程序、操作程序、检索程序等软件组成，系统结构简单，但数据量少、利用率低；联机光盘检索系统将光盘上网，一般只提供在局域网上的检索，如图书馆网、校园网等，它可以连接到许多用户终端，网上用户可以分时共享光盘数据库的信息。

光盘检索通常采用菜单方式，根据菜单提示、指引，通过选择、确定或键入填写以及一些功能键的使用，一步一步地执行检索，修改检索提问，直至完成全过程，操作方式简单，使用时间宽松。

3. 互联网检索

国际互联网也称因特网，具有全球性的分布结构、开放性的信息环境及跨国界的信息交流。其基础是 Web 联机检索。

Web 方式的联机检索是指 Web 版本的数据库检索，它使用 WWW 浏览器在 Windows 界面下交互作业，给用户揭示信息，具有很强的直观性。

Web 版数据库检索采用的是超文本。其内容排列是非线性的，即按知识(信息)单元及其关系建立知识结构网络。超文本检索是通过超文本链接来实现的。其形式有的在网页的文字处有下划线，或以图标方式标志，用户点击这些标志便能获取自己所需要的信息。

4. 三种检索比较

三种检索各具特色，具体情况见表 6-1。

表 6-1 三种检索比较

	光盘检索	联机检索	互联网检索
检索界面	友好	需要熟悉	很友好
数据更新	较慢，一般按季更新	较快，一般按周更新	实时
检索方式	菜单检索	命令检索	超文本链接
检索范围	单机或局域	远程	全球
检索执行	终端用户	专业人员	网络用户
费用支付	一次性投资	按次、按时收取	按流量

第二节 基本知识

1. 命令检索

命令检索即用检索式进行检索。检索式由若干检索词组配形成。这些检索词是扩展、限定的字段，它们之间的逻辑关系、位置关系等均可由算符的连接来表示。

算符即组配符，它们与检索词互联组成检索式，表达检索策略。常用的算符有：截词符、检索字段符、逻辑算符、位置算符等。

① 截词符　也称统配符，用来对检索词(干)进行扩展。在 Dialog 系统中用“?”表示。“?”加在不完整的词或词干之后，或是插在一个词的中间来表示词后或词中可添加的随机字符。其作用是减少检索词的输入而保证相关检索概念的涵盖，同时也方便解决语言文字拼写方面的差异，避免漏检。

截词有非限定性截词、限定性截词和中间截词。

a. 非限定性截词　非限定性截词是在一个词尾加一个“?”，表示在其后可添加任意多个字符，这些字符都被作为检索词进行检索。如：smok?，它将对若干词进行检索，包括：smoke，smoky，smoked，smoker，smokes，smokers，smoking，smokeless 等。

b. 限定性截词　限定性截词是在一个词尾加有限个(n)“?”，n 个“?”表示其后可添加的字符数少于等于 n 个。如：smok??，将只对 smoke，smoky 进行检索。

c. 中间截词　中间截词是在一词中间出现若干个“?”，表示可插入若干个字符。如：ioni? ation，它将对 ionisation 和 ionization 进行检索。cent?? line，它将对 centerline 和 centreline 进行检索。

② 检索字段符　检索字段符是对检索词出现的字段范围进行限定，执行时，机器只对指定的字段进行检索。检索字段符分作两类；后缀式和前缀式。后缀式对应基本索引，反映文献的主题内容；前缀式对应辅助索引，反映文献的外部特征。

a. 后缀式　后缀式是将字段代码放在检索词之后，并用“/”连接，如：electron/ti 表示 electron 一词须出现在篇名字段，electron/ti，ab 表示 electron 一词须出现在篇名或文摘字段【后缀代码：/ti 表示 Title（篇名）；/ab 表示 Abstract（文摘）；/de 表示 Descriptor（叙词，规范词）；/id 表示 Identifier（标识词，专用词）】。

b. 前缀式　前缀式往往是用于表达文献外部特征的字段，即一些辅助性检索字段，将前缀代码放在检索词之前，用“=”连接。常见的前缀代码，见表 6-2。

表 6-2　前缀代码

代　码	字段名称(中文)	表示方式
AN=	Abstract Number(文摘号)	AN=EIP98124488325
AU=	Author(作者)	AU=LIU，LITIAN
BN=	ISBN(国际标准书号)	BN=0-8155-0963-4
CC=	Classification code(分类号)	CC=723
CC=	Classification Heading(分类目)	CC= Control Device
CD=	Conference Date(会期)	CD=19980520
CL=	Conference Location(会址)	CL=Beijing
CN=	Ei Conference Number(会议号)	CN=48802
CO=	CODEN(代码)	CO=ISMAD7
CO=	Company(公司)	CO=Motorola
CS=	Corporate Source(机构)	CS=Tsinghua
CT=	Conference Title(会议名称)	CT=Telecommunication

续表

代　码	字段名称(中文)	表示方式
CY=	Conference Year(会议年代)	CY=1998
DT=	Document Type(文献类型)	DT=Journal Article(JA)
JA=	Journal Announcement(刊号)	JA=9810W3
JN=	Journal Name(刊名)	JN=(IEEE Micro)
LA=	Language(语种)	LA=English
PY=	Publication Year(出版年)	PY=1996：1999/1/16
SN=	ISSN(国际标准刊号)	SN=0272-1708
SO=	Source Publication(来源出版物)	SO=Materials
SP=	Conference Sponsor(会议主办者)	SP=IEEE
TC=	Treatment Code(文献属性)	TC=Application

③ 逻辑算符　逻辑算符用来表示两个检索词之间的逻辑关系，常用的有三种：逻辑与(and)、逻辑或(or)和逻辑非(not)。如果一个检索式中包含若干逻辑关系，则其执行优先顺序为：not，and，not，最可靠的办法是将需先执行的部分放在括号内。

④ 位置算符　位置算符表示其连接的两个检索词之间的位置关系，常用的有(W)，(nW)，(N)，(nN)，(L)，(S)，(F)等。

a.(W)与(nW)算符　W是with的缩写。(W)或用()表示其连接的两个检索词必须按序出现，中间不允许插词，只能有一空格或标点、符号。如：high(W) class，表示命中记录中出现的匹配词可能有：high class或high-class。

(nW)与(W)类似，只是它允许插词，插词量小于或等于n个。如：silicon (1W) sensor，表示命中记录中出现的匹配词除silicon sensor外，还可能有：silicon integrated sensor，silicon image sensor，silicon-based sensor等。silicon(2W) sensor，命中记录中出现的匹配词除上例的外，还可能会有：silicon angular rate sensor，silicon-based chemical sensor等等。

b.(N)与(nN)算符　N是near的缩写，(N)表示其连接的两个检索词的顺序可以互易，但两词间不允许插词。(nN)中的n表示允许插词量少于或等于n个。如：internet(N)accessing，表示命中记录中出现的匹配词可能有：internet accessing，accessing internet。如：internet(1N)accessing，表示命中记录中除上例的外，还会可能有：accessing internet，accessing the internet，internet /intranet accessing等。

c.(L)算符　L是limit的缩写。(L)表示其连接的两个检索词之间有主副关系，前者为主，后者为副，可用来连接主、副标题词。如：television (L)high definition，表示命中记录的规范词字段中出现的匹配词是：Television-High definition。

d.(S)算符　S是Subfield的缩写，(S)表示其连接的两个检索词必须出现在同一子字段中。子字段是指字段中的一部分，如一句话、一个词组、短语。字段不限，词序不限。

e.(F)算符　F是Field的缩写，(F)表示其连接的两个检索词必须出现在同一字段中，字段不限，词序不限。两个词由不同的算符组成不同的检索式，其检索结果不同。

2. 基本命令

基本命令主要有4个，Begin，Expend，Select和Type。

① Begin命令　Begin命令也可以用B表示，这是选择数据库(文档)命令。其格式为：

Begin n 或 B n

n表示文档号，也可用学科类目名和文档缩略名表示，也可对几个文档一起检索，这时各个文档用逗号分开。如：Begin 2（进入2号文档）。

② Expend命令　Expend命令也可用E表示，这是展示检索索引词典的命令，其格式为：

E [词汇]或E [字段项]

它将显示一张来自索引并包含该指定词汇或字段项的字顺表，从滚动词表中查看、选择相关的检索词或字段项。这些词表有的来自基本索引，有的来自辅助索引等。如：E solar energy application 。

③ Select命令　Select命令也可用S表示，这是检索执行命令，其后的检索词或检索式也可用检索步号(set)替代。如：S smok?、S S3 * S5，其中S3和S5分别表示第3和第5步的检索式。

④ Type命令　Type命令也可用T表示，这是输出命令，其后是输出检索步号、显示打印格式及记录条目。如：T S8/5/1-30，35，表示将打印第8步的检索结果，输出格式为第5种，输出记录号为第1至30号及35号文献条目。

另外，常用的还有Display Sets，Combine，Limit，Logoff，Help等，在此不一一介绍。

第三节　命令检索、菜单检索、WWW检索简介

1. 命令检索

① 启动。启动Dialog通信软件DialogLink，在Session下拉菜单中选择Connect，与Dialog系统进行连接。

② 制定检索式。主题词、文献出处、年代、语种、检索提问单等。

在检索过程中可分段进行，根据中间检索结果，经常要对检索式进行修改或

调整，或输入其他检索词，组成新的检索式检索，输出格式和记录也须酌情调整，直至检索到满意的结果，然后再输出。

③ 检索联机。联机后，在提示符“?”下逐步键入检索式。

④ 结果显示。完成检索，结果认可，指定记录的格式输出记录。

2. 菜单检索

① 启动光盘，进入数据库检索界面。

② 检索字段选择。

③ 检索词选择，直接键入或在展开的索引词典中选择。

④ 检索式修改，重复以上两个步骤，多次循环，来完成一个复杂的逻辑组配检索。

⑤ 输出选择，包括输出记录、输出方式、输出格式的选择。

3. WWW 检索

WWW 检索有基本检索和高级检索之分。基本检索也称标准检索，执行较简单的检索式，经常是对一个字段或两个字段的检索。高级检索执行较复杂的检索式，包括有多种逻辑组合关系的检索，也可对多个字段进行检索。在显示页面上的多个检索窗口中键入恰当的检索词，一个检索窗口对应一个字段，有的字段设有可展开的索引词典，提供检索词的选择，有的检索页面上还可有某些限定(如年代、文献类型、学科范围等)可供选择。其检索过程如图 6-1 所示。

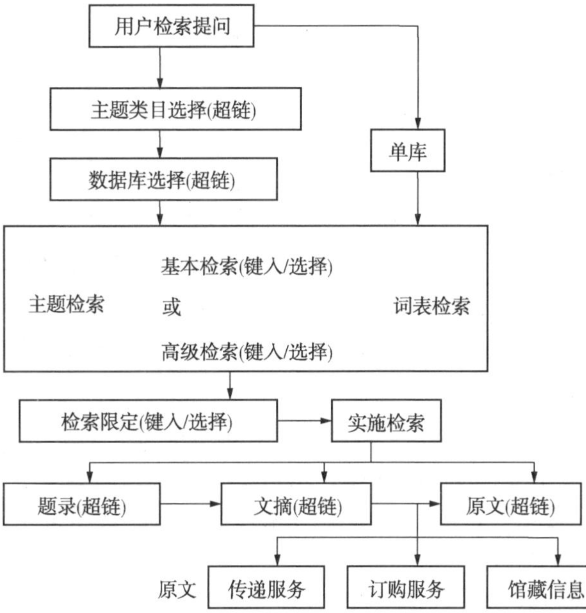

图 6-1　WWW 检索过程

① 用户登录系统后进入数据库。

② 选择基本检索或高级检索。

③ 显示结果。

④ 选择传送方式获取原文。

第四节　计算机检索

1. 检索步骤

计算机检索步骤如图 6-2 所示。

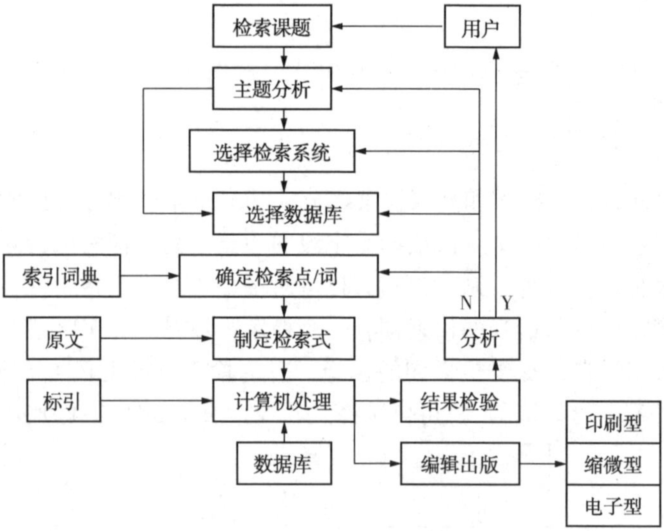

图 6-2　计算机检索步骤

（1）检索课题分析

检索课题的分析，即主题分析，以明确课题所包含的概念成分及其相互关系。这是检索策略制定的根本出发点，也是检索效率高低或成败的关键。因此，主题分析要明确以下问题：①分析课题的主要内容其所涉及的学科范围；②所需文献的类型、语种、年代及文献量的范围；③对查新、查准、查全的指标要求，及其侧重。

如要了解科技的最新动态、学科的进展、了解前沿、探索未知，则强调一个“新”字；如要解决研究中的具体问题，则要强调一个“准”字；如要了解一个全过程、写综述、作鉴定、报成果，就要回溯大量文献，要求检索的全面、详尽、系统，则要强调一个“全”字。

（2）检索系统和数据库的选择

数据库选择原则可概括成“4C”原则，即 Content，Coverage，Currency，Cost。

① Content，指数据库的内容，涉及它的学科范围、科技含量、数据库类型(如：数值、事实、文摘、全文等)，数据来源(如：期刊论文、会议论文、专利文献、科技报告等)。

② Coverage，指数据库的规模，涉及它的时间范围、地理范围、机构来源、文献量等。

③ Currency，指数据库的更新的及时性，更新的频率、周期。

④ Cost，指数据库的费用，各种数据库、各种检索输出方式和格式的收费是不一样的。

(3) 检索点与检索词的选择

检索点的选择主要有：主题、分类、作者、团体作者、名称、号码等。

检索词的选择与检索语言的掌握密切相关，在主题分析的基础上，把课题有关概念转换成为检索语言。总的来说，可优先考虑使用规范词，但规范词量有限，涵盖的概念也有限，而且各检索系统、各数据库没有统一的词表，加上新概念、新词汇的层出不穷，新数据库的问世，未必都有规范词表。

(4) 检索式的制定

检索式是检索策略的具体体现，是机器可执行的检索方案。它将检索单元(检索词)组合起来，正确表达它们之间的关系，如逻辑关系、位置关系。检索式在检索中可一次完成，也可分多步完成。检索式的表达对一个课题可能有多种形式，有各种选择、组配和描述、限定等方式，这些关系通过算符来体现。检索式可以表达复杂的检索提问，将各个检索点、不同属性值、不同的关系统统组织在一个检索式中，完成检索任务。

(5) 检索方案的调整

由于计算机检索的实时性和互动性，给用户及时分析检索结果、调整检索方案带来可能。为了得到比较满意的最终结果，检索往往需要经过多次判断、多次修改，哪一步不恰当就返回到哪一步去重新执行。

(6) 检索结果的输出

检索结果的输出有多种，主要包括显示、复制、打印、传输、下载、Email邮件等，输出形式包括目录、题录、文摘、全文或自定义形式等，还可以对检索结果作出选择，加以输出。

2. 检索技巧

(1) 浏览数据库

进入数据库前，需阅读数据库的说明，包括：出版结构(权威性)，出版物类型(期刊、会议、报告、专利……)，文献类型(全文、文摘、题录……)，收集年限，使用权限，文献版本，服务方式(光盘、联机、专线、镜像、出国)，连接方式，账号、密码，咨询联系等。现在许多数据库被组织到信息服务中心的

Web 网页上，并提供了有关介绍，应当充分地利用它们。

(2) 选择合适的数据库试查

进入数据库后，需找到并认真阅读数据库使用说明、注解、样例，因为每个数据库检索都有它自己的表达方式，对此要把握好。最常用的检索方式是首先先从主题入手，以主题词为检索点，试查找到相关文献。

(3) 调整策略

确定较为恰当的检索词，这时可借助索引词表的提示，同时再附加其他必须的检索条件(如：作者名、出版物名、机构名等)、选定检索范围(如：年代、文献类型、学科范围、语种等)。如果检出文献量过多，则要紧缩检索限定，如：限定检索词出现的字段，增加检索词或限定，或拉近检索词的位置，或使用下位词等方式；如果检出文献量过少，则要放宽检索限定，如：不限定或少限定检索词出现的字段，减少检索词或限定，或拉远检索词的位置，或使用上位词等方式。

(4) 利用检出文献的信息，拓宽检索

考察检出相关文献的出处，从被检索出文献较多的期刊、会议录、作者以及年代等为检索点出发，找到一批相关文献。利用引文检索，根据相关文献(全文)的"引用文献"或"参考目录"条目中所列出文献的出处又可找到一批相关文献。

(5) 充分利用各种资源

使用各种导航工具、虚拟图书馆(网络专题资源的有序集合)，进行全方位的网络资源搜寻。

第五节　联机检索

联机检索服务系统经过半个多世纪的发展，正在顺应全球数字图书馆的潮流，更广泛地联合协同起来，以满足市场用户信息需求为宗旨，提供更多信息、更多媒体、更多连接，以简捷、更好的方式实现全文的、全方位、一步到位的检索服务。

1. DIALOG

美国 DIALOG 始建于 1966 年，1972 年开始商业性经营，提供综合性联机信息。DIALOG 现有全文、题录、事实及数据型数据库 500 多个，文献量超过 3 亿篇。主题内容覆盖知识产权、新闻和媒体、化学、政府和地区、商业和金融、医学、食品和农业、工程、科学、技术等领域。其中科技文献数据库占 40%，社会科学与人文科学文献库占用 10%，公司及产品等商情数据库占 24%，其他为新闻、传媒以及参考工具等类型数据库。文献数据库有题录、文摘及全文等多种形式。科技文献包括期刊、会议录、图书、专利、科技报告、学位论文、标准、产品手册等各种文献类型。

其网址是：http://www.dialog.com。

（1）DIALOG 数据库检索

DIALOG 编制了一些目录来介绍其数据库的特点和使用，如《数据库目录》、《数据库蓝页》等。

《数据库蓝页》的印刷纸张是蓝色的，其内容已成为 DIALOG 系统的一个数据库，称 415 文档。其内容详细，包括：文档简介、学科领域、文献来源、数据库生产者、记录格式、可检索字段、基本索引、辅助索引、附加限定等。

DIALOG 系统供检索的数据库当前有三种版本：光盘版本、联机版本及网络版本，其网络(Web)版本可以免费提供《数据库蓝页》以及主题索引。

① 光盘版检索　DIALOG 将其系统的一些数据库加工生成不同的光盘产品 KR Ondisc。它们适合在 DOS 或 Windows 环境中应用，大多采用菜单检索方式，有的还有命令检索方式，如《EI》、《NTIS》等数据库。

② 联机版检索　DIALOG 系统除命令方式检索外还有一些特殊的联机检索方式。

a. DIALOG OneSearch 的多文档检索。即允许用户用一个检索策略，一次同时检索若干文档，它通过 Begin 命令来实现。

b. DIALINDEX 数据库索引库。即将其所有的文档(数据库)按主题分类，分为大类和小类。每个类目有类目名及其缩写形式，包含若干个相关文档，组成一个数据库组集。检索从主题出发，通过 DIALINDEX 数据库索引库检索某一相关类目(组集)，从中确定出哪些文档是最适用的。然后用多文档检索对它们进行检索，在检索之前选择恰当的数据库，这是行之有效的办法。

c. TARGET 检索模式。它是一种相关度检索命令，不同于逻辑检索模式，适合全文检索。其检索结果按记录命中的检索词出现的频度顺序排列，当前网络工具的检索机理与此有类似之处。

③ Web 版检索　通过 Internet 联网计算机可以访问 DIALOG 系统的最新 Web 网络版本，它的数据库内容与联机版一致。

检索 DIALOG 联机数据库的 Web 版本的网络地址为：http://www.dialoweb.com

为查阅到《数据库蓝页》Database Bluesheets，并实施主题索引检索，可使用 Dialog 的一个免费地址：http://www.dialogweb.com/cgi/dwframe? context = databases&href=topics/

（2）DIALOG 的服务

DIALOG 提供的服务项目有：①各种类型信息检索。联接 DIALOG 的通信软件 DIALINK 可直接从 Internet 网上站点下载，是免费的。②DIALOG Business Connection 商业信息服务，提供各种商业咨询服务。③DIALMAIL 邮件服务，可将检索结果传递给用户，又可提供 Email 方式的文献传递服务。④DIALOG Alert Service 定题服务，可向用户提供最新资料报道，将文献通过 Email、FAX 或邮寄方式传递给用户。⑤DIALORDER 原文定购服务，可提供 50 家公司的论文、专利、会议等文献的全文。⑥DIALOG 新产品界面、内容和应用，给用户前所未有的更好的检索服务，包括：提供一次点击的界面，只对下载记录收费，以 PDF 形式提供 Investext 报告，提供以 Email 发送给全域检索用户的定题服务等。

用户利用 DIALOG 系统，可进行项目查新、文献调研、课题立项、申报专利，以及了解市场动态和竞争对手、新产品开发、公司的背景情况、经济预测种种信息。

(3) DIALOG 常用数据库

- 工程索引(EI)
- 科学文摘(INSPEC)
- 科学引文索引(SCISearch)
- 物理文摘(SPIN)
- 化学文摘(CA Search)
- 数学文摘(MathSCI)
- 计算机数据库(Computer Database)
- 会议论文索引(Conference Papers Index)
- 环境文摘(Environmental Bibliography)
- 学位论文文摘(Dissertation Abstracts Online)
- 教育文摘(ERIC)
- 金属文摘(METADEX)
- 世界专利索引(WPI)
- 美国专利(U. S. Patents)
- 欧洲专利(European Patents)
- 日本专利(JAPIO)
- 美国政府报告(NTIS)
- 流体工程文摘(Fluid Engineering Abstracts)
- 宇航数据库(Aerospace Database)
- 工程材料文摘(Engineered Materials Abstracts)
- 能源科学与技术(Energy Science and Technology)
- 机械工程文摘(ISMEC：Mechanical Engineering Abstracts)

另外，DIALOG 还报道几百家公司名录信息、商业信息、工业分析、新闻报道、专利、产品及商标，以及百科全书、统计数据等事实信息参考服务。它们提供教育与人文、法律与政府、健康与生物医学、新闻报纸与期刊、科学与技术及商业信息。

2. OCLC(图书馆联机计算机中心)

OCLC 全称为 Online Computer Library Center(图书馆联机计算机中心)，是世界上最大的提供文献信息服务的机构之一。

OCLC 中心的网址是：http://www. oclc. org

OCLC 提供两种检索系统：EPIC 和 FirstSearch，它们的内容是一致的。EPIC 系统采用的是命令方式的联机检索，FirstSeach 是用 Web 访问。目前通过 FirstSeach 可检索 70 多个数据库，其中有 30 多个库可检索到全文，总计包括 7500 多种期刊的联机全文和 3000 多种期刊的联机电子映像，有 600 多万篇全文和全图文章。这些数据库涉及广泛的主题范畴，覆盖了各个领域和学科。

FirstSearch 的主页网址是：http://www. ref. oclc. org：2000/

(1) FirstSearch 的特点

① 面向最终用户。OCLC 的 FirstSearch 是一个面向最终用户设计的联机检索系统，经过基本训练就能应用自如，用户上机检索适合自己需要的文献。使用方便，允许用户在图书馆、办公室、实验室或家居等地方的连接 Internet 网的微机上使用。

② 提供一体化服务。OCLC 的一体化服务有三个层面：对用户的检索提问进行相关文献的检索，可检索的数据库大多为二次参考文献数据库；查找文献馆藏地点，包括世界范围的图书馆、可提供全文服务的文献服务机构包括 OCLC 自己；一次文献的提供，其方式有数量高达数百万篇的随时更新的联机全文数据库，或通过所在图书馆的馆际互借或第三方的文献服务机构的服务，以保证用户能快速获得所需要的文献。

③ 数据量大。用 FirstSearch 系统检索的主题范畴非常广泛，70 多个数据库包括 13 个领域：艺术和人文学科、工商管理和经济、会议和会议录、消费者事物和人物、教育、工程技术、普通科学、生命科学、医学和健康学、新闻和时事、公共事务和法律、社会科学、综合和参考等。文献信息中不仅包含文摘，还能查阅到馆藏地点。

④ 数据更新快。OCLC 的数据库更新经常，每天都有新的文献信息增加到数据库中，因此用户从 OCLC 的数据库能检索到世界上最新的资料和信息。

(2) FirstSearch 的数据库

目前利用 FirstSearch 可以检索到的这些数据库绝大多数由美国的一些国家机构、联合会、研究院、图书馆和大公司等单位提供。数据库的记录中有文献信息、馆藏信息、索引、名录、全文资料等内容。资料媒体有书籍、连续出版物、报纸、杂志、胶片、计算机软件、音频资料、视频资料、乐谱等。按主题分类的数据库可参阅《First Search Service Databases》手册，从中还可查到各数据库的提供者，约有 30 多个。其中 WorldCat 是世界范围图书馆的联合书目库，其数据库主要有：

ArticleFirst	12500 多种期刊的文章索引
ContentsFirst	12500 多种期刊的目录索引
ECO	联机电子出版物，学术期刊(书目信息)
ERIC	教育方面的期刊文章和报告
GPO	美国政府出版物
MEDLINE	医学期刊文献的文摘
NetFirst	OCLC 的 Internet 资源数据库
PapersFirst	国际学术会议论文索引
Proceedings	国际学术会议录索引
UnionLists	OCLC 成员馆收藏期刊列表
WilsonSelectPlus	H. W. Wilson 公司的全文库
WorldAlmanac	世界年鉴
WorldCat	世界范围图书、Web 资源和其他资料的 OCLC 编目库

综合数据库是：WorldCat，ArticleFirst，ContentsFirst，ECO，NetFirst 和 UnionLists。

专业数据库是：ERIC，GPO，MEDLINE，PaperFirst，Proceedings，WorldAlmanac 和 WilsonSelectPlus。

(3) FirstSearch 的应用环境

FirstSearch 有两种连接服务方式，即 Web 方式和 Telnet 方式。

FirstSearch 免费训练数据库所在网址为：http://www.oclc.org/oclc/menu/fs.htm.

3. EI Village

EI Village 的全称是 Engineering Information Village，即工程索引村。EI Village 是美国工程信息公司的产品。

EI Village 是一个基于 Web 方式的工程信息联机服务中心，它力图将世界上所有重要的工程信息汇集成在一起，并实现一步到位的桌面服务。它所能提供的信息资源有著名的《工程索引》及其他 40 多个数据库，包括专利和标准以及产品目录，这些资源分布在世界各地的 1600 个网络站点。EI Village 提供多种期刊和会议论文的全文数据，全文可借助 Internet Fax 直接传递给用户。

EI Village 在中国的镜像库建立在清华大学的服务器上，通过 Cernet 网络提供国内大量用户使用。其中一些服务不必再付网络通信费。

其网络地址为：http://ei.lib.tsinghua.edu.cn/village/hp_ norm/htm/

(1) EI Village 数据库

EI CompendexWeb(工程索引数据库)，包括 Compendex 和 PageOne 数据库。

ILL StandardWeb(ILL 标准数据库)，包括 280000 种各国的工业和军事标准资料。

EI Connexion(EI 数据库连接)，可连接到 150 多种科技、商业数据库。

EI Spotlights(EI 要目公告)，提供每周最新的 EI Compendex 数据，按主题分类列表。

EI Tech Alert(EI 动态报道)，可用自然语言检索到最近两个月的 EI Compendex 信息。

(2) 参考咨询服务

EI Monitors(EI 期刊目次报道)，收录 145 种核心工程期刊的目次内容，按分类报道。

EI wireservice(新闻热线)，报道合众社和路透社最近 5 天的新闻，按分类报道。

Editor's Web Choices(编辑网站推荐)，提供推荐网站点，按 8 个大类划分。

Network of Expert(工程专家网络)，提供北美大学、研究机构的 16000 个专家的信息。

Ask A Librarian(EI Village 咨询)，可向图书馆员咨询使用系统中的问题提出意见。

Ask An Engineer College(工程师同行咨询)，提供 9 个专家的工程技术咨询。

Ask Tech Desk(科技图书馆咨询)，提供 Linda Hall Library 专业人员的参考咨询服务。

Ask Your Peer(网络讨论咨询)，提供网上 20 个工程技术新闻组和讨论组。

(3) 社区服务

EI Electronic Text(全文提供)，EI 每年收藏 2.5 万件原文，可提供定购服务。

EI Featured Articles(特选文献快递)，提供每月的特选文献，其全文可传递过来。

Engineering Management Center(工程管理中心)，连接世界主要管理信息站点。

The EI Village Academy(Village 联机指南)，EI 的资源和服务的详细介绍。

The EI Village Rcport(Village 最新报道)，提供 EI Village 的最新发展情况。

4. 我国的联机检索

(1) 北京文献服务处检索系统

北京文献服务处是中国国防科技信息中心与北京市科协联合组建的机构，它使用自行设计、研制的信息检索软件 BDSIRS 开发计算机情报系统，始于 1981 年。它是国内主要的联机检索系统，可向全国 100 多终端提供联机检索服务。国内可通过电话线与其连通。BDSIRS 检索方法简单、易学，系统运行较为稳定。

服务处目前有44个数据库，其中20多个为全文数据库，包括2500万篇文献。

北京文献服务处的网址是：http://210.79.226.16

① 中文数据库

- 世界国防科技工业数据库
- 可靠性数据库
- 国防科技成果综合推广库
- 外军工程装备
- 中国工程院院士学术报告
- 《科技简讯》
- 国内成果交流库
- 中国国防科技信息中心中文馆藏库
- 中国国防科技中文文摘库
- 中国科技期刊题录库
- 中国专利文摘库

② 英文数据库

- 电子书库
- 中国国防科技信息中心外文馆藏库
- 国外期刊论文文摘库
- 国外专利文摘库
- Internet 付费信息库

(2) 中国科技信息研究所检索系统

中国科技信息研究所的网址是：http://www.istic.ac.cn

中国科技信息研究所是我国最大的一个科技信息服务中心，向全国联机终端提供检索服务。其数据库有：

- 中国科技文献数据库(光盘)
- 中国学位论文目录数据库(软盘、光盘)
- 中国学术会议论文数据库(软盘、磁带、光盘、联机检索)
- 中国学术会议论文数据库(软盘、磁带、光盘、联机检索)
- 中国科技信息机构数据库(光盘、联机检索)
- 西文文献目录数据库(联机检索)
- 科技动态数据库(联机检索)
- 科技声像资料联合目录数据库(软盘)

(3) 中国万方服务系统

由中国科技信息研究所和万方数据库(集团)公司共同开发，是基于Web的数据库资源检索服务系统。其主页地址是：http://www.chinainfo.gov.cn

万方数据系统将数据库分为三个子系统，包括：科技信息子系统、商务信息子系统和数字化期刊子系统。

数字化期刊子系统收集数百种国内期刊近 3 年来的全文，内容包括：通信计算机、数理化、工业技术、医药卫生、天文地理、环境科学、生物科学、航空航天、农业科学和交通运输等。检索期刊论文有两种方式：一种是用浏览刊名方式获取期刊文献，另一种是通过各种检索点及它们的逻辑关系来检索期刊论文。

数据库资源包括科技文献、科技名人、政策法规、中外标准、成果专利、台湾系列库、商务与贸易、公共信息八大类。汇集中外上百个知名的、使用频率较高的科技、经济、金融、文献、生活与法律法规等 110 多个数据库，记录总数达 1300 多万条。

（4）中国期刊网

《中国期刊网》以中国学术期刊电子杂志社编辑出版的《中国学术期刊（光盘版）》全文数据库为核心，目前已收录 5300 种期刊的全文，均可通过网络检索、浏览、下载和打印。目前它能提供检索和浏览 1994 年以来的文摘索引和全文信息。

第七章 搜索引擎

第一节 搜索引擎概述

搜索引擎是指根据一定的策略、运用特定的计算机程序从互联网上搜集信息，在对信息进行组织和处理后，为用户提供检索服务，将用户检索相关的信息展示给用户的系统。

搜索引擎由搜索器、索引器、检索器和用户接口四个部分组成。搜索器的功能是在互联网中漫游，发现和搜集信息。索引器的功能是理解搜索器所搜索的信息，从中抽取出索引项，用于表示文档以及生成文档库的索引表。检索器的功能是根据用户的查询在索引库中快速检出文档，进行文档与查询的相关度评价，对将要输出的结果进行排序，并实现某种用户相关性反馈机制。用户接口的作用是输入用户查询、显示查询结果、提供用户相关性反馈机制。

1. 搜索引擎分类

搜索引擎包括全文索引、目录索引、元搜索引擎、垂直搜索引擎、集合式搜索引擎、门户搜索引擎与免费链接列表等。

(1) 全文索引

全文搜索引擎是名副其实的搜索引擎，国外代表有 Google，国内则有著名的百度搜索。它们从互联网提取各个网站的信息(以网页文字为主)，建立起数据库，并能检索与用户查询条件相匹配的记录，按一定的排列顺序返回结果。

根据搜索结果来源不同，全文搜索引擎可分为两类，一类拥有自己的检索程序(Indexer)，俗称“蜘蛛”(Spider)程序或“机器人”(Robot)程序，能自建网页数据库，搜索结果直接从自身的数据库中调用，上面提到的 Google 和百度就属于此类；另一类则是租用其他搜索引擎的数据库，并按自定的格式排列搜索结果，如 Lycos 搜索引擎。

(2) 目录索引

目录索引虽然有搜索功能，但严格意义上不能称为真正的搜索引擎，只是按目录分类的网站链接列表而已。用户完全可以按照分类目录找到所需要的信息，不依靠关键词(Keywords)进行查询。目录索引中最具代表性的是 Yahoo、新浪分类目录搜索。

(3) 元搜索引擎

元搜索引擎接受用户查询请求后，同时在多个搜索引擎上搜索，并将结果返回给用户。著名的元搜索引擎有 InfoSpace、Dogpile、Vivisimo 等，中文元搜索引擎具有代表性的是搜星搜索引擎。在搜索结果排列方面，有的直接按来源排列搜索结果，如 Dogpile；有的则按自定的规则将结果重新排列组合，如 Vivisimo。

(4) 垂直搜索引擎

垂直搜索引擎不同于通用的网页搜索引擎。垂直搜索专注于特定的搜索领域和搜索需求(例如：机票搜索、旅游搜索、生活搜索、小说搜索、视频搜索、购物搜索等)，在其特定的搜索领域有更好的用户体验。相比通用搜索动辄数千台检索服务器，垂直搜索需要的硬件成本低、用户需求特定、查询的方式多样。

(5) 集合式搜索引擎

集合式搜索引擎类似元搜索引擎，区别在于它并非同时调用多个搜索引擎进行搜索，而是由用户从提供的若干搜索引擎中选择。

(6) 门户搜索引擎

门户搜索引擎自身既没有分类目录也没有网页数据库，其搜索结果完全来自其他搜索引擎。

(7) 免费链接列表

一般只简单地滚动链接条目，少部分有简单的分类目录。

2. 工作原理

(1) 爬行

搜索引擎是通过一种特定规律的软件跟踪网页的链接，从一个链接爬到另外一个链接，像蜘蛛在蜘蛛网上爬行一样，所以被称为“蜘蛛”也被称为“机器人”，它需要遵从一些命令或文件的内容。

(2) 抓取存储

搜索引擎是通过蜘蛛跟踪链接爬行到网页，并将爬行的数据存入原始页面数据库。搜索引擎蜘蛛在抓取页面时，也做一定的重复内容检测，一旦遇到权重很低的网站上有大量抄袭、采集或者复制的内容，很可能就不再爬行。

(3) 预处理

搜索引擎将蜘蛛抓取回来的页面，进行以下步骤的预处理：

① 提取文字；②中文分词；③去停止词；④消除噪音；⑤正向索引；⑥倒排索引；⑦链接关系计算；⑧特殊文件处理。

除了 HTML 文件外，搜索引擎通常还能抓取和索引以文字为基础的多种文件类型，如 PDF、WORD、WPS、XLS、PPT、TXT 文件等，但搜索引擎还不能处理图片、视频、Flash 等非文字内容，也不能执行脚本和程序。

(4) 排名

用户在搜索框输入关键词后，排名程序调用索引库数据，计算排名显示给用户，排名过程与用户直接互动。但是，由于搜索引擎的数据量庞大，虽然能达到每日都有小的更新，但是一般情况搜索引擎的排名规则都是根据日、周、月阶段性不同幅度的更新。

3. 简单使用

(1) 折叠简单查询

在搜索引擎中输入关键词，然后点击“搜索”就行了，系统很快会返回查询结果。这是最简单的查询方法，使用方便，但是查询的结果却不准确，可能包含着许多无用的信息。

(2) 折叠双引号

给要查询的关键词加上双引号(半角)，可以实现精确的查询，这种方法要求查询结果要精确匹配，不包括演变形式。

(3) 折叠使用加号

在关键词的前面使用加号，也就等于告诉搜索引擎该单词必须出现在搜索结果中的网页上。

(4) 折叠使用减号

在关键词的前面使用减号，也就意味着在查询结果中不能出现该关键词。

(5) 折叠通配符

通配符包括星号(*)和问号(?)，前者表示匹配的数量不受限制，后者匹配的字符数要受到限制，主要用在英文搜索引擎中。例如输入“computer *”，就可以找到“computer、computers、computerised、computerized”等单词，而输入“comp? ter”，则只能找到“computer、compater、competer”等单词。

(6) 折叠使用布尔检索

所谓布尔检索，是指通过标准的布尔逻辑关系来表达关键词与关键词之间逻辑关系的一种查询方法。这种查询方法允许我们输入多个关键词，各个关键词之间的关系可以用逻辑关系词来表示。

AND，称为逻辑“与”，用 AND 进行连接，表示它所连接的两个词必须同时出现在查询结果中，例如，输入“computer AND book”，它要求查询结果中必须同时包含 computer 和 book。

OR，称为逻辑“或”，它表示所连接的两个关键词中任意一个出现在查询结果中就可以，例如，输入“computer OR book”，就要求查询结果中可以只有computer，或只有 book，或同时包含 computer 和 book。

NOT，称为逻辑“非”，它表示所连接的两个关键词中应从第一个关键词概念中排除第二个关键词，例如输入“automobile NOT car”，就要求查询的结果中包含

automobile(汽车)，但同时不能包含 car(小汽车)。

NEAR，它表示两个关键词之间的词距不能超过 n 个单词。

在实际的使用过程中，可以将各种逻辑关系综合运用，灵活搭配，以便进行更加复杂的查询。

(7) 折叠使用括号

当两个关键词用另外一种操作符连在一起，而你又想把它们列为一组时，就可以对这两个词加上圆括号。

(8) 折叠使用元词检索

大多数搜索引擎都支持"元词"(metawords)功能，依据这类功能用户把元词放在关键词的前面，这样就可以告诉搜索引擎你想要检索的内容具有哪些明确的特征。例如，你在搜索引擎中输入"title：清华大学"，就可以查到网页标题中带有清华大学的网页。

其他元词还包括：image：用于检索图片；link：用于检索链接到某个选定网站的页面；URL：用于检索地址中带有某个关键词的网页。

(9) 折叠区分大小写

这是检索英文信息时要注意的一个问题，许多英文搜索引擎可以让用户选择是否要求区分关键词的大小写，这一功能对查询专有名词有很大的帮助。例如：Web 专指万维网或环球网，而 web 则表示蜘蛛网。

第二节 Google 搜索引擎

Google(www. Google. com)搜索引擎是斯坦福大学博士生 Larry Page 与 Sergey Brin 于 1998 年 9 月发明。其特点在于：

① Google 支持多达 132 种语言，包括简体中文和繁体中文。

② Google 网站只提供搜索引擎功能，没有花里胡哨的累赘。

③ Google 的专利网页级别技术 PageRank 能够提供高命中率的搜索结果。

④ Google 的搜索结果摘录查询网页的含有关键字的内容，而不仅仅是网站简介。

⑤ Google 智能化的"手气不错"功能，提供可能最符合要求的网站。

⑥ Google 的"网页快照"功能，能从 Google 服务器里直接取出缓存的网页。

Google 搜索范围较广，主要涉及：网页、图片、音乐、视频、地图、新闻等领域，其中 Google 学术搜索最为著名。

1. Google 学术搜索

Google 学术搜索是 Google 公司于 2004 年 11 月 18 日推出的一项新的搜索服务。它能帮助用户查找包括期刊论文、学位论文、书籍、预印本、摘要和科技报告等在内的学术文献，内容涉及诸多学科，并且经过了业内专家的评审，具有一定的权威性。重点提供医学、物理、经济、计算机等学科文献的检索，还通过知识链接功能提供文章的引用次数及链接，人们可以利用它查找文献的被引用情况。这是目前为止除 web of science 外的另一个可以检索英文文献被引情况的检索工具。

2006 年 1 月 11 日 Google 推出了 Google 中文学术搜索 Beta 版，用于搜索网上的中文学术文献，同时它还具有检索中文文献被引情况的功能，为科学研究与学术共同体学术评价工作的开展提供了新的工具和途径。

Google 学术搜索提供了广泛的学术搜索，可以从一个位置搜索众多学科和资料来源，包括：学术著作出版商、专业性社团、预印本、各大学及其他学术组织的经同行评论的文章、论文、图书、摘要和文章及引用内容。通过图书馆或在 Web 上查找完整的论文。

Google 学术搜索提供了基本检索界面和高级检索界面，可以通过关键词、题名、作者、出版物等途径检索信息，具有较强的逻辑组配检索功能。

Google 学术搜索提供了被引次数链接功能，可以进行引文检索。

Google 学术搜索提供了较多的链接功能，方便扩展检索。包括：

① 标题，链接到文章摘要或整篇文章(如果文章可在网上找到)。

② 引用者，提供引用该组文章的其他论文。

③ 相关文章，查找与本组文章类似的其他论文。

④ 图书馆链接(在线)，通过已建立联属关系的图书馆资源找到该项成果的电子版本。在登录校园网后将自动显示这些链接；图书馆链接(离线)，找到藏有这项学术成果的图书馆。

⑤ 同组文章，查找我们可能看到的同属这组学术研究成果的其他文章，可能是初始版本，其中有预印本、摘要、会议论文或其他改写本。

⑥ 网络搜索，关于该研究成果的信息。

2. Google 简单搜索

(1) 搜索结果要求包含两个及两个以上关键字

一般搜索引擎需要在多个关键字之间加上“+”，而 Google 无需用明文的“+”来表示逻辑“与”操作，只要空格就可以了。

(2) 搜索结果要求不包含某些特定信息

Google 用减号“-”表示逻辑“非”操作。

注意：这里的“+”和“-”号，是英文字符，而不是中文字符的“+”和“-”。此外，操作符与作用的关键字之间，不能有空格。

(3) 搜索结果至少包含多个关键字中的任意一个

Google 用大写的“OR”表示逻辑“或”操作。

（4）“+”、“-”和“OR”的混合查询

混合查询涉及到逻辑操作符的顺序问题。一般而言，搜索引擎按照从左往右的顺序读取操作符号。如果只涉及“与”操作和“非”操作，则不会产生顺序问题，搜索结果数量和关键字顺序无关，不过，具体搜索的结果顺序会视关键字的顺序而定。单纯的“或”操作也是同样道理。但是，如果“或”查询和其他两种查询混合在一起就复杂了。

（5）用“+”和“-”减少冗余信息

通常情况下，用一个关键字查询，会得到很多和查询目的不相关的冗余信息。当希望搜索结果的第一个条目中就包含所需要的信息时，“+”和“-”很多时候就起到缩小搜索结果的范围，以提高查询结果命中率。

3. Google 辅助搜索

（1）通配符问题

很多搜索引擎支持通配符号，如“*”代表一连串字符，“?”代表单个字符等，但 Google 不支持通配符，只能做精确查询，关键字中的“*”或者“?”会被忽略掉。

（2）关键字的字母大小写

Google 对英文字符大小写不敏感，“GOD”和“god”搜索的结果是一样的。

（3）搜索整个句子

Google 的关键字可以是词组(中间没有空格)，也可以是句子(中间有空格)，但是用句子做关键字，必须加英文引号。

（4）搜索引擎忽略的字符和词汇

Google 对一些网路上出现频率极高的英文单词，如“i”、“com”、“www”等，以及一些符号如“*”、“.”等，作忽略处理。

（5）强制搜索

如果要对忽略的关键字进行强制搜索，则需要在该关键字前加上“+”号。

4. Google 高级搜索

高级搜索相当于一个多条件的组合搜索，它可以根据用户的需要更加灵活地根据用户输入的不同条件组合来进行搜索。

（1）通过保留字“filetype”查找非 HTML 格式文件

Google 可以支持 13 种非 HTML 文件的搜索，除了 PDF 文档，Google 现在还可以搜索 Microsoft Office（doc，ppt，xls，rtf）、Shockwave Flash（swf）、PostScript（ps）和其他类型文档。新的文档类型只要与用户的搜索相关，就会自动显示在搜索结果中。例如，如果你只想查找 PDF 格式的文件，而不要一般网页，只需搜索“关键词 filetype：pdf”就可以了。

（2）通过保留字“site”判断网站是否被Google索引

要判断你的网站目前是否包含在Google索引中，只需添加关键字搜索您的网站网址即可。例如，搜索site：www.newhua.com就会返回Google收录的关于华军软件园的所有相关结果。

（3）通过保留字“link”了解有多少链接指向你的网站

要知道你的网站有多少链接指向它，只需添加关键字搜索你的网站网址即可。例如，搜索link：www.newhua.com就会返回所有指向华军网站的链接。

（4）通过保留字“define”查看字词或词组的定义

要查看字词或词组的定义，只需键入“define”，接着键入一个空格，然后键入你需要其定义的词。如果Google在网络上找到了该字词或词组的定义，则会检索该信息并在搜索结果的顶部显示它们。例如，搜索define：HTML将显示从各种在线来源收集到的“HTML”定义的列表。

5. Google搜索技巧

无论使用一个简单或是高级的Google搜索，在此都存在某种可靠的方法，遵循适当的方法就能获得非常准确的结果，否则，将会看到大量不相关的结果或是缺乏想要的相关结果。因此，建议：

① 确定要寻找什么，即哪些词能够最好地描述所要寻找的信息或者概念？哪些词是能够用来替换的？

② 构建搜索要求，即使用尽可能多的关键词，越多越好，或者使用高级搜索页面。

③ 点击“搜索”按钮，出现搜索结果。评估一下搜索结果页面上的匹配程度，如果一开始的结果与想要的不一致，再精炼搜索要求并重新搜索。

④ 选择想要的页面，点击进行浏览，保存这些最符合你需求的信息。

（1）合理利用“AND/OR”的搜索

Google会自动假定一次搜索要求中所有的词之间都是一种“和”的关系。也就是，如果你输入两个词，它就会假定你所寻找的页面是包含这两个词的，这就使得你无须在输入搜索要求时输入一个“AND”。这与在所要求的词之间假定“或”是不同的。例如，输入要求“bob ted”(实际上是bob和ted)所得的结果所包含的页面会共同提到Bob和Ted，而输入“bob OR ted”，所得结果所包含的页面会只单独提到Bob，也有些页面是单独提到Ted，还有一些是共同提到他们二者的。因此，如果你想要一个“AND/OR”的搜索，你必须在两个关键词之间插入一个带有“OR”功能的操作。当你输入这个“OR”的表示“或者”操作时，请确保所输入的为大写，否则Google会将它忽视为一个忽略的单词。

（2）忽略单词的使用

忽略单词是指Google搜索过程中自动忽略的不重要的、普通的词。忽略单词主要包括："and"、"the"、"where"、"how"、"what"、"or"(所有字母皆为小写)和单独的数字或单独的字母。如，"how a toaster works"(烤箱如何工作)，Google 会移除"how"和"a"两个词，并自行按新的更短的关键词"toaster works"进行搜索。

如果想要让忽略单词包含在搜索要求内，可以在确实需要的词之前加上一个"+"符号。例如，要在搜索要求中包含"how"，输入"++how"。请确保在"+"符号之前有一个空格符，而不是在它之后。

如果想要通过排除一些包含特定词的页面来精炼搜索结果，可以在确实排除的词之前加上了"-"符号，在"-"符号之前留一个空格符。

(3) 搜索近似的词

只要在想要搜索的词之前加上"~"符号，Google 就会搜索所有包括这个词以及合适的近义词的页面。例如，要搜索类似"elderly"的词，输入"~elderly"，所得到的页面就会不仅是包括"elderly"这个词，还会有包括"senior"、"older"、"aged"等等词的页面。如果只需列出近义词的页面，而不需要给出许多原先输入的那个词的页面，可以用"-"符号来连接"~"操作，例如，"~keyword -keyword"。这样就能在近义词所得的结果中排除原先输入的词。

(4) 搜索特定的词组

当搜索一个特定词组时，如果只是简单地输入词组中所有的词，是无法得到最好的结果的。当将整个词组放在一个引号内时，就能让 Google 搜索规定顺序的精确的关键词。

(5) 通过操作算符调整搜索

使用相关操作算符可用来调整 Google 搜索的结果。操作方法："'操作算符'：'变量'"(表 7-1)。

表 7-1 操作算符

算　符	用　途	用　法
allinanchor：	限制搜索的词语是网页中链接内包含的关键词(可使用多个关键词)	allinanchor：keyword1 keyword2
allintext：	限制搜索的词语是网页内文包含的关键词(可使用多个关键词)	allintext：keyword1 keyword2
allintitle：	限制搜索的词语是网页标题中包含的关键词(可使用多个关键词)	allintitle：keyword1 keyword2
allinurl：	限制搜索的词语是网页网址中包含的关键词(可使用多个关键词)	inurl：keyword1 keyword2
filetype：	限制所搜索的文件一个特定的格式	filetype：extension
inanchor：	限制搜索的词语是网页中链接内包含的关键词	inanchor：keyword

续表

算　符	用　途	用　法
intext:	限制搜索的词语是网页内文包含的关键词	intext：keyword
intitle:	限制搜索的词语是网页标题中包含的关键词	intitle：keyword
inurl:	限制搜索的网页的地址	inurl：keyword
site:	限制所进行的搜索在指定的域名或网站内	site：domain

（6）Google 的其他专业搜索

Google 可以用来搜索那些有着最低价格的特定商品的在线购物网站。

Google Answers 所提供的服务是直接让你的搜索需求面向专业人员的小组，大多数都是用于当你有着更为复杂的问题，而无法通过简单的搜索来解答的时候。

Google Apple Macintosh Search 主要是在 apple. com 域名中以及和其他与苹果相关的站点进行搜索。

Google Blog Search 是用来搜索博客和博客文章的。

Google Book Search 可以搜索成千上万的小说和非小说类图书的全文。

Google BSD UNIX Search 可以搜索到大量专门为 BSD 版本的 UNIX 操作系统专业化的站点。

Google Groups 可以搜索到 Google Groups 档案的相关文章。

Google Linux Search 用来搜索大量与 Linux 相关的网站。

Google Microsoft Search 可以搜索主要是 microsoft. com 域名中的内容以及其他微软相关的站点。

Google News 可用来搜索大量有最新新闻和头条的新闻网站，也能够搜索历史的新闻资料，一直可以追溯到两个世纪之前。

Google Scholar 在一个有着学术杂志、文章、报纸、论文和书籍的数据库中进行搜索，也能够选择大学或研究书库。

Google U. S. Government Search 是用来搜索那些美国政府的网站——这是一个最好的用来搜索官方性政府举措、信息、报告等的地方。

第三节　百度搜索引擎

百度搜索是全球最大的中文搜索引擎，2000 年 1 月由李彦宏、徐勇两人创立于北京，致力于向人们提供“简单，可依赖”的信息获取方式。“百度”二字源于宋朝词人辛弃疾的《青玉案》诗句“众里寻他千百度”，象征着百度对中文信息检索技术的执著追求。

百度搜索使用了高性能的“网络蜘蛛”程序，可以自动地在互联网中搜索信息，可定制高扩展性的调度算法使得搜索器能在极短的时间内收集到最大数量的互联网信息。百度搜索在中国和美国均设有服务器，搜索范围涵盖了中国大陆、香港、台湾、澳门、新加坡等华语地区以及北美、欧洲的部分站点。

目前百度搜索涉及的服务范围有：网页搜索、MP_3搜索、图片搜索、新闻搜索、百度贴吧、百度知道、搜索风云榜、硬盘搜索、百度百科等主要产品和服务，同时也提供多项满足用户更加细分需求的搜索服务，如地图搜索、地区搜索、国学搜索、黄页搜索、文档搜索、邮编搜索、政府网站搜索、教育网站搜索、邮件新闻订阅、WAP 贴吧、手机搜索(与 Nokia 合作)等服务；同时，百度还在个人服务领域提供了包括百度影视、百度传情、手机娱乐等服务。2004 年 8 月，百度还收购了中国国内最大的个人网站“hao123”，为初级网民提供网络站点导航等服务。

1. 百度简单搜索

百度搜索引擎搜索简单方便，仅需输入查询内容并敲一下回车键，即可得到相关资料，或者输入查询内容后，用鼠标点击“百度搜索”按钮，也可得到相关资料。

① 输入的查询内容可以是一个词语、多个词语、一句话。

② 输入多个词语搜索(不同字词之间用一个空格隔开)，可以获得更精确的搜索结果。

③ 百度查询时不需要使用符号“AND”或“+”，百度会在多个以空格隔开的词语之间自动添加“+”，并把最相关的网页排在前列。

④ 百度支持“-”功能，用于有目的地删除某些无关网页，但减号之前必须留一空格。

⑤ 使用“A | B”来并行搜索“或者包含词语 A，或者包含词语 B”的网页。例如：查询“催化剂”或“单原子”相关资料，无须分两次查询，只要输入［催化剂 | 单原子］搜索即可。百度会提供跟“ | ”前后任何字词相关的资料，并把最相关的网页排在前列。

⑥ 如果无法确定输入什么词语才能找到满意的资料，可以试用百度相关检索。即先输入一个简单词语搜索，然后，百度搜索引擎会为您提供“其他用户搜索过的相关搜索词语”作参考。点击其中一个相关搜索词，都能得到那个相关搜索词的搜索结果。

⑦ 百度搜索引擎已先预览各网站，拍下网页的快照，为用户贮存大量的应急网页。点击每条搜索结果后的“百度快照”，可查看该网页的快照内容。

2. 百度高级搜索

(1) 把搜索范围限定在网页标题中

网页标题是对网页内容提纲挈领式的归纳。把查询内容范围限定在网页标题中，有时能获得良好的效果。使用的方式是把查询内容中特别关键的部分，用"intitle:"领起来。例如，找"催化剂"可以这样查询：intitle：催化剂。注意，intitle：和后面的关键词之间不要有空格。

(2) 把搜索范围限定在特定站点中

如果知道某个站点中有自己需要找的东西，就可以把搜索范围限定在这个站点中，提高查询效率。使用的方式是在查询内容的后面，加上"site：站点域名"。例如，天空网下载软件不错，就可以这样查询：site：skycn. com。注意，"site:"后面跟的站点域名，不要带"http://"，site：和站点名之间不要带空格。

(3) 把搜索范围限定在url链接中

如果对搜索结果的url做某种限定，可以获得良好的效果。实现的方式是用"inurl:"，后跟需要在url中出现的关键词。例如，找关于photoshop的使用技巧，可以这样查询：photoshop inurl：jiqiao。"photoshop"是可以出现在网页的任何位置，而"jiqiao"则必须出现在网页url中。注意，inurl：语法和后面所跟的关键词，不要有空格。

(4) 精确匹配

如果输入的查询词很长，百度在经过分析后，给出搜索结果中的查询词可能是拆分的，如果对这种情况不满意，可以尝试让百度不拆分查询词。实现的方式是给查询词加上双引号(“”)，就可以达到这种效果。例如，搜索上海科技大学，如果不加双引号，搜索结果被拆分，当加上双引号后，即搜索"上海科技大学"，获得的结果就完全不一样了。

书名号(《》)是百度独有的一个特殊查询语法。加上书名号的查询词，有两层特殊功能，一是书名号会出现在搜索结果中；二是被书名号扩起来的内容，不会被拆分。

加书名号的查询有时会有特别效果，例如，查手机，不加书名号，查询结果很多情况下是通讯工具——手机，而加上书名号后，《手机》结果就都是关于电影方面的了。

(5) 要求搜索结果中不含特定查询词

如果发现搜索结果中有某一类网页是您不希望看见的，而且，这些网页都包含特定的关键词，那么用减号语法，就可以去除所有这些含有特定关键词的网页。

注意，前一个关键词，和减号之间必须有空格，否则，减号会被当成连字符处理，而失去减号语法功能。减号和后一个关键词之间，有无空格均可。

第八章 文献数据库

第一节 文献数据库概述

数据库是依照某种数据模型组织起来并存放二级存储器中的数据集合。这种数据集合具有如下特点：尽可能不重复，以最优方式为某个特定组织的多种应用服务，其数据结构独立于使用它的应用程序，对数据的增、删、改、查由统一软件进行管理和控制。其特点是：

① 实现数据共享。数据共享包含所有用户可同时存取数据库中的数据，也包括用户可以用各种方式通过接口使用数据库，并提供数据共享。

② 减少数据的冗余度。同文件系统相比，由于数据库实现了数据共享，从而避免了用户各自建立应用文件。减少了大量重复数据，减少了数据冗余，维护了数据的一致性。

③ 数据的独立性。数据的独立性包括数据库中数据库的逻辑结构和应用程序相互独立，也包括数据物理结构的变化不影响数据的逻辑结构。

④ 数据实现集中控制。文件管理方式中，数据处于一种分散的状态，不同的用户或同一用户在不同处理中其文件之间毫无关系。利用数据库可对数据进行集中控制和管理，并通过数据模型表示各种数据的组织以及数据间的联系。

⑤ 数据一致性和可维护性，以确保数据的安全性和可靠性。主要包括：a. 安全性控制：以防止数据丢失、错误更新和越权使用；b. 完整性控制：保证数据的正确性、有效性和相容性；c. 并发控制：使在同一时间周期内，允许对数据实现多路存取，又能防止用户之间的不正常交互作用；d. 故障的发现和恢复：由数据库管理系统提供一套方法，可及时发现故障和修复故障，从而防止数据被破坏。

文献数据库是指计算机可读的、有组织的相关文献信息的集合。在文献数据库中，文献信息不是以传统的文字而是将文字用二进制编码的方式表示，按一定的数据结构，有组织地存储在计算机中，从而使计算机能够识别和处理。

文献数据库是当前通过遍布于全世界的通信网络进行联机情报检索的最早的和主要的处理和检索对象。

文献数据库按文献的编辑方法和出版特点可以将文献划分为图书、期刊、报纸以及介于图书与期刊之间的特种文献，主要包括科技报告、政府出版物、会议文献、学位论文、专利文献、技术标准、产品资料及其他零散资料，如图片、乐谱等。

将传统文献数字化成数据库以后，则成为不同类型的数据库。常用的数据库有电子图书数据库、数字化期刊数据库、报刊数据库、会议论文数据库、学位论文数据库、专利数据库、标准数据库、产品数据库、科技报告数据库等。

1. 常用外文文献数据库

（1）SpringerLink 数据库

包含学科：化学、计算机科学、经济学、工程学、环境科学、地球科学、法律、生命科学、数学、医学、物理与天文学等 11 个学科，其中许多为核心期刊。

（2）IEEE/IEE 数据库

收录美国电气与电子工程师学会（IEEE）和英国电气工程师学会（IEE）自 1988 年以来出版的全部 150 多种期刊，5670 余种会议录及 1350 余种标准的全文信息。

（3）Engineering Village 2 数据库

由美国 Engineering Information Inc. 出版的工程类电子数据库，其中 EI Compendex 数据库是工程人员与相关研究者最佳、最权威的信息来源。

（4）Web of Science 数据库

Web of Science 是美国科学情报研究所（Institute for Scientific Information，ISI）基于因特网环境的网络数据库新产品。ISI 是世界闻名的从事科技信息研究、出版和服务的机构。著名的科技信息检索工具《科学引文索引》（Science Citation Index，简称 SCI）即是 ISI 的产品。SCI 通过独特的引文索引法揭示科技文献之间的内在逻辑与联系，反映文献之间引用与被引用的关系，体现了科学和技术的发展过程，同时帮助研究人员了解自己著作的被引用率和持续时间，从而估计其影响力。多年来，SCI 在科学界得到了广泛的应用，发表的学术论文被 SCI 收录或引用的数量，已被世界上许多大学作为评价学术水平的一个重要标准，大大促进了科学研究的发展。SCI 主要发行三个版本：书本式、光盘版及 Internet Web 版，Web of Science 即是 SCI 的 Web 版。

（5）EBSCO 数据库

EBSCO 数据库由 ASP（Academic Search Premier）和 BSP（Business Source Premier）组成：ASP 内容包括覆盖社会科学、人文科学、教育、计算机科学、工程技术、语言学、艺术与文化、医学、种族研究等方面的学术期刊的全文、索引和文摘；BSP 涉及经济、商业、贸易、金融、企业管理、市场及财会等相关领域的学术期刊的全文、索引和文摘。

（6）ScienceDirect 数据库

荷兰 Elsevier Science 公司推出的在线全文数据库，该数据库将其出版的近 2000 种期刊全部数字化。该数据库涵盖了数学、物理、化学、天文学、医学、生命科学、商业及经济管理、计算机科学、工程技术、能源科学、环境科学、材料科学、社会科学等众多学科。

(7) OCLC(Online Computer Library Center)数据库

世界上最大的提供文献信息服务的机构之一，其数据库绝大多数由一些美国的国家机构、联合会、研究院、图书馆和大公司等单位提供。数据库的记录中有文献信息、馆藏信息、索引、名录、全文资料等内容。资料的类型有书籍、连续出版物、报纸、杂志、胶片、计算机软件、音频资料、视频资料、乐谱等。

(8) ProQuest 数据库

收录了 1861 年以来全世界 1000 多所著名大学理工科 160 万博、硕士学位论文的摘要及索引，学科覆盖了数学、物理、化学、农业、生物、商业、经济、工程和计算机科学等，是学术研究中十分重要的参考信息源。

2. 常用中文文献数据库

(1) 中国知网(CNKI)

中国知识基础设施工程(China National Knowledge Infrastructure, CNKI)是由清华同方光盘股份有限公司、清华大学中国学术期刊电子杂志社、光盘国家工程研究中心联合建设的综合性文献数据库。目前 CNKI 已建成了中国期刊全文数据库、优秀博硕士学位论文数据库、中国重要报纸全文数据库、重要会议论文全文数据库、科学文献计量评价数据库系列光盘等大型数据库产品，中国期刊全文数据库为其主要产品之一。

CNKI 中国期刊全文数据库收录了 1994 年至今的 6600 种核心期刊与专业特色期刊的全文，积累全文文献 618 万篇，分为理工 A(数理化天地生)、理工 B(化学化工能源与材料)、理工 C(工业技术)、农业、医药卫生、文史哲、经济政治与法律、教育与社会科学、电子技术与信息科学 9 个专辑，126 个专题文献数据库。

(2) 中文科技期刊数据库/维普数据库(VIP)

由科技部西南信息中心直属的重庆维普资讯公司开发，收录 1989 年以来 8000 余种中文期刊的 830 余万篇文献，并以每年 150 万篇的速度递增。维普数据库按照《中国图书馆图书分类法》进行分类，所有文献被分为 7 个专辑：自然科学、工程技术、农业科学、医药卫生、经济管理、教育科学和图书情报，7 大专辑又进一步细分为 27 个专题。

(3) 万方数据知识服务平台(WanFangdata)

涉及各个学科的期刊、学位、会议、外文期刊、外文会议等类型的学术论文，法律法规，科技成果，专利，标准和地方志。收录自 1998 年以来国内出版的各类期刊 6 千余种，其中核心期刊 2500 余种，论文总数量达 1 千余万篇，每年约增加 200 万篇，每周两次更新。

(4) 中国科学引文数据库(CSCD)

中国科学引文数据库(Chinese Science Citation Database, CSCD)创建于1989年。1999年起作为中国科学文献计量评价系列数据库(ASPT)的A辑，由中国科学院文献情报中心与中国学术期刊电子杂志社联合主办，并由清华同方光盘电子出版社正式出版，是我国最大、最具权威的科学引文索引数据库——中国的SCI，为我国科学文献计量和引文分析研究提供了强大的工具。

CSCD收录了国内数学、物理、化学、天文学、地学、生物学、农林科学、医药卫生、工程技术、环境科学和管理科学等领域的中英文科技核心期刊和优秀期刊，其中核心库来源期刊为650种。

(5)《中国期刊全文数据库》数据库

目前世界上最大的连续动态更新的中国期刊全文数据库，收录7600多种综合期刊与专业特色期刊的全文，内容覆盖自然科学、工程技术、农业、哲学、医学、人文社会科学等各个领域，其中核心期刊1735种。数据服务有网上服务、镜像、光盘等多种形式。中国期刊全文数据库所收录的文献覆盖了现有的所有学科，以学科分类为基础，兼顾用户对文献的使用习惯，将数据库中的文献分为9个专辑，每个专辑下分为若干个专题，共计168个专题。9个专辑分别是理工A、理工B、理工C、农业、医药卫生、文史哲、经济政治与法律、教育与社会科学综合、电子技术与信息科学等。中国期刊全文数据库检索十分方便，共设有主题、篇名、关键词、摘要、作者、第一责任人、单位、刊名、参考文献、全文、智能检索、年、期、基金、中图分类号、ISSN、统一刊号等17种检索途径。

第二节　常用外文文献数据库检索

1. SpringerLink 数据库

(1) 简介

德国施普林格(Springer-Verlag)是世界上著名的科技出版集团，SpringerLink数据库是居全球领先地位的、高质量的科学技术和医学类全文数据库，提供了包括各类期刊、丛书、图书、参考工具书以及回溯文档的在线服务。可在线阅读1250多种全文学术期刊和10000多种电子图书，涉及12个学科。

目前SpringerLink提供的全文电子期刊的学科范围有：

建筑学、设计和艺术，行为科学，生物医学和生命科学，商业和经济，化学和材料科学，计算机科学，地球和环境科学，工程学，人文、社科和法律，数学和统计学，医学和物理和天文学。

(2) 检索方式

检索方式主要有两种：Search 和 Browse。Search 具有检索功能(可输入检索词)，而 Browse 仅有浏览功能，不能输入检索词检索，只能浏览查找。

Search 有两种检索方法，Article 和 Publication。Article(检索文章)，直接输入检索词检索文献，Publication(检索期刊)，直接输入检索词检索期刊。

Browse 有两种浏览检索方式：Publications 和 Subjects。Publications 是按期刊浏览，Subjects 是按主题浏览，Subjects 检索的结果和 Forum、Home 检索结果相同。

(3) 检索方法

进入主页后，用户可通过单击主页左上角的【Search】按钮，进入检索界面。在【Search】界面下，提供两种检索方式，文章检索【Articles】，期刊检索【Punlications】。

① 文章检索

a. 关键词　在【Search For】文字输入框内输入关键词。关键词可以是一个单词也可以是多个单词。

b. 设置检索策略：根据需要，在【Using】下拉菜单选择项中选择设置检索策略。

下拉菜单中有四个选项：

当选择"All Words"时，检索全部关键词。

当选择"Any Words"时，检索任意一个或多个关键词。

当选择"Exact Phrase"时，全部输入的内容按词组进行精确查找。

当选择"Boolean Search"时，检索者可以在关键词之间输入逻辑运算符，系统默认的逻辑运算关系为"与"(AND)。系统所使用的算符有：逻辑运算符 AND、OR、NOT 和截词符"　"(用于关键词的末尾，代替多个字符)。可使用"()"使系统按照检索者要求的运算次序进行检索。

c. 设置检索范围　在【Within】选项的下拉菜单中选择设置。选择"Full Text"时，在全文、文摘和篇名中检索；选择"Abstract"时，在文摘和篇名中检索；选择"Title"时，只在篇名中检索。

d. 设置检索结果的排序方式　在【Order By】选项中选择"Recency"，检索结果将按出版时间降序排序，新近出版的排在前。选择"Relevancy"，检索结果将按照与检索关键词的相关度排序，相关度高的排在前。

e. 高级检索　点击基本检索页面中的【Show Advanced Options】按钮，可显示出高级检索选项，用于限定文章的出版时间和所检索的期刊。

f. 浏览检索结果　系统首先显示符合检索条件的文章清单，只显示文章的简要信息，可对检索结果进行选择显示或对检索结果进行二次检索。点击文章篇名可查看文章的详细介绍，对于有全文的文章，点击下载按钮【Open Full text】，即可打开 PDF 格式的全文。全文浏览及下载需安装 Acrobat Reader 浏览器。

g. 二次检索　在检索结果显示平台上，有二次检索【Search Results】下的检索词输入框【For】，输入检索关键词，即可对检索结果进行二次检索。

② 期刊检索　期刊检索与文章检索基本相同，只是【Within】选项用于限定期刊检索的检索范围，在期刊简介和期刊名中检索或只在期刊名中检索。

a. 浏览检索结果　期刊检索结果页面只显示期刊名，要获得详细的期刊信息，需点击期刊名进入期刊详细信息页面。可对检索结果进行选择显示或对检索结果进行二次检索。

b. 获得详细信息　期刊详细信息中包含可以通过镜像站获取全文的全部卷次信息。点击卷次前的图标或卷次下的【More】，可以查看该卷中已经出版的所有期次。点击期次可以查看该期中所有文章清单，还可在期刊详细信息页面中检索在这种期刊中发表的文章。

c. 二次检索　可以对期刊检索的结果进行二次检索，也可以对检索到的一种期刊中的文章进行检索。

(4) 浏览方法

单击主页左上角的【Browse】按钮，进入浏览界面。在【Browse】界面下有期刊【Publications】和主题【Subjects】两种浏览方式。

① 期刊浏览　在浏览界面上点击【Publications】，即可浏览期刊目录，选中一种期刊后，可逐步得到该刊各卷次的详细情况及所收录的论文。

② 主题浏览　在浏览界面上点击【Subjects】，浏览学科分类目录。点击主题名称可显示属于该主题的全部期刊清单，进而查找所需的文章。

(5) 检索结果显示

① 文章检索结果显示

a. 简要信息　文章检索的结果页面显示符合检索条件的文章清单，可以用翻页键浏览检索结果，可以在文章名之前的小方框内打勾，以选中这篇文章，可以点击【Filter Selected Items】只显示选中的文章，点击文章名可查看文章的详细介绍。

b. 详细信息　用文章详细信息画面中的翻页键可以翻看上一篇或下一篇文章。如果已经选择了【Filter Selected Items】，使用翻页键时只能翻看已选中的文章。

在文章详细信息画面中有全文下载提示，它说明全文收录情况。对于有全文的文章可以看到下载按钮【Open Fulltext】按钮。

所有全文以 PDF 文件格式提供。要浏览全文必须先安装 Adobe 公司的 Acrobat Reader 软件。安装 Acrobat Reader 浏览器后，点击【Open Fulltext】按钮可以打开 PDF 格式的全文。

用 Acrobat Reader 提供的功能可以对 PDF 文件进行操作。如：查找文字、复制文字、存盘、打印等。

c. 文章检索的二次检索　在检索结果页面的【For】之后的文字输入框中输入

检索关键词，即可对检索结果进行二次检索。

② 期刊检索结果显示

a. 简要信息　期刊检索结果页面只显示期刊名，要获得详细的期刊信息，需点击期刊名进入期刊详细信息页面。

可以在期刊名前方的小方框内打勾以选中这种期刊，并用【Filter Selected Items】按钮过滤已选中的期刊，可以用翻页键浏览符合检索条件的期刊清单。

b. 详细信息　期刊详细信息中包含可以通过镜像站获取全文的全部卷次信息。点击卷次前的图标或卷次下的【More】可以查看该卷中已经出版的所有期次。点击期次可以查看该期中所有文章的清单，也可在期刊详细信息页面中检索在这种期刊中发表的文章，还可以对期刊检索的结果进行二次检索。

2. Engineering Village 2 数据库

（1）简介

美国工程索引(Engineering Index，简称 EI)是世界著名的检索工具，由美国工程信息公司编辑出版发行。该公司始建于 1884 年，是世界上最大的工程信息提供者之一，早期出版印刷版、缩微版等信息产品，1969 年开始提供 EI Compendex 数据库服务。EI 以收录工程技术领域的文献全面且水平高为特点。EI 收录 5000 多种工程类期刊论文、会议论文和科技报告。收录范围包括核技术、生物工程、运输、化学和工艺、光学、农业和食品、计算机和数据处理、应用物理、电子和通信、材料、石油、航空和汽车工程等学科领域。

Engineering Village 2 是美国工程信息公司的产品，1995 年以来 EI 公司开发了称为"EI Village"的系列产品。Engineering Village 2 是以 EI Compendex 等数据库为信息源的网上统一检索平台，该信息检索平台可检索美国工程索引、美国专利等信息资源。EI Compendex 数据库检索可追溯到 1884 年，数据库记录 700 万条，另有 1884 ~1968 年的记录 200 万条为印刷型。数据库现在每周更新，每年新增记录 25 万条。

（2）检索方式

EI Engineering Village 2 提供了 Easy Search(简单检索)、Quick Search(快速检索)、Expert Search(专家检索)、Thesaurus(主题词表)、eBook Search(电子书检索)五种检索方式。

（3）检索方法

① 快速检索(Quick Search)　快速检索方式下可以选择检索字段进行检索。可以实现逻辑运算、文献类型限制、文献内容限制、文献语言限制、文献出版时间限制和检索结果排序的功能。

a. 逻辑运算　快速检索是由检索系统来进行字段间逻辑组配的检索方式。快速检索可以进行三个字段的逻辑运算，每个字段对应的文本框内可以输入多个检索词，检索词之间默认逻辑运算符为“AND”，可以输入“OR”或者“NOT”来改变默认逻辑运算。

快速检索方式下“AND”、“OR”、“NOT”的优先级别相同，逻辑运算顺序为先算输入框内的检索表达式，输入框内的逻辑运算顺序为自左向右。三个检索字段的逻辑运算顺序与选择输入框间的逻辑运算符无关，而是按照输入框的排列先后进行运算。

快速检索只能进行三个字段之间的逻辑运算，超过三个字段需要用专家检索方式。

b. 检索字段 数据库的检索字段在快速检索的检索字段有 15 种，见表 8-1。

表 8-1 快速检索使用的检索字段

检索字段	中文含意	字段说明
All fields	所有字段	对全部记录进行检索
Subject/Title/Abstract	主题/标题/文摘	主要针对文献内容进行检索
Abstract	文摘	在摘要字段中进行检索
Author	作者	对作者字段进行检索
Author Affiliation	作者机构	对作者所属机构和地址进行检索
EI Classification code	EI 分类码	检索 EI 对文献分类后赋予的分类码
CODEN	期刊编码	用来检索期刊，该编码为 6 位字符，即期刊简写
Conference Information	会议信息	包括会议名称、举办日期、举办地点、会议编码
Conference code	会议编码	
ISSN	国际刊号	
EI main heading	EI 主标题词	是标引用的受控词，用其标引和排列文献
Publisher	出版单位	
Serial title	出版物题名	刊名，会议录名，专著名
Title	标题	文献标题
EI controlled term	EI 受控词	EI 词典包括 1.8 万受控词

c. 文献文体类型限制(Document Type) EI Village 2 检索平台提供文献类型限制，可选文献类型包括核心期刊、期刊论文、会议论文、会议录等 9 类，见表 8-2。

表 8-2 EI Village 2 文献类型

文献类型	中文含意	说明
All document types	所有文献类型	
CORE	核心期刊	
Journal article	期刊论文	

续表

文献类型	中文含意	说明
Conference article	会议论文	
Conference proceeding	会议录	
Monograph chapter	专论章节	独立章节的专论
Monograph review	专论综述	系统的专论，单卷或多卷连续出版
Disscrtation	学位论文	
Unpublished paper	未出版论文	从未出版的文献，收录时尚未出版的文献
Patents(before 1970)	专利(1970年前)	EI1970年后不再收专利文献

d. 所有内容文献类型　EI具有一种文献分类是根据文献的内容进行划分的，称为Treatment type，这种划分不同于学科类别，具体划分方法见表8-3。利用这种类别限制，可以选择相应文献的内容进行检索。

表8-3　EI Village 2不同内容文献分类

文献分类类名	中文含意	说明
All treatment type	所有类型	
Application	应用类	介绍材料、设备、概念、计算机程序、仪器、系统、技术等的应用或潜在应用的文献
Biographic	传记类	人物传记
Economic	经济类	涉及经济、消费数据、市场预测、市场研究的文献
Experimental	实验类	实验方法、实验仪器、实验结果的相关文献
General review	综述评论	关于某学科的综述，介绍进展、研究现状等的文献
Historical	历史性	关于某学科的起源、后来发展的文献
Literature review	文献回顾	据有关于某课题的很多参考文献、书目信息等的文献
Management aspects	管理类	关于管理方法、管理科学、管理技术及其应用等文献
Numerical	数字类	数字数据和统计方面的文献，不包括数字方法
Theoretical	理论类	理论文献，包括数学法、演绎和逻辑方法、数字方法

e. 所有语种　语种限制是对原始文献的语言进行限制，可以选择的语言包括英语、汉语、法语、德语、意大利语、日语、俄语、西班牙语。如果检索不属于这些语言的文献，可以在专家检索中用语言字段(language——LA)进行精确的限制。

② 专家检索(Expert Search)　专家检索需要手工编写检索表达式，因此更增加了检索的灵活性。利用专家检索可以进行任意多字段和任意多个检索词之间的逻辑运算。在专家检索方式下，系统仍然提供了限制出版时间、选择输出结果排序的类型的功能。

a. 字段限制的使用方法　字段限制符使用格式：X wn Y，其中 X 为检索词，Y 为字段码，即字段名称缩写，一般为两个字母。字段限制符和字段码大小写均可。

例：computer wn TI；

同属于一个字段的字段限制可以合并，合并时与运算不必加逻辑运算符，如果加上逻辑运算符，则必须加括号改变逻辑运算顺序，例：

computer wn ti and device wn ti＝computer device wn ti＝（computer and device）wn ti；

但是如果检索表达式为 computer and device wn ti，则与上式检索结果不同。

computer wn ti or device wn ti＝(computer or device) wn ti

b. 逻辑运算符　逻辑运算是专家检索最通用的运算，逻辑运算符在各检索系统中的功能是通用的，只是不同系统逻辑运算顺序有所差异。EI 中的逻辑运算符有三个分别是"AND"与，"OR"或，"NOT"非。逻辑运算符大小写均可。逻辑运算符的运算优先级别相同，多个逻辑运算时逻辑运算顺序为自左向右。逻辑运算顺序可以用括号来改变，当有括号时系统首先算括号内的逻辑运算；当逻辑运算和字段限制运算同时存在时，先进行字段限制运算。

c. 检索表达式的构造　检索表达式可由逻辑运算符、字段限制符、截词运算符、词根检索符等构成。

例：computer wn TI and petroleum wn AB

短语检索用双引号或大括号。

例："oil and gas"；{oil and gas}

截词运算符用符号"＊"

例：comput＊ 可查 computer，computers，computerize，computerization

词根检索用符号"＄"

例：＄management 可查 manage，managed，manager，managers，managing，management

③ 词典检索(Thesaurus)　词典提供了 EI 精选的 1.8 万受控词，可以通过词典检索检验自己拟定的检索词是否合适，把自己拟定的检索词输入，核对是否标准受控词，如果输入的词不是系统的受控词，系统把与非受控词相关受控词调出，以提供标准受控词检索途径。

词典具有检索(Search)、精确查找(Exact term)、浏览(Browse)三种查找词语的功能。

词典检索的结果除了提供输入了的检索词外，还提供上位概念词(broader terms)、下位概念词(narrower terms)、相关概念词(related terms)，可用来扩大或缩小检索结果的范围。

可以选择多个受控词，并可设定检索时受控词间的逻辑运算关系，默认为或运算。

词典表浏览需要输入一个词，浏览显示该词前后的几个受控词，这些受控词按照字母排列，与词义无关。

④ 检索历史　检索历史是指数据库使用过程中，系统为每次检索保存检索表达式和命中文献信息，可以利用检索历史的组配功能重新组合检索表达式。检索历史的重新组合可以有两种情况，一是检索历史的组合，二是检索历史与其他检索词的重新组合。

例：#1 petroleum wn ti

#2 (oil & gas) wn ti

在输入框中可以输入：

#1 or #2 或

#1 or #2 and computer wn ab

上述两式均合法，系统把#1 和#2 对应的检索表达式恢复进行重新组合，执行组合好的新检索表达式。

(4) 辅助索引

可以利用 8 种索引表的辅助功能，分别是作者索引(Author)、作者机构索引(Author affiliation)、出版物标题索引(Serial title)、出版单位索引(Publisher)、EI 受控词索引(EI controlled terms)、文献分类索引(Treatment type)、文献类型索引(Document type)、语言索引(Language)。利用索引浏览功能可以在检索之前查找相应的检索用词，并可获知数据库中是否有自己要检索的文献。

索引表提供查找功能，除了可以按照字顺查找需要的检索词以外，还可以利用查找功能检索需要的检索词，如可以在作者索引表中输入 Chen Q，点击【find】按钮，找到 Chen Qinghua 勾选该项，即可在快速检索或专家检索中进行作者检索，找到数据库收录的作者 Chen Qinghua 的全部文献。

(5) 检索结果的输出方式

数据库检索结果可以直接浏览，逐篇文献阅读，也可以利用选择框进行选择，并下载、打印或者通过 Email 邮寄选择的文献。下载或邮寄文献的格式有三种选择，分别是全部信息、题录、题录加文摘，可以根据需要选择。

3. ScienceDirect 数据库

(1) 简介

ScienceDirect 数据库是世界著名出版商荷兰 Elsevier Science 出版集团推出的在线全文数据库。该集团拥有的 ScienceDirect OnSite(SDOS)数据库全文收录了近 2000 余种 Elsevier Science 公司出版的学术期刊，其中的大部分期刊都是 SCI、EI 等国际公认的权威大型检索数据库收录的各个学科的核心学术期刊。包括数学、物理、化学、地球科学、工程技术与能源科学、计算机科学、通信科学、材料科学、环境科学、经济学、商业及管理科学，甚至包括生物科学及医学等科学领域。

（2）检索途径

ScienceDirect 数据库主要有检索（Search）和浏览（Browse）两条途径。检索分简单检索（Simple Search）和高级检索（Expanded Search），浏览分按字顺（Alphabetical List of Journals）和按分类（Category List of Journals）。

（3）检索方法

① 简单检索　单击页面左侧的【Search】按钮，进入简单检索界面。

简单检索界面分为上下两个区，即检索策略输入区和检索结果的限定区。检索策略可在输入区中选择【Search in any field】（所有字段）、【Search in title only】（文章标题）、【Search in abstract field】（文摘）、【Author's Name】（作者）、【Journal Title】（期刊名）等字段输入，再利用限定区，限定检索结果的出版时间、命中结果数及排序方式，而后点击【Search the Collections】按钮，开始检索。

检索结果有两类信息。一类是期刊题名，在题名下有该刊目次页（table of contents）的超链接和搜寻相关文件按钮；另一类是期刊论文题录，排在靠后的部分，显示论文标题、出处、作者、相关性排序分（【Score】）和搜寻相关文件按钮，通过搜寻相关文件按钮可检索到与该文内容类似的文章。

单击期刊题名下的【Table of contents】按钮，可浏览目次信息；单击论文题录下的【Abstract】按钮，可浏览该文章的标题、作者、作者单位、关键词、文摘等进一步信息；单击【Article Full Text PDF】按钮，即可看到论文全文（PDF 格式）。

说明：系统默认各检索字段间为"AND（与）"的关系。系统默认的显示结果数为 50 个，且按相关性排列，用户也可以自选。作者姓名的输入方法为：姓，名。例：Smith m。在论文的文摘页下方，有一个【Get Citation Export】按钮，输出的数据主要供图书馆员参考。

② 高级检索　如果需要进行更详细的检索，在简单检索的界面或检索结果的界面中，点击左侧的【Expanded】或【Expanded Search Form】进入高级检索界面。

高级检索除增加了"ISSN（国际标准刊号）"、"PII（Published Item Identifier，出版物识别码）"、"Search in author keywords（作者关键词）"、"Search in text only（正文检索）"等检索字段外，还增加了学科分类、文章类型、语种等限定条件，可进行更精确的检索。

说明："正文检索"字段指的是在正文中检索而不是在参考文献中进行检索。论文类型（article type）的限定中，"Article"表示只显示论文；"Contents"表示只显示期刊题名；"Miscellaneous"表示只显示其他题材的论文。

③检索式的构成　在同一检索字段中，可以用布尔逻辑算符 AND（与）、OR（或）、NOT（非）来确定检索词之间的关系。系统默认各检索词之间的逻辑算符为"AND"。

截词符 *，表示检索同输入词起始部分一致的词。

位置算符“”，用“”标注的检索式表示为完全匹配的检索；ADJ，类似词组检索，表示两词前后顺序固定；NEAR，或 NEAR(n)，表示两词间可插入少于或等于 n 个单词，且前后顺序任意，系统默认值为 10。

同音词检索：用[ ]括住检索词，可检索到同音词。

拼写词 TYPO[ ]：可进行同一词义不同拼写的检索，例：TYPO[fibre]，还可找出 fiber。

④ 浏览途径　系统提供按字顺(Alphabetical List of Journals)和按分类(Category List of Journals)排列的期刊目录，分别组成期刊索引页或期刊浏览页界面。用户可在期刊索引页中选择浏览的途径(字顺或分类)，在期刊浏览页中选择自己所需的刊名。

选中刊名后，单击刊名，进入该刊所有卷期的列表，进而逐期浏览。单击目次页页面右侧的期刊封面图标，可连接到 Elsevier Science 出版公司网站上该期刊的主页。

在期刊索引页或期刊浏览页上方设有一个检索区，可进行快速检索。

用户可在左侧检索框中输入检索词，再利用右侧下拉菜单选择检索字段。检索字段包括：“All Fields(所有字段)"、“Citation & Abstract(题录和文摘)”、“Author Name(作者)”、“Article Title (文章标题)”、“Abstract(文摘)” 等。在期刊浏览页上方的检索区中，还可利用另一下拉菜单选择“All of Electronic Journals(所有电子期刊) ”、“Just This Category(某一学科分类)”或 “Just This Journal(某种期刊)”检索字段，进行期刊种类的限定。检索策略确定后，点击【Search】按钮，进行检索。

(4) 打印和保存方法

① 打印全文　单击【Acrobat Reader】命令菜单上的打印机图标，可直接打印该文章。

② 保存全文　若利用 Acrobat Reader 4.0 版本浏览全文，可直接使用命令菜单按钮保存该文件(PDF 格式)。否则需返回期刊的目次页，在欲保存的论文题名下，选中【Article Full Text PDF】按钮，单击鼠标右键，从弹出的菜单中选择“目标另存为”，保存该论文(PDF 格式)。

③ 保存检索结果的题录　对欲保存的期刊或论文的题录，选中其题名前的小框，而后单击【Save Checked】按钮，即可生成一个新的题录列表。从浏览器的[文件]菜单，选择[另存为]，可按 .txt 格式或 .html 格式保存题录。

4. Web of Science 数据库

(1) 简介

Web of Science 包括 ISI 公司的三大引文数据库，内容涵盖了自然科学、工程技术、社会科学、艺术与人文等诸多领域内最具影响力的8500多种学术期刊。更为重要的是，Web of Science提供了其独有的检索机制：被引文献检索（Cited Reference Search）。通过这一独特而强大的检索机制，可以轻松地回溯或追踪学术文献，既可以“越查越旧”，也可以“越查越新”，超越学科与时间的局限，迅速地发现在不同学科、不同年代所有与自己研究课题相关的重要文献。ISI公司的三大引文数据库有：①Science Citation Index Expanded（SCI-EXPANDED）；②Social Sciences Citation Index（SSCI）；③Arts & Humanities Citation Index。

Web of Science的主要特点是：通用的Internet浏览器界面，毋需安装任何其他软件；全新的WWW超文本的特性，方便相关信息之间的链接；数据每周更新；通过引文检索功能可查找相关研究课题早期、当时和最近的学术文献，同时获取论文摘要；检索所有被收录、被引用的作者，而非仅仅是第一作者；提供“Times Cited”(被引用次数)检索并链接到相应的论文；提供“Related Records”检索，可获得共同引用相同的一份或几份文献的论文；可选择检索范围，可一次检索全部年份、特定年份或最近一期的资料；可对论文的语言、体裁作特定范围的限定检索；检索结果可按其相关性、作者、日期、期刊等项目排序；可保存、打印、Email所得的资料及检索步骤。

（2）检索方式

Web of Science提供Easy Search和Full Search两种检索界面。

Easy Search：通过主题、人物、单位或者城市名和国别检索。

Full Search：提供较全面的检索功能。能够通过主题、刊名、著者、著者单位、机构名称检索，也能够通过引文著者(Cited author)和引文文献(Cited reference)名检索，同时可以对文献类型、语种和时间范围等进行限定。

（3）检索方法

① 简单检索　可选择三种检索途径：Topic(主题检索)、Person(论文著者、引文著者以及文献中涉及到的人物检索)和Place(著者地址)。

a. 主题检索　可通过篇名(Title)、文摘(Abstract)和关键词(Keywords)字段进行主题检索文献。

检索步骤：输入描述文献主题的单词或短语，可用逻辑算符(AND、OR、NOT、SAME或SENT)连接单词或短语；选择命中结果排列顺序(Sort order)。

Relevance(相关度)，按检索词出现的频率排序，频率高的排在前面。

Reverse chronological order(逆时针)，按ISI收录期刊的时间排序，最新记录排在前面。点击【Search】。

b. 人物检索　从论文著者、引文著者以及论文中提及的人物检索。

进入Person Search检索界面后，可在下面3个范畴中选择其一：

Show me all of the articles in the database that this person has authored(从著者查找)

Show me all of the articles in the database that cite this person's work（从引文著者查找）

Show me articles that are about this person（从主题人物查找，可用逻辑算符AND、OR、NOT）

c. 论文著者检索　通过论文的著者检索。

点击【Show me all the articles in the database that this person has authored】，输入著者姓氏全称，后跟一个空格及名字的首字母。点击【Search Cited Author Search】(引文著者检索)。

点击【Show me all the articles in the database that cite this person's work】，输入引文著者名字(方法同前)。点击【Search Person as Subject Search】(主题人物检索)。

点击【Show me articles that are about this person】，输入人物姓氏的全称及(或)名字的全称，点击【Search】。

d. 地址检索　从著者所在机构或地理位置检索。可使用算符(AND、OR、NOT、SAME 或 SENT)。通过著者机构检索时，可以输入机构名称中的单词或短语(经常采用缩写形式)。从机构名称检索时，可输入公司或大学的名字；检索某一地点的机构时，可用 SAME 连接机构及地点；检索某一机构中的某个系或部门时，可用 SAME 连接机构、系或部门名称，点击【Search】。

通过地理位置检索时，可输入国家、省或邮政编码，点击【Search】。

② 充分检索　包括通用(General Search)和引文(Cited Reference Search)检索两种方式。在 Full Search 方式下，选择“Latest date”或“Relevance”排序时，检索结果最多为 500 篇；选择“Times Cited”、“First Author”或“Source Title”排序时，如果命中文献超出 300 篇，系统提示需缩小检索范围，重新检索；如果用户需要检索浏览较大量的文献，可以选择一年或者几年检索，不要选择所有年代。

检索之前需要做好以下选择：

要检索文献的时间范围：This week's update? 检索最近一周上载的数据；
Latest 2 Weeks? 检索最近两周上载的数据；
Latest 4 Weeks? 检索最近四周上载的数据；
All years? 检索所有年代的数据；
Year selection ? 检索做了标记年代的数据。

选择检索类型：通用检索，通过主题、著者、期刊名称或者著者地址检索；
引文检索，通过引文著者或者引文文献检索。

a. 通用检索　从主题、著者、来源期刊名或著者地址入手检索文献。

检索步骤(可在一个或多个字段中输入信息)：

例如：在 Topic 字段输入 MAD COW DISEASE；
在著者字段输入 FOUCAULT M *；

在来源期刊字段(Source Title)中输入 JOURNAL OF MATERIALS SCIENCE;

在著者地址字段中输入 PENN STATE。

选择限制条件和命中结果的排列顺序(Set limits and sort option)。

可选择语种及文献类型(按 Ctrl-Click 可以选多项);

可选择按相关度排序或者按时间排序显示命中结果;

可以存储检索策略(Save Query)。

通用检索可在以下四个输入框中选择输入检索内容:

Topic(主题)

输入主题词,在文献篇名(Title)、文摘(Abstract)及关键词(Keywords)字段检索,也可选择只在文献篇名(Title)中检索。可使用算符(AND、OR、NOT、SAME 或 SENT)。

Author(著者)

输入著者姓名,形式与 Easy Search 的著者相同。可使用算符(AND、OR 或 NOT)。

Source Title(来源出版物)

输入期刊的全称或缩写,可以点击 List,从期刊列表粘贴拷贝准确的期刊名称。可使用算符(OR),也可用通配符检索。

例如:输入 JOURNAL OF CELL *,检索 JOURNAL OF CELL TRANSPLANTATION 中的文献。

Address(地址)

形式与 Easy Search 的 Place Search 检索相同。可使用算符(AND、OR、NOT、SAME 或 SENT)。

例如:输入 IBM SAME NY 检索著者地址为 IBM's New York facilities 的文献。

注:关于地址检索时的禁用词

在许多地址中经常采用一些缩写词。按照 Web of Science 规定,不允许单独用这些缩写词检索。

例如:在地址字段中输入 UNIV 一个词检索是无效的,应该输入 UNIV PENN 或者 UNIV PA

在地址字段中不能单独用于检索的缩写词有:UNIV、CHEM 、COLL、CTR、D、DEPT、DIV、ENGN、HOSP、INST、LAB、MED、PHYS、RES、SCH、SCI、ST 等。

通用检索方式提供两组限定检索结果的选项:

文献语种的选项列表,有近 50 个语种供选择,使用【Ctrl-click】可选择多个选项。默认选项为"All Languages"。

文献类型的选项列表，有 30 多个文献类型供选择，使用【Ctrl-click】可选择多个选项。默认选项为“All document types”。

命中结果排列顺序的确定：

Latest Date(默认选项)，根据 ISI 收录文献的日期排序，最新的排在前面。

Relevance，相关性排序。系统根据每篇记录包含检索词的数目、检索词出现的频率以及它们之间的靠近程度排序，相关性高的排在前面。

Times Cited，根据文献被引用的次数排序。

First Author，根据第一著者的字母顺序排序。

Source Title，根据来源出版物的名称字母顺序排序。

存储/执行检索策略：

点击【Search】进行检索之前或者之后，都可以存储检索策略，以备后用。检索策略存储在用户本地的硬盘或者软盘上，用户可以指定文件目录。

调入先前已存储检索策略的对话框再进入 Full Search 第一页的最底端，点击【Browse】，选定目录和文件后调入，就可以用先前存储检索策略检索了。

检索结果显示、打印、下载和 Email：

检索后命中的结果在屏幕上以简洁格式显示。

每条记录的内容包括：前 3 位著者，文献篇名及来源期刊名称、卷期、页码等信息。

屏幕最上方显示检索命令、检索范围、限定条件、命中结果的排序方式等内容。

屏幕最下方显示检索结果命中的记录数。

点击简洁格式中的文献篇名可以浏览该篇文献在 ISI 数据库中的全记录。

在全记录屏幕上，可点击【Cited Reference】、【Times Cited】及 R【ELATED REFERENCE】查看引文文献、被引用文献以及相关文献。

注：Times Cited 功能比原来光盘版 SCI 有所扩展，由 Times Cited 不仅可看到一篇文献被引用的次数、引用文献和著者列表，而且还可以直接链接，看到引用文献的全记录。

重新开始一次新的检索，点击屏幕上方的【General Search】按钮，或者点击【Home】按钮，由 New Session 进入。

b. 引文检索　从被引著者、被引文献入手检索文献。

检索步骤(可在一个或多个字段中输入信息)：

在 Cited author 字段输入引文著者，可使用算符(OR)；

在 Cited works 字段输入引文所在期刊刊名缩写、书名缩写或专利号，可使用算符(OR)；

在 Cited Year(被引文献年代)字段输入四位数字的年代，可使用算符(OR)。

点击【Lookup】，出现 Cited reference selection(引文选择)界面，屏幕上列出

命中的引文文献，先按照引文著者排序，再按照引文著作排序。

每篇引文文献的左侧的 Hits 列显示该文献被引用的次数，被引著者前如有省略符号，表示该著者不是来源文献的第一著者。

在引文条目左侧的方框内作标记(或者点击【Select All】将屏幕上显示的引文全作标记)，点击翻【Next】页，重复选择需要的条目直到最后一页。完成选择后，点击【Search】检索，查找所选引文文献的来源文献(引用文献)。

如果要限制文献语种、类型或选择结果排列顺序，点击【Set limits and sortoption】。具体限制和选择的步骤与前面 General Search 方式基本相同。

引文检索结果的显示、打印、下载和 Email。

检索后命中的结果在 Cited Reference Search Results-Summary 界面以简洁格式显示。浏览命中记录的方法与前面 General Search 方式基本相同。

第三节　常用中文文献数据库检索

1. 中国知网(CNKI)

(1) 简介

中国知网由清华大学、清华同方发起，始建于 1999 年 6 月。经过努力，建成了世界上全文信息量规模最大的"CNKI 数字图书馆"，并启动建设《中国知识资源总库》及 CNKI 网格资源共享平台，通过产业化运作，为全社会知识资源高效共享提供最丰富的知识信息资源和最有效的知识传播与数字化学习平台。

CNKI 系列数据库产品包括《中国期刊全文数据库》、《中国优秀博硕士论文全文数据库》、《中国重要会议论文全文数据库》和《中国重要报纸全文数据库》等。全部数据库包含近 8000 种期刊/杂志，300 所大学研究院所博士硕士论文，1000 种学术会议论文集，1000 种重要报纸文章。数据涵盖自然科学、工程技术、医学、农业、生物、文学、历史、哲学、政治、经济、法律、教育等领域的最新科技文献资料。

《中国期刊全文数据库》是目前世界上最大的连续动态更新的中国期刊全文数据库，目前收录 7600 多种综合期刊与专业特色期刊的全文，内容覆盖自然科学、工程技术、农业、哲学、医学、人文社会科学等各个领域，其中核心期刊 1735 种。数据服务有网上服务、镜像、光盘等多种形式。数据库收集时间从 1994 年开始，近几年对其中的 4000 多种期刊回溯至创刊，到 2007 年 3 月 31 日底，文献累积量达 2290 多万篇。中国期刊全文数据库所收录的文献覆盖了现有的所有学科，以学科分类为基础，兼顾用户对文献的使用习惯，将数据库中的文献分为 9 个专辑，每个专辑下分为若干个专题，共计 168 个专题。9 个专辑分别是理工 A、理工 B、理工 C、农业、医药卫生、文史哲、经济政治与法律、教育与社会科学综合、电子技术与信息科学等。中国期刊全文数据库检索十分方便，共设有主题(中英文篇名、中英文关键词、机标关键词、中英文摘要)、篇名(中文篇名、英文篇名)、关键词(在以下范围中检索：中文关键词、英文关键词、机标关键词。机标关键词是由计算机根据文章内容，依据一定的算法自动赋予的关键词)、摘要(中文摘要、英文摘要)、作者(作者中文名、作者英文名)、第一责任人、单位、刊名(中文刊名和英文刊名)、参考文献、全文、智能检索、年、期、基金、中图分类号、ISSN、统一刊号等17种检索途径。

(2) 检索方式

中国知网数据库在检索页提供的基本检索方式有：初级检索、高级检索和专业检索。

(3) 检索方法

① 初级检索　初级检索是一种简单检索，但具有多种功能，如：简单检索、多项单词逻辑组合检索、词频控制、最近词、词扩展。在初级检索还可以选择时间范围、数据范围、期刊范围、匹配模式来控制检索结果。

多项单词逻辑组合检索：多项是指可选择多个检索项，通过点击“逻辑”下方的⊞按钮增加一逻辑检索行，在有多个检索行的前提下，点击“逻辑”下方的⊟按钮将减少一逻辑检索行；单词是指每个检索项中只可输入一个词；逻辑是指每一检索项之间可使用逻辑与、逻辑或、逻辑非进行项间组合。

词频：指检索词在相应检索项中出现的频次。词频为空，表示至少出现1次，如果为数字N，则表示至少出现N次。

最近词：点击图标，将弹出一个窗口，记录最近输入的10个检索词。点击你所需要的检索词，则该检索词自动进入检索框中。

扩展：点击图标，将弹出一个窗口，显示以输入词为中心的相关词。在弹出窗口中，若选择一个相关词，再点击“确定”按钮，则该相关词自动以逻辑“与”的关系增加到检索框中；在弹出窗口中，若选择多个相关词，再点击“确定”按钮，则该多个相关词之间以逻辑“或”的关系增加到检索框中；在弹出窗口中，点击所需要的相关词，则该相关词自动进入检索框并取代原先所输入词成为检索词。

简单检索只需输入检索词，点击检索按钮，则系统将在默认的“主题”项内进行检索，所有与检索条件匹配的均为命中记录。

② 高级检索　高级检索是一种比较复杂的检索方式，但也可以进行简单检索。高级检索特有功能是多项双词逻辑组合检索。

多项双词逻辑组合检索：多项是指可选择多个检索项；双词是指一个检索项中可输入两个检索词，两个检索词分别在两个输入框中输入。每个检索项中的两个词之间可进行五种组合运算：并且、或者、不包含、同句、同段，而且每个检索项中的两个检索词可分别使用词频、最近词和扩展词功能。

③ 专业检索　专业检索比高级检索功能更强大，但需要检索人员根据系统的检索语法编制检索式进行检索。

专业检索分单库和跨库。单库专业检索执行各自的检索语法表，跨库专业检索原则上可执行所有跨库数据库的专业检索语法表，但由于各库设置不同，会导致有些检索式不适用于所有选择的数据库。

a. 单库专业检索　单库专业检索表达式中可用检索项名称见检索框上方的“可检索字段”，构造检索式时请采用“( )”前的检索项名称，而不要用“( )”括起来的名称。“( )”内的名称是在初级检索、高级检索的下拉检索框中出现的检索项名称。

例如：中文刊名 & 英文刊名 (刊名)，代表含义：检索项“ 刊名 ”实际检索使用的检索字段为两个字段：“ 中文刊名 ”或者“ 英文刊名 ”。

b. 跨库专业检索　跨库专业检索可使用的检索项不局限于页面上所提供的检索项。原则上，构造跨库检索式可使用所选数据库的全部检索项。但由于各库结构设置不同，同一检索项所支持的功能也有可能不同，因此，在使用超过所列检索项构造跨库检索式时，请仔细阅读各数据库专业检索语法表。

c. 专业检索式构造

选择检索项

跨库专业检索支持对以下检索项的检索：SU = 主题，TI = 题名，KY = 关键词，AB = 摘要，FT = 全文，AU = 作者，FI = 第一责任人，AF = 机构，JN = 中文刊名 & 英文刊名，RF = 引文，YE = 年，FU = 基金，CLC = 中图分类号，SN = ISSN，CN = 统一刊号，IB = ISBN，CF = 被引频次。

使用运算符构造表达式

运算符见表 8-4。

表 8-4　运算符构造表达式

运算符	检索功能	检索含义	举例	适用检索项
= str1 * str2	并且包含	包含 str1 和 str2	TI = 转基因 * 水稻	所有检索项
= str1+str2	或者包含	包含 str1 或者 str2	TI = 转基因+水稻	
= str1-str2	不包含	包含 str1 不包含 str2	TI = 转基因-水稻	
= str	精确	精确匹配词串 str	AU = 袁隆平	作者、第一责任人、机构、中文刊名 & 英文刊名
= ' str /SUB N'	序位包含	第 n 位包含检索词 str	AU = ' 刘强 /SUB 1'	
%str	包含	包含词 str 或 str 切分的词	TI%转基因水稻	全文、主题、题名、关键词、摘要、中图分类号
= str	包含	包含检索词 str	TI = 转基因水稻	
= ' str1/SEN N str2'	同段，按次序出现，间隔小于 N 句		FT = ' 转基因 /SEN 0 水稻'	

续表

运算符	检索功能	检索含义	举例	适用检索项
=' str1/NEAR N str2'	同句，间隔小于 N 个词		AB='转基因 /NEAR 5 水稻'	主题、题名、关键词、摘要、中图分类号
=' str1/PREV N str2'	同句，按词序出现，间隔小于 N 个词		AB='转基因 /PREV 5 水稻'	
=' str1/AFT N str2'	同句，按词序出现，间隔大于 N 个词		AB='转基因 /AFT 5 水稻'	
=' str1/PEG N str2'	全文，词间隔小于 N 段		AB='转基因 /PEG 5 水稻'	
=' str $ N'	检索词出现 N 次		TI='转基因 $ 2'	

④ 二次检索 二次检索在这里被称为在结果中检索，当检索范围过宽，检索结果太多时，可使用二次检索。二次检索是在当前检索结果内进行的检索，主要作用是进一步精选文献。二次检索这一功能设置在实施检索后的检索结果页面。

⑤ 检索导航 检索导航有两个功能，分别是控制检索范围、直接检索文献。

a. 控制检索范围 通过选择导航范围对检索进行范围控制。点击 全选 可一次性选择全部导航类目；点击 清除 可一次性清除全部所选导航类目；点击类目前的□可限制在一个类或多个类中进行检索。

b. 直接检索文献

中国期刊全文数据库共有 9 个专辑，9 个专辑名都分列在检索页面的左部。用户可以直接点击相应专辑进入该专辑子类，通过不断点击相应子类，最终出现相关文献条目。若文献条目过多，还可以进行二次检索。

⑥ 期刊导航 中国期刊全文数据库还专门设置了期刊导航功能，通过期刊导航，用户可直接浏览期刊基本信息，按出版的刊期查找期刊文章。期刊检索使用户可以了解期刊的基本信息。期刊导航中提供了专辑导航、数据库刊源、刊期、地区、主办单位、发行系统、期刊荣誉榜、世纪期刊、核心期刊等 9 种导航方式。期刊导航提供图形、列表、详细三种信息显示方式。还可以按拼音首字母查找期刊，提供期刊的拼音正、倒序排序功能。在期刊导航中，点击刊名，将获得该刊的相关情况以及数据库收录该刊的全部数据；点击其中的某年某期，可查看该期上的全部文章题录；点击其中的一文章篇名，则可获得该篇文章的详细内容。期刊导航中期刊检索，可从不确切刊名查找特定期刊，设置了刊名、ISSN、CN(统一刊号)三条检索途径。

2. 维普数据库

(1) 简介

维普数据库包括中文科技期刊数据库、中文科技期刊数据库(引文版)、外文科技期刊数据库、中国科技经济新闻数据库等产品。

中文科技期刊数据库是重庆维普资讯有限公司的主导产品，收录自1989年以来各类中文期刊12000余种，其中核心期刊1810种。全文文献总量达1700万篇，引文2400万条，采用高清晰的PDF全文数据格式。2007年预计新增文献量300余万篇。整个数据库分全文版、文摘版、引文版三个版本，共有社会科学、自然科学、工程技术、农业科学、医药卫生、经济管理、教育科学、图书情报等8个专辑，内容涉及现有各个学科。实现对题名、关键词、题名或关键词、文摘、刊名、作者、第一作者、参考文献、分类号、机构和任意字段等11个字段进行检索，并可实现各个字段之间的组配检索。中文科技期刊数据库采用自主开发的海量文献搜索引擎技术，提供B/S方式的WEB数据库服务，同时支持OPENURL等国际标准协议，为客户单位提供异构数据库的开放连接增值服务。数据库提供快速检索、传统检索、高级检索、分类检索、期刊导航等五大检索方式。

(2) 检索方式

中文科技期刊数据库的主要检索方式有：快速检索、传统检索、高级检索、分类检索和期刊导航。

(3) 检索方法

① 快速检索　快速检索比较简单，在选定时间范围和检索途径后，直接输入检索词点击搜索就可执行检索工作并进入结果页面。

② 传统检索　在数据库检索首页，通过点击“传统检索”，即可进入传统检索页面。用户可根据自己的实际需求选择检索途径，输入检索式进行检索。为控制检索范围，设置了学科类别限制、期刊类型限制和数据年限限制等功能。

学科类别限制：分类导航系统是参考《中国图书馆分类法》进行分类的，每一个学科分类都可以按树形结构展开，利用导航缩小检索范围，进而提高查准率和查询速度。

期刊类型限制：期刊类型分全部期刊、核心期刊和重要期刊三种。用户可以根据检索需要来设定合适的类型以获得更加精准的数据。

数据年限限制：数据收录年限从1989年至今，检索时可进行年限选择限制。

③ 高级检索　维普高级检索提供了向导式检索和直接输入检索式检索两种方式供用户选择使用。

a. 向导式检索　向导式检索提供了分栏式检索词输入方法。用户可选择“并且”、“或者”、“不包含”三种逻辑运算，“模糊”和“精确”两种匹配模式。此外还设置了扩展功能和扩展检索条件两大限定，最大程度地提高了查准率和查全率。

扩展功能有查看同义词、同名/合著作者、查看分类表、查看相关机构等。只需要在前面的输入框中输入需要查看的信息，再点击相对应的按钮，即可得到系统给出的提示信息。

查看同义词：点击“查看同义词”按钮，在弹出框显示该检索词的同义词，用户可以选择所列的若干同义词，以扩大搜索范围。

查看同名/合著作者：点击“同名/合著作者”按钮，在弹出框显示不同单位同名作者，用户可以选择作者单位来限制同名作者范围。为了保证检索操作的正常进行，系统对该项进行了一定的限制，最多勾选数据不超过 5 个。

查看分类表：点击“查看分类表”按钮，会弹出分类表页，操作方法同分类检索。

查看相关机构：点击“查看相关机构”按钮，即可显示以输入单位为主办(管)机构的所属期刊社列表。为了保证检索操作的正常进行，系统对该项进行了一定的限制，最多勾选数据不超过 5 个。

用户还可以根据需要点击“扩展检索条件”，用时间条件、专业限制、期刊范围来进一步进行检索限制，以减小搜索范围，获得更符合需求的检索结果。

b. 直接输入检索式检索　直接输入检索式检索只要用户在检索框中直接输入检索表达式。当检索式输入有错时检索后会返回“查询表达式语法错误”的提示。有关检索规则这里不做介绍。

④ 分类检索　分类检索就是提前对搜索结果做个限制，用户在搜索前可以对文章所属性质做个限制。比如用户选择化学分类，则用户在搜索栏中的文章都以化学类为基础的文章。点击“分类检索”后，弹出页面包含分类表和所选分类两个框。在分类表框中列出了分类大项，每个分类大项前的加号可以点击扩展，用户可以根据检索需要，勾取所需要的分类，点击添加删除按钮中的 >> ，即可将限制分类选取在搜索页中的所选分类之中。用户还可以使用双击或 << 来删除不需要的分类限制。用户在选定限制分类，并输入检索词检索后，页面自动跳转到搜索结果页，后续的检索操作同快速检索。

⑤ 期刊导航　期刊导航以期刊搜索、按字母顺序查找、按期刊学科分类查找三种搜索方式来查看所需期刊。

期刊搜索：用户如果知道刊名或 ISSN 号，在输入框中输入刊名或 ISSN 号，点击搜索，即可进入期刊名列表页。用户只需点击刊名即可进入期刊内容页，在期刊内容页再选择期刊年代和刊期，将显示该期刊、该年、该期的所有文章标题、作者等信息，点击文章标题后就可以浏览文章内容。

按字母顺序查找：检索页面上列有所有拼音字母，用户点击一个字母，即可列出以相应拼音字母为首字母的所有期刊列表。用户点击刊名即可进入期刊内容页，后续操作和期刊搜索的操作相同。

按期刊学科分类查找：用户可以根据学科分类来查找需要的期刊。点击一个学科分类后，即可列出该学科分类下的所有期刊的刊名。用户点击刊名即可进入期刊内容页，后续操作和期刊搜索的操作相同。

3. 万方数据库

(1) 简介

万方数据股份有限公司是国内第一家以信息服务为核心的股份制高新技术企业，是在互联网领域，集信息资源产品、信息增值服务和信息处理方案为一体的综合信息服务商。内容涉及自然科学和社会科学各个领域，汇聚了100多个数据库，2300万数据资源，提供多种的检索方式，让用户能快捷查询到所需资料。

万方数据资源系统分为五大子系统：学位论文全文子系统、会议论文全文子系统、数字化期刊子系统、科技信息子系统和商务信息子系统。

(2) 检索途径

万方学位论文检索系统的检索途径有论文题名、作者、作者专业、导师姓名、授予学位、授予单位、授予时间、分类号、关键词、文摘等。其中的作者、作者专业、导师姓名、授予学位、授予单位、分类号、关键词等字段支持精确匹配。

(3) 检索方法

① 个性化检索　个性化检索为用户提供了一个方便实用、组配灵活的检索入口，适合所有用户使用。在利用个性化检索进行检索时，用户只需用鼠标点击某字段便可选定所要检索的字段，若此栏选择为“全文”，则只要数据记录中的任意可检索字段中出现了检索词，就认为此记录符合检索要求。输入相应检索词时，通过选择逻辑运算列表中的“与”、“或”、“非”操作，便可组配出比较复杂的检索表达式，再点击“检索”按钮就可查找出相关学位论文信息。在匹配方式上设置了“模糊匹配”和“精确匹配”供用户选择。为了缩小检索范围，个性化检索可以限定检索论文的年代，用户可以通过页面中的选择框决定是否使用年代限制，默认状态下是未选。也可以限定检索论文的范围，可以选择全部、硕士论文或博士论文中的一个，默认状态下是选择全部。

② 高级检索　高级检索又被称为命令检索，万方数据的高级检索支持布尔检索、相邻检索、截断检索、同字段检索、同句检索和位置检索等全文检索技术，具有较高的查全率和查准率。高级检索只需在检索框中输入用户编写好的检索表达式，但是检索表达式的编写对检索者的检索技术水平有较高要求。不同的检索系统对检索表达式的编写有不同的规定，如何编写检索表达式本书不作具体介绍。

浏览全库和分类检索可以直接查看论文，也可以再输入检索词进行二次检索，操作比较简单，不作深入介绍。

第二部分　科技论文写作

本部分内容包括：科技论文概述、写作程序、写作思维、结构与表达、格式与规范等。旨在了解科技论文写作的过程，掌握科技论文写作的基本要求，提高科学研究与论文写作的能力。

第九章　科技论文概述

科学是关于自然、社会和思维的知识体系；技术是根据生产实践经验和科学原理发展而成的各种生产工艺、程序、方法和技能。

在以知识、创新为基础的21世纪，谁掌握了科学技术，谁就掌握了经济发展的命脉。科学技术的掌握和应用，要靠科研成果的支持。科研成果要用科技论文表述与传播，科技论文既是科研成果的标志，又是科技信息传递、存储的载体，同时也是推进科技发展的重要手段。

第一节　科 技 论 文

科学研究是运用观察、实验、比较、分析、归纳的方法，把感性材料加以研究，提高到理论水平的工作。科学研究是一个继承与创新的过程，是从自然现象的发现到技术发明的过程，是从原理到产品的过程，是从基础理论研究到应用、开发研究的过程。

科学研究工作的实质是整理知识、创造知识，即继承、借鉴对已产生的知识进行分析、鉴别和整理，使知识系统化，从而发展、创新、解决未知的问题。

科技论文是报道自然科学研究和技术开发创新性工作成果的论说文章，是运用概念、判断、推理、证明或反驳等逻辑思维手段，分析表达自然科学理论和技术开发研究成果。

1. 按发挥的作用分类

（1）学术性论文

学术性论文指研究人员提供给学术性期刊发表或向学术会议提交的论文，它以报道学术研究成果为主要内容。学术性论文反映了该学科领域最新的、最前沿的科学技术水平和发展动向，对科学技术事业的发展起着重要的推动作用。这类论文应具有新的观点、新的分析方法和新的数据或结论，并具有科学性。

（2）技术性论文

技术性论文指工程技术人员为报道工程技术研究成果而提交的论文。它是应用已有的理论来解决设计、技术、工艺、设备、材料等具体技术问题而取得的研究成果。技术性论文对技术进步和提高生产力有着直接的推动作用。这类论文应具有技术的先进性、实用性和科学性。

（3）学位论文

学位论文是指为获得某种学位而撰写的研究性论文。根据申请学位不同可分为学士论文、硕士论文和博士论文。

① 学士论文　学士论文指大学本科毕业生申请学士学位提交的论文，工科大学生有的作毕业设计。论文或设计应反映出作者具有专门的知识和技能，具有从事科学技术研究或担负专门技术工作的初步能力。这种论文一般只涉及不太复杂的课题，论述的范围较窄，深度也较浅。

② 硕士论文　硕士论文指硕士研究生申请硕士学位提交的论文。它是在导师指导下完成的，但必须具有一定程度的创新，强调作者的独立思考能力。

③ 博士论文　博士论文指博士研究生申请博士学位提交的论文。它可以是一篇论文，也可以是相互关联的若干篇论文的总和。博士论文应反映出作者具有坚实、广博的基础理论知识和系统、深入的专门知识，具有独立从事科学技术研究工作的能力，应反映出该科学技术领域最前沿的独创性成果。因此，博士论文被视为重要的科技文献。

2. 按研究方式和论述内容分类

（1）实(试)验研究型

针对科技领域的一个学科或一个专题，有目的地进行调查与考察、实(试)验与分析，或进行相应的模拟研究，得到系统的观察现象、实验数据或效果比较等重要的原始资料和分析结论。原始资料的准确与完整，往往使它成为进一步深入研究的依据与基础。这类论文不同于一般的实(试)验报告，其写作重点应放在研究上。它追求的是可靠的理论依据，先进的实(试)验设计方案，先进、适用的测试手段，合理、准确的数据处理及科学、严密的分析与论证。

（2）理论论证型

指对基础性科学命题的论述与证明，或对提出新的设想、模型、机构、材料、工艺、样品等进行理论分析，使其完善、补充或修正。这类论文主要是对提出新的假说，通过数学推导或逻辑推理从而得到新的理论(包括定理、定律和法则)。其写作要求是数学推导要科学、准确，逻辑推理要严密、准确，使用定义和概念力求得出无懈可击的结论。

（3）发现(明)型

记叙被发现(明)事物的时间、背景、现象、本质、特性及其运动变化规律以及使用该发现(明)有何前景的文章；阐述被发现(明)的装备、系统、工具、材料、工艺、配方形式或方法的功效、性能、特点、原理及使用条件的文章。

（4）设计、计算型

指为解决某些工程问题、技术问题和管理问题而进行的计算机程序设计；某些系统、工程方案、机构、产品的计算机辅助设计和优化设计以及某些过程的计算机模拟；某些产品(包括整机、部件或零件)或物质(材料、原料等)的设计或调、配制等，对这类论文的总的要求是“新”。数学模型的建立和参数的选择要合理，编制的程序要能正常运行，计算结果要合理、准确；设计的产品或调制、配制的物质要经实(试)验证实或经生产、使用考核。

第二节　科技论文写作基本要求

科技论文除了具备准确、鲜明、生动等特点外，它还应有创新性、理论性、科学性、准确性、规范性和可读性。

1. 创新性

科技论文报道研究成果应是前人(或他人)所没有的。没有新的观点、见解、结果和结论，就不称其为科技论文。

科技论文的创新程度是相对于人类已有的知识而言的。至于某一篇论文，其创新程度可能大些，也可能很小，但总要有一些独到之处，总要对丰富科学技术知识宝库和推动科学技术发展起到一定的作用。“首次提出”、“首次发现”当然是具有重大价值的研究成果，这毕竟为数不多；在某一个问题上有新意，对某一点有发展，应属于创新的范围，而基本上是重复他人的工作，尽管确实是自己“研究”所得的“成果”，但也不属于创新之列。在实际研究中，有很多课题是在引进、消化、移植国内外已有的先进科学技术，以及应用已有的理论来解决本地区、本专业、本系统的实际问题，只要对丰富理论、促进生产发展、推动技术进步有效果、有作用，报道这类成果的论文也应视为有一定程度的创新。

由于创新性的要求，科技论文的写作不应与教科书、实验报告、工作总结等同。科技论文报道的是自己的研究成果，因而与他人相重复的研究内容、基础性的知识、某些一般性的实验过程和操作、数学推导，以及比较浅显的分析等都应删去，或者只作简要的交待和说明，同时应对原始材料有整理、有取舍、有提高，要形成新观点、新认识、新结论。

2. 理论性

理论性指一篇科技论文应具有一定的学术价值，即对实验、观察或用其他方式所得到的结果，要从一定的理论高度进行分析和总结，形成一定的科学见解，包括提出并解决一些有科学价值的问题；对自己提出的科学见解或问题，要用事实和理论进行符合逻辑的论证与分析或说明，要将实践上升为理论。从实质而言，科技论文的写作过程，本身就是作者在认识上的深化和在实践基础上进行科学抽象的过程，只有这样，论文所报道的发现或发明才不只具有实用价值，而且具有理论价值即学术价值；所以，写一篇论文，如果仅仅是说明解决了某一实际问题，讲述了某一技术和方法，是远远不够的。从事科学研究的科技人员应注意并学会善于从理论上总结与提高，争取写出既有创新性又有理论价值的科技论文来。

3. 科学性

一篇论文有了创新性和理论性还只能定性地说它已经具备了一篇论文最主要的东西，在具体的研究及写作阶段还必须使论文具有科学性和准确性。

科学性即要正确地说明研究对象所具有的特殊矛盾，并且要尊重事实、尊重科学。具体说来，包括论点正确，论据必要而充分，论证严密，推理符合逻辑，数据可靠，处理合理，计算精确，实验可重复，结论客观。

4. 准确性

准确性即指对客观事物(即研究对象)的运动规律和性质表述的接近程度，包括概念、定义、判断、分析和结论要准确，对自己研究成果的估计要确切、恰当，对他人研究成果(尤其是在做比较时)的评价要实事求是，切忌片面性和说过头话。

5. 规范性

撰写科技论文是为了交流、传播、储存新的科技信息，让他人利用。因此，科技论文必须按一定格式写作，必须具有良好的可读性。在文字表达上，要求语言准确、简明、通顺，条理清楚，层次分明，论述严谨。在技术表达方面，包括名词术语、数字、符号的使用，图表的设计，计量单位的使用，文献的著录等都应符合规范化要求。一篇科技论文失去了规范性和可读性，将严重降低它的价值，有时甚至会使人怀疑它报道的研究成果是否可靠。

第三节　科技论文的规范表达与写作意义

1. 科技论文的规范表达

科技论文规范表达的要求来自科学技术期刊编排的标准化和规范化。

标准是衡量事物的准则。我国现在通行的有国家标准、行业标准和企业标准等标准，同时还有国际标准化组织发布的国际标准；规范是标准在某一范围内的具体化。由此可知，标准与规范的区别在于，标准是明文规定的准则，具有权威性、标准性和严肃性；规范虽然也是明文规定的一种标准，但它不是国家法规，只是某种规定或建议，仅具有指导性、规范性和导向性。

科技期刊是社会产品，当然需要标准化、规范化。随着科学技术的高速发展，科技信息量猛增，手工收集、整理、储存、传播信息的方式已远远不能满足要求，而电子计算机的普遍应用，则为科技信息的加工、传播、储存、检索、利用提供了极大的方便，科技期刊的编排必然要实行标准化和规范化。

科技学术性期刊的主体是科技论文，作为科技新信息源的科技论文，其表达的规范化是实现信息处理与传播的前提。科技论文只有实现编写格式的标准化和各个细节表达的规范化，才能真正体现科学的内涵，准确表达科学的内容，从而有利于传播、储存、检索和利用。

科技论文的规范表达涉及到如下主要内容：

① 编写格式的标准化。

② 文字细节和技术细节表达的标准化或规范化，主要包括名词名称、数字、量和单位、数学式、化学式等的规范表达，以及插图和表格的合理设计。

③ 科技语言和标点符号的运用规范。

2. 科技论文的写作意义

(1) 科学研究的手段

科学技术研究是一种创造性的、十分复杂的思维活动，它不但要求研究者具有丰富的专业知识，而且需要借助于设备、仪器和工具等物质条件，更不能离开语言、文字的运用。复杂的思维活动光靠脑想和口说，既看不见又摸不着，难以连贯起来思索、斟酌和推敲。写到纸面上之后，研究者通过反复思考和仔细斟酌，把思路引向深远、宽广的境地，这样，就能使朦胧的意识明确化，使疏漏的思想严密化，使肤浅的见解深刻化，使难解的问题明朗化。

论文的发表一般是在科研终了或某一阶段，而论文的写作作为科研的手段，需要在科研过程中构思和撰写，把各个阶段的思维和研究的成果用文字记录下来。对各个阶段观测和收集到的数据、资料、情况、信息进行整理和加工(即写作)，往往能对自己研究的课题做出更加深入的探讨，发现和弥补原先的不足，或者引起新的联想和新的思索，产生新的认识，从而使研究工作达到新的阶段或提到新的高度，有时还会在写作中产生新的灵感，甚至找到有重大价值的新的研究课题。

(2) 科研成果的标志

科学研究和科技论文写作是十分艰巨的创新工作，一位科技工作者所发表科技论文的质量和数量，是衡量他创造性劳动的效率和成果的重要指标，因此，及时准确地将科研成果转化为科技论文并发表，对个人和社会都具有重要意义。论文的发表就是把科研成果公之于世，只有如此，科研成果才能为社会所知，为社会所承认，成为社会知识的组成部分，进而转化为社会生产力。已发表的科技论文是确认科技工作者对某项发现(发明)有优先权的基本依据，在知识产权保护日益完善的今天尤为重要。所以成熟的科研成果和科技论文，要尽早地发表。

(3) 科技交流的工具

科技论文是科技交流的基础，是科技信息传递、存储的良好载体。科技论文的交流，可以不受时间、地点的限制，能在更加广泛的范围内交流，在更加久远的时间内发挥作用。科技论文不仅有它应用的必要性，而且有它应用的广泛性。科学技术领域中的很多发现(发明)都是从交流开始的。科技论文一旦发表出来，就作为人类科技知识的一部分而存在，成为人类共同的知识宝库中的新财富。当人们从科技论文中得到启发，解决了自己在科研或生产中存在的问题时，科技论文就显示了它对科学技术和生产发展的巨大作用。

(4) 能力培养的途径

现代社会要求人们终身学习，为了能够适应越来越高的工作需要，必须不断学习，系统地掌握本专业的基础知识、基本理论以及必要的操作技能。但是，为了发挥创造力，培养独立工作能力和解决实际问题的能力，就要选择比较合适的课题，进行研究并撰写论文。这样才能综合运用所学的全部知识，去研究课题要求解决的问题。在这个智力开发和独立工作能力培养的过程中，逐步掌握研究问题的方法，提高认识能力和思考能力，发挥创造力，提高表达能力。

第十章　科技论文写作程序

第一节　论文选题

论文选题是指论文要论述的范围或研究方向，决定写什么和怎么写，它是写好科技论文的关键。实际过程中可供研究的课题数不胜数，但并不是任何选题都具有研究价值，可以形成论文。选题既要受到自己学术水平、研究能力的限制，又要受到研究条件的制约。因此，选择既能反映自己的科学水平和创新能力、又符合自己客观条件的课题是论文写作成功的前提。

1. 论文选题原则

（1）创新性原则

论文是对自己科学研究的总结，因此，论文的选题要能反映自己科学研究中取得的成绩，要在前人的研究基础上有所创新。人类社会之所以不断向前发展，关键就在于不断创造出新的成果。衡量一篇论文是否具有价值，关键在于是否具有新的内容或新的研究方法。因此，在论文的选题阶段注意论文是否具有新意是论文选题必须遵循的原则。

（2）科学性原则

科学性原则是指论文必须具有科学价值，仅有创新性而不具备科学性的论文，往往会丧失其应有价值。论文的科学性原则，一方面要求论文能反映社会的现实需要，根据社会现实确定论文选题；另一方面要求论文能反映科学研究的最新进展，根据科学研究的实际情况确定论文选题。

（3）可行性原则

由于论文选题往往受到主观和客观条件的限制，因此，论文的选题要遵循可行性原则。有些论文选题虽然非常好，价值非常大，但由于作者自身、环境、实验等条件的限制，即使选择了一个好选题，最后也无法完成。

2. 论文选题来源

从选题的提出角度看，论文选题有自拟选题、他拟选题、共拟选题三种。

（1）自拟选题

作者自己提出的选题，作者在自己的研究工作中，根据自己的兴趣、爱好，就某些问题进行深入探讨，发现某些问题前人没有探讨过，或某些问题前人研讨还不够深入，在此基础上形成论文的选题。尤其是研究过程中，发现自己不清楚的问题，或发现别人对某些问题具有错误的认识，更能形成好的选题。自拟题往往符合自己的兴趣和爱好，只要选题可行，不但完成快，而且容易写好。但主动选题受自身认识能力的限制，有时自己认为不错的选题，其实并不具有科学价值，或不具备可行性。

(2) 他拟选题

他人提出的论文选题，由于选题是他人提出，往往具有较高的知识水准，能够把握学术发展的脉搏，因此，这些选题往往具有较大的价值。他拟选题如果与自己的知识结构、兴趣爱好相吻合，往往完成容易，而且容易写好。但如果与自己的知识结构、兴趣爱好等不相吻合，完成的难度可能较大。

(3) 共拟选题

作者初步提出某选题后，经他人讨论修改而形成的选题，或是他人提出某选题后，作者根据自己的实际情况进行修改而形成更符合自己情况的选题。共拟选题往往更加适应作者的实际情况，具有更大的可行性、科学性和创新性。

3. 论文选题注意事项

(1) 选题要考虑专业兴趣

考虑主观专业兴趣就是要从自己感兴趣熟悉的问题选题。主要包括：主管部门、专业学会和专业研讨会等指定的研究课题中，筛选出符合自己的工作实际和研究专长的典型问题作为选题；在自己的研究工作中注意细心观察，勤于思考，就自己体验较深又感兴趣的地方触发灵感，加以提炼，将其上升到一定的理论高度，形成选题；通过研究书刊杂志，在综合、借鉴别人科研成果的基础上，受到有关论点和问题的启示，发现论题，形成选题。

(2) 选题要考虑主观条件

考虑主客观条件就是对自己要有正确的客观估计。如自己掌握材料的深度和广度，驾驭材料的能力，对课题的理解程度等。根据自己的长处和兴趣爱好，扬长避短，充分发挥主观优势。同时还要充分了解学术界的研究现状，如本课题研究已有的成果，还存在哪些问题，尚待研究、解决的问题及迫切程度，社会需要和科学发展的趋势等等。只有把主客观两方面的条件结合起来，才能选出最适合自己的课题来。

(3) 选题要考虑课题大小

选题涉及范围不宜过大、涉及面不宜太宽。因为范围过大，不但时间不允许，而且缺乏这种功力，即使勉强写下来了，也只能如蜻蜓点水，难以保证质量。论文的选题小一些、专一些，既容易完成，也容易写好。当然，题目也不能太小，太小的题目，搜集资料、阐述都不容易，也达不到锻炼提高的目的。

（4）选题要考虑课题难易

选题的难易程度要合适，既不能太难，又不可太易。对初写学术论文的人来说，选择高难度的课题，不仅达不到提高研究能力的目的，反而会因写作难度大，挫伤写作的积极性。过易的题目，又体现不出自己的知识水准和创造性，同样不利于自己水平的提高。因此，在选题过程中，必须实事求是地从主客观实际出发，恰当地把握选题的难易程度。

要恰如其分选择一个适合自己的好课题不妨在问、深、奇、新、巧、实六个字上下功夫。

问，即多问为什么。针对你所从事的实际工作，仔细地分析：自己目前还存在那些不足？那些地方还可以进一步改善？他人在哪些方面做得更好？自己应该怎么办？自己的工作与他人有何不同？自己的新想法和新做法有何价值？等等。

深，即进一步深入研究。选题前要搞清本选题研究的历史和现状、他人的重要研究成果、已经解决的问题、存在的争议、争议的焦点和问题和症结、论争各方的代表性观点、研究的薄弱环节及尚待开拓的领域等问题。一句话，保持头脑清醒，方向明确，在对前人知识与研究成果深刻了解与掌握的前提下，去选取那些“前沿性”课题；从他人的研究成果中获得启迪。这样去选题，既意味着继承，又意味着发展。深入一步，往往就意味着创新和突破。

奇，从易被忽略的问题中选题。人类对自然的认识和改造并不是一次完结的，平淡无奇的现象中往往存在可供研究的新东西、新发现，如果能认真、细心地观察各种事物，并提出为什么，就很容易找到需要研究的课题。

新，即从开拓中选题。在科学研究中，要善于探索创新，敢于开拓新领域。人的创造力强弱取决于自己知识贮存的多少、应用知识技巧与想象力是否丰富。如果有渊博的知识和丰富的想象力，就敢于从自己熟知的学科跨入到生疏的学科，就敢于冲击所谓不可逾越的禁区，开拓新领域。

巧，即从意外中选题。科学研究在探索过程中有时会出现意外的偶然的现象，当这种现象发生后，不要轻易纠正它、排斥它，而应该去深入研究它。即使是不属于自己研究课题范围的内容和所从事的专业问题，也应该去深入地探讨它。这种意外的发现往往会给人们新的启迪，如果追踪下去，往往会产生有价值的新课题。

实，即从实际工作中选题。结合实际工作的选题是十分广泛的，内容是非常丰富的，题目可以不拘一格，多种多样，如科研阶段总结，新技术、新理论、新方法的推广、应用和深化，对产品、工艺、组织、管理的建议和设想，对理论和实践问题的研讨等等。

总之，要选择一个好的课题，必须进行认真调研，做到知己知彼。进行自我分析，了解自己的兴趣、爱好、特长；了解所选题的研究现状和发展情况，已经取得的成绩和存在的不足。只有知己知彼才能少走弯路，少做或不做无用功。

第二节 资料搜集

科技论文是表述科研成果的文章，详细地占有资料是科技论文写作的前提条件。科学研究的本质是发现事物的内在规律，揭示其蕴含的真谛。规律总是存在于大量的现象之中，真谛总是蕴含在纷繁的资料之中。详尽地占有资料，才有可能从对这些资料的分析研究中“析出”其固有规律而不是臆造结论。

1. 资料收集的重要性

资料是文章的血肉，是内容的组成部分，是论文论点的依托和支柱。如果只有论点，资料贫乏而论据不足，就不能明确、具体、有力地证明论点，论点会显得苍白无力。问题的发现和解决问题的线索总是存在于资料之中，资料占有越充分，问题也会越清楚。占有了相当数量的资料，然后才能搞清在研究题目的范围内有哪些问题前人还没有解决，有哪些问题前人未曾提出过。围绕这些问题收集了更大数量的资料，才可能弄清问题的关键在哪里，才可能找到问题的正确答案。

此外，资料搜集的重要性还表现在：它可以更具体地限制和确定研究课题及假设；可以告诉研究者前人在本领域内已做了哪些工作；可以提供一些可能对当前研究有用的研究思路及方法；对研究方案提出一些适当的修改意见，以避免预想不到的困难；可以把握在研究中可能出现的差错；可以为解释研究结果提供背景材料。

总之，收集资料是一项基础工作，它不仅会帮助你熟悉研究的现状，而且会为你提供研究过程有益的信息。

2. 资料搜集的范围

资料是科技研究和科技论文写作的基础，没有资料，研究无从着手，观点无法成立，论文也就不可能形成。所以，详尽地占有资料是科技研究和科技论文写作的一项重要工作。科学研究和科技论文写作之前，至少应当收集以下材料：

（1）一手资料

一手资料包括与论题直接有关的文字材料、数字材料(包括图表)，譬如：统计材料、典型案例、经验总结等，还包括自己在亲自实践中取得的感性材料。这是论文中提出论点和主张的基本依据，没有这些资料，撰写的论文就只能成为毫无实际价值的空谈。对一手资料的收集要注意其真实性、典型性、新颖性和准确性。

（2）他人研究成果

它是指国内外对该课题有关学术研究的最新动态。撰写论文不是凭空进行的，而是在他人研究成果的基础上进行的，因此，对他人已经解决了的问题，就可以不必再花力气重复进行研究。对于他人未解决的，或解决不圆满的问题，则可以在他人研究的基础上再继续研究和探索。切忌只顾埋头自己研究，不注意他人研究，总是跟在别人后面。在选好题目后，搜集相关的研究论文，了解他人研究现状，参考他人研究方法或思路，是科学研究和科技论文写作所必需的。

（3）相关边缘学科的材料

在当今时代，知识体系呈现出大分化大融合，传统学科的分界逐渐被打破，新的分支学科及边缘学科越来越多。了解掌握与课题相关的边缘学科的研究方法、材料，对自己所要进行的科学研究大有好处，它可以使你研究的视野更开阔，分析的方法更多样。

（4）发展趋势和热点

在各个学科领域中，总有一些亟待解决的问题。这些问题，有的是关系国计民生的重大问题，有的是该科学发展中的关键问题，有的问题虽然是一般性问题，但迫切需要解决。科学研究应该首先注重这些问题的探讨。在平时要多看核心期刊发表的论文，了解学科的发展趋势和热点，对自己的研究大有益处。

3. 资料搜集的要求

（1）必要而充分

必要即必不可少，缺此不能表现主题。写作时应紧紧抓住这类材料，而与主题无关的材料，则不论来得多么不容易也不要采用，一时用了修改时也应割爱。充分即量要足够，若没有一定的数量，有时难以将问题论证清楚，即所谓证据不足。有了足够的量，才能从中选出足够的必要材料。

（2）真实而准确

真实即不虚假，材料来自客观实际，即来自社会调查、生产实践和科学实验，而不是虚拟或编造。准确即完全符合实际。科技论文十分强调科学性，任何一点不真实、不准确的材料，都会使论证的观点损失可信度和可靠性，从而使论文的价值降低或完全丧失。因此，研究方法、调查方式和实验方案的选取要合理，实验操作和数据的采集、记录及处理要正确，才能获得真实而准确的材料。写作时要尽量用直接材料，对间接材料要分析和核对，引用时要在全面理解的基础上合理取舍，避免断章取义，更不能歪曲原意。要保持原有材料的客观性，力求避免由主观因素可能造成的失真。

（3）典型而新颖

典型即材料能反映事物的本质特征。这样的材料能使道理具体化，描述形象化，有较强的说服力。要获得典型的材料，调查和研究工作必须深入，否则难以捕获事物的本质；应善于从众多、繁杂的材料中取其具有代表性的，而将一般性的材料果断舍去。新颖即新鲜，不陈旧。要使材料新颖，关键是要做开拓性工作，不断获得创新性成果；同时，收集文献资料面要广，量要大，并多作分析、比较，从中选取能反映新进展、新成果的新材料，而摒弃过时的陈旧材料。

4. 资料搜集的途径

资料搜集的途径主要包括科技专著、科技报告、科技文摘、专利文献、技术标准、各种论文(包括期刊论文、汇编论文、会议论文、学位论文等)、调研报告、实验报告、实(试)验技术报告、观测记录(包括记录数据、图纸、照片、录音、录像等)、技术鉴定资料及学报等。

搜集各种论文资料时，对在方法上沿用前人或在前人的基础上加以改进的、在理论认识上支持本文观点的、前人研究的结论与自己文章所述不同需要加以说明的、前人对本文所研究的问题存在争议的等内容，要特别加以注意，并整理编序，以备撰写论文时使用。

搜集分析材料时，对材料的取舍与整理、实验观察数据的分析与处理、图表与照片的选择等，要根据有关文献资料和实验观察所得的资料，重新核对实(试)验设计中所包含的思想，分析设计中哪些观点在理论上成立，而在实(试)验中得到证实；哪些观点在实(试)验中没有得到证实或未完全证实，需要修改；哪些现象和指标超出原来设想，而且可能有新的启示，需要进行新的分析，提炼出研究材料能说明的观点和能得到的结果，使研究材料和理论认识充分结合起来，达到理论和实践的统一。

搜集实(试)验、调查研究资料时，要特别注意观察。科学始于观察，问题始于观察。课题研究所需要的详细和带主观性的资料，以及对事实的最直接的认识等，大多数可通过观察获得，而观察就是通过搜集资料来帮助我们在课题研究中发现问题、提出问题，最终解决问题的重要形式。要使观察真正为课题服务，就必须：

① 观察应具有选择性，应依据课题研究的需要确定观察范围，选择那些与我们所研究的问题有关的活动和对象。

② 选择好观察的时间和场合，因为在不同条件下观察对象的表现并不完全相同，观察所得的结论也可能不同。

③ 选择最恰当的观察方式，观察方式不同，观察结果也不尽相同。

④ 积极主动的观察，在多变的现象中捕捉到有价值的信息。

搜集学术报告会、技术鉴定会、学术交流会、技术研讨会、项目论证会等相关资料时，可以通过大会交流，获得自己需要的信息，特别是资料信息。

搜集信息网络资料时，要注意它的价值性。随着信息时代的发展，利用网络查找资料确实很方便、快捷，但大部分是公开的、普及性的资料，对科技研究真正有价值的资料是查不到的，因而互联网上的资料仅作参考，不能当作依据。

5. 资料的鉴别与整理

（1）资料的鉴别

鉴别资料就是对搜集来的原始资料进行质量上的评价和核实，对材料进行筛选、取舍，寻找出课题所需要的材料。鉴别资料时应做到：

① 鉴别资料的真伪。搜集到的资料不一定完全真实，而资料是否真实，直接关系到所研究课题的真伪。如果用了不真实的资料进行研究，那么，研究的结论很可能就是不真实的。一些有价值的研究，会因为参考资料的失实而前功尽弃。要想鉴别真伪，就要鉴别资料的客观实在性和本质真实性，也就是弄清楚它是否真的发生、存在，是否在有条件的情况下才能发生；事物是偶然还是必然；是个别还是一般；是现象还是本质；是主流还是支流。要从事物的总体本质及其联系上挖掘事物本质的真实性，结合各方面的材料综合思考，分清真伪，进行比较分析，不要被局部或暂时现象所迷惑。

② 鉴别资料的质量。同是真实材料，必定有质量高低的区别。刚开始鉴定时，也可能难于一眼看透，但只要多熟悉资料，认真鉴别，就能学会。常用的鉴别方法有比较法和专注法。

比较法是通过对同一资料进行对比，以确定其优劣。如把资料本身的论点和论据相比较；把正在阅读的资料和已经确认可靠的资料相比较；把宣传性广告和产品目录相比较等。

专注法是注意专门的鉴别性文章。如，学术界经常会产生不同的观点，针锋相对的论点的争论，等等。争论中往往会发现原理论的不足之处，甚至错误之处。

（2）资料的整理

资料的整理就是将所获取的信息资料分门别类地加以归纳，使原来分散的、个别的、局部的、无系统的信息资料，变成能说明事物的过程或整体，显示其变化的轨迹或状态，论证其道理或指出其规律的系统的信息资料。资料的整理一般可分为三步：

第一步是分类，即根据信息资料的性质、内容或特征进行将相同或相近的资料合为一类，将相异的资料区别开来。资料的分类，要按一定的标准将所研究课题的有关信息资料分成不同的组或类，然后按分类标准将总体资料加以划分，构成系列。例如，可以把资料按年代分类，把调查资料按地区分类等。

第二步是汇编，即按照研究的目的和要求，对分类后的资料进行汇总和编辑，使之成为能反映研究对象客观情况的系统、完整、集中、简明的材料。汇编有三项工作要做。一是审核资料是否真实、准确和全面，不真实的予以淘汰，不准确的予以核准，不全面的予以补全。二是根据研究目的要求和研究对象客观情况，确定合理的逻辑结构，对资料进行初次加工。如：给各种资料加上标题，重要的部分标上各种符号，对各种资料按照一定的逻辑结构编上序号等。三是汇编好的资料要井井有条、层次分明，能系统完整地反映研究对象的全貌。还要用简短明了的文字说明研究对象的客观情况，并注明资料来源和出处。

第三步是分析，即运用科学的分析方法对所占有的信息资料进行分析，研究特定课题的现象、过程及内外各种联系，找出规律性的东西，构成理论框架。

第三节　信息检索

1. 信息检索类型

信息检索是指从已有信息集合中查出所需要信息的活动。当然，对于信息用户来说，信息检索仅指信息的查找过程。

(1) 以检索方式分

信息检索有：手工检索和计算机检索。

① 手工检索是指用人工来处理和查找所需信息的检索方式。它是检索者与检索工具直接对话。它的特点是方便、灵活、直观，不足的是检索速度较慢，漏检现象比较严重。

② 计算机检索是指利用计算机和一定的通信设备查找所需信息的检索方式。它需要计算机、通信硬件设施、系统软件和应用软件。目前，广泛使用的计算机检索系统包括因特网上检索系统、联机检索系统和光盘检索系统。

(2) 以检索内容区分

信息检索有文献检索、数据检索和事实检索。

① 文献检索是以文献为检索对象的信息检索。它为用户提供的是与用户的信息需求相关的文献信息，它的目的是相关文献的出处和收藏处。这些文献可以是涉及某一主题、学科、著者、文种、年代的文献。文献检索的结果提供与课题相关的数篇文献的线索或原文供用户参考。

② 数据检索是以数值或图表形式表示的数据为检索对象的信息检索。数据检索是一种确定性检索。信息用户检索到各种数据是经过专家测试、评价、筛选过的，可直接用来进行定量分析。

③ 事实检索是以从文献中抽取的事项为检索内容的信息检索。其检索对象既包括非数值信息，也包括一些数据信息，针对查询要求，由检索系统进行分析、推理后，再输出最终结果。

2. 信息检索步骤

信息检索是根据研究课题要求，利用检索工具，按照一定的步骤和方法查找信息的过程。其步骤：

① 研究分析课题。对研究课题提出问题，然后分析这些问题与课题的关系，以确定想要查询的信息或问题的类型。这些问题可以是课题所涉及的学科范围、所需信息的内容及其特征、年代范围及文献信息类型等。

② 选择检索工具。根据第一步中的问题或信息的性质选择检索工具，确定是通过百科全书等参考性工具书，还是通过报刊索引等检索性工具书进行查找；确定是使用手工检索，还是计算机检索。

③ 确定检索途径。即确定是去本校的图书室，还是去本地区的图书馆；是向教师请教，还是向有关专家咨询；是采用分类、主题途径检索，还是采用著者、号码、题名途径检索。

④ 制定检索策略。对现有检索工具和检索课题，要确定科学的检索策略，解决怎么查找的方法问题，要充分利用已知条件，进一步扩大未知文献的查找线索，或者从三次文献着手，缩小检索范围，然后再查阅二次文献或通过二次文献检索，而进一步找到所需的原始文献。

⑤ 实际检索操作。在实施既定的检索策略中，要注意修改检索策略，及时记录检索到的新信息，补充到下一步的检索过程中。

⑥ 索取原始文献。一旦查到所需要的文献，就可以去索取该文献。

⑦ 阅读、整理检索结果。检索结果往往是凌乱的、不系统的，有时是不一致的甚至是互相矛盾的解释，这就要进行去粗取精、去伪存真的过程，对照原始文献进行阅读、核对和查实，并使之条理化。

3. 论文查找

(1) 论文查找方法

① 确定检索工具。常用的检索工具主要有目录、索引、文摘等。目录是按照一定次序编排而成的揭示与报道文献基本情况(如题名、作者、出版单位、主要内容)的检索用工具。索引是将文献中具有检索意义的事项(如人名、篇名、词语、主题、概念等)按照一定方式有序编排起来以供检索的工具。摘要是概括介绍文献的主要内容并按一定方式有序排列起来的检索性工具。在检索之前，需要了解和熟悉各种检索工具的具体情况，知道哪些资料中收集有与自己的研究课题有关的材料，哪些检索工具中选录的该专题的材料较丰富，哪些检索工具中选辑的资料质量较高等，做到心中有数。

② 明确检索途径。主要检索路径有题名途径、作者途径、分类途径、主题词途径等。如果知道某篇文章在该领域非常有影响，可以选择题名途径；如果想查找该学科的权威学者在该问题上的看法，可以选择作者途径；如果想查找某个权威期刊或学术会议的近期动态，可以选择期刊名或会议名途径；如果只知道所定课题的一些主题词条，可以选择关键词或摘要途径。在实际应用中，可将多种检索工具结合起来，将多条途径结合起来。

③ 明了检索方法。常用的检索方法有两种：第一种是从已有文献资料的引文、注释、附录中发现文献线索，如果已有的多数文献资料都引用了某一或某几个文献，那么这一或几个文献就应该是必须查找的资料，据此往下滚动就可以查找到相关资料；第二种是先确定大致的检索方向，然后借助检索工具找到路径，再通过路径查找所需要的文献资料。在查阅过程当中可以把两种方法结合起来使用。另外，从论文的存储介质和索取地来看，查找论文时主要采取两种方法：一种是到图书馆查找纸质媒介的论文资料，另一种是在互联网上搜索电子文献资料。

(2) 论文获取途径

① 复印、扫描。复印、扫描是获取纸质论文的常用方法。当需要从图书馆或所在单位订阅的期刊、杂志或收藏的论文集中提取论文时，可以利用复印机、扫描仪等电子设备进行纸质翻印或电子储存。复印、扫描时应该注意对资料及时分类、整理。

② 下载、拷贝。下载、拷贝是获取电子论文常用的方法。利用数据库资源中的下载按钮，可以将 PDF、Word 等格式的论文文档下载至本地，利用复制、粘贴、另存等功能可以对网页中的论文文字进行自由剪辑和保存。下载、拷贝电子论文轻松快捷，便于储存和利用，是颇受欢迎的一种资料占有形式，但应该注意的是要认真记下资料的原始出处和必要信息(如原始刊物的名称、年份、期序，作者的姓名、单位、职称等)，为整理资料和论文写好后标注参考文献和引文注释做好准备。

③ 记摘要笔记。记摘要笔记也是获取文献资料的方法，不论是阅读纸质文献还是阅读电子文献，都可以写摘要笔记。摘要笔记可以写在卡片或记事本上，也可以做成电子文档保存在磁盘上。其原则是记录清晰、便于整理，写摘要笔记时要注意记录下资料的原始出处，另外在抄录材料的同时记录下自己对材料的看法、感触、体会等，加深对材料的理解和印象，便于在以后的课题研究和论文写作中参考利用。

④ 订购。对于复印和拷贝困难而又特别重要的资料，比如一些和课题研究直接相关的材料，可以联系出版单位或经销商来订购。

第四节　研究实(试)验

研究实(试)验是按照实(试)验设计对所选课题进行实际操作的过程。一般要经过科研方案的设计、实(试)验条件和设备的准备、实(试)验研究、实(试)验结果的整理和分析等过程。

1. 实(试)验方案设计原则

实(试)验方案的设计主要包括：该实(试)验要达到什么样的目的？设置哪

些处理组？使用哪些检测指标？运用什么仪器设备？如何设立对照组？考虑到随机性、重复性等因素，必要时还要进行数理统计设计和正交实(试)验设计。设计实(试)验方案时应遵循以下原则：

(1) 对比原则

比较才能鉴别，而对比又是比较的基础。如，对某种催化剂的改性研究，只有将改性后催化剂的催化性能与原催化剂的催化性能比较，才能知道改性后催化剂的性能是好还是差，得出令人信服的结果。

(2) 均衡原则

即对照组除了少一个处理因素外，其他条件与实(试)验组尽可能一致。这种一致性越高，就越能显示出处理因素的效应。

(3) 重现原则

重现原则就是实(试)验需要观察多少例。如果观察例数太少，有可能把个别情况误认为普遍情况，把偶然性或巧合的现象看成必然现象。但也不能认为观察例数越多越好，因为观察例数越多，实(试)验条件就很难保持一致，造成人力、物力的浪费。为了消除各实(试)验因素对实(试)验结果的相互影响，可以用正交实(试)验的方法来安排实(试)验。

(4) 可控原则

实(试)验是在人为控制条件下进行的，因而在实(试)验方案及实(试)验设计中，应充分体现其可控性。只有通过科学的控制，才能使研究对象将常态下不能表现出来的规律和特性表现出来。控制要从两方面入手：一方面是对研究对象的控制，如研究对象典型性选择、研究对象的纯化处理等，使研究对象具有某一事物的代表性，排除其他事物的干扰。另一方面是对事物存在条件的控制。在对存在条件控制中，往往是采用固定一般因素，孤立主要因素的控制方法。一般因素不是主要的研究因子，或者是本次实(试)验不作为研究的因子，将它们固定在一个水平上，使其固定不变，以减小对研究对象的影响。对主要研究因子应使其孤立或突出出来，单独与研究对象发生作用和影响，研究其与研究对象之间的关系。例如：研究氢气的液化实(试)验，首先通过纯化得到纯氢，然后将存在条件(如压力等)固定在常态条件下，突出温度因素，不断降低气温，当温度下降到-252.4K时就成为无色的液体。

科学研究是一项对未知问题的探索过程。在探索时往往是根据研究目标同时提出几个达到目的的实(试)验方案。当几种方案提出之后，通过对比及分析，认为某一方案确实可靠，无须再选择其他方案，就可根据一种方案进行实(试)验设计；如果认为一种方案比较可取，其他方案也可行，就可以一种方案为主，其他几种方案为辅进行实(试)验设计；如果认为几种方案各有特点，也可几种方案同时开展实(试)验设计。

2. 仪器设备的准备与校正

实(试)验仪器、设备是保证实(试)验顺利的前提，当实(试)验方案确定以后，根据实(试)验方案要求对仪器设备进行准备校正：

① 仪器、设备的准备，即在实(试)验方案确定之后，根据方案的要求进行仪器、设备的准备。准备包括：对所需仪器、设备的使用方法、使用历史进行调查，了解仪器、设备的功能、特性、价格等，通过对比进行选择。

② 仪器、仪表的校正，即在实(试)验器材准备齐全后，对每个元部件、仪器、仪表的性能和使用方法进行了解。为了使仪器、仪表保证使用精度，还要应用一些标准计量仪器进行校正、调试，确保仪器及所有部件的灵敏度与精确度。

3. 仪器设备的安装与调试

实(试)验仪器及材料校正之后，就要按照实(试)验方案或设计将各种仪器设备装配成一个整体，进行一次测试，来确定实验装置整体的可靠性。在试测过程中，通常用一个已知的标准样品进行实(试)验，看是否达到应有的效果。如果发现有误差，应进行调试，直到满意为止。

对开拓性实(试)验研究，往往没有现成的仪器和设备，这就需要研究者对仪器进行改进、设计和创造。每一位科技工作者都不应满足于已有的仪器与设备，要完成更深入的实(试)验，必须自己设计和创造新的仪器和设备，以及这些仪器设备的更有效的组合。

4. 实(试)验研究

(1) 初步实(试)验

初步实(试)验是对实(试)验仪器设备、实(试)验方案及整体设计的初步实践检验。其目的是：检验实(试)验方案及实(试)验设计的可行性、仪器设置的可靠性；探索控制范围，为系统实(试)验做准备。

初步实(试)验的特点表现为试探性和小规模。由于初步实(试)验没有已知方法和经验，只能是试探，因而又称探索性实(试)验。这种实(试)验风险性较大，故多采用小规模实(试)验和局部实(试)验，以便灵活机动改进和调整。

初步实(试)验由于不知控制到什么程度会起作用，因而多采用从宽到窄、由粗到精的实(试)验方法。一般情况分两步进行：第一步为广范围大梯度实(试)验。广范围是指实(试)验时，控制的范围尽可能大，这样才能包括目的控制点。否则控制的目的点就可能落在控制范围之外；大梯度是指在两个控制水平之间的差距大，这样可以简化控制水平，与广泛控制结合起来，以便在大范围内搜索到目的控制点。第二步是采用小范围小梯度实(试)验。即在第一步的基础上，将实(试)验范围集中到控制的目标区，用比较精密的控制水平来研究实

(试)验对象。

(2) 系统实(试)验

系统实(试)验是指在初步实(试)验之后开展的全面又正规的实(试)验。系统实(试)验是整个研究的中心环节，决定着该项研究的成败。选题是否正确、假说或假设是否合理、实(试)验方案和设计是否可行，等一系列问题都要通过实(试)验来验证。系统实(试)验一般包括以下过程：

① 操作　实(试)验操作是实(试)验的关键，只有正确的操作和控制，研究对象才能表现出其固有的规律性。由于操作直接关系到实(试)验的成败，因而实(试)验开始必须由有经验的技术工作者来操作，以便发现问题后及时处理。在系统实(试)验的操作中，同样应遵循在范围上由大到小、在精度上由粗到精的操作原则。这样便于选定控制范围，然后再在控制范围内进行高精度控制，使研究对象在特定的控制范围内表现出固有的特性。

② 观察　观察可分为直接观察和间接观察。直接观察是以人的感知器官直接感知外界事物的观察方法。如观察物质的色泽，行为变化等。间接观察是借助于仪器的观察方法，它可以克服人的生理局限，使人的感知范围扩大。随着科学技术的不断发展，间接观察在科学研究中应用愈来愈广泛。

根据是否改变及控制观察事物存在条件，可分为自然观察与实验观察。自然观察是不改变观察对象存在条件的观察。如，自然状态下对动物行为、仓库昆虫的习性观察等。改变或控制事物存在条件的观察称为实(试)验观察。如，在加温、加压、加水、真空干燥条件下的观察等。

观察的方式有多种各样，常用的有：定位观察、移动观察、比较观察、追踪观察等。定位观察是指固定观察位置及固定对象的观察方法，它能反映固定地点某一事物的特殊性和变化规律；移动观察是指在有限的时间内完成对某一事物的多个个体、不同类型的研究观察，它反映的是通过不同个体来研究一个事物发生发展的全过程；比较观察是在两个可比的事物中进行的比较。它是以对照作为参照物进行观察研究，研究对象的观测与对照的观测同步进行，获得的观察结果；追踪观察是指对运动着的观察对象实施同步追踪观察。其特点是既可获得一般的研究结果，又可获得某事物在时空上变化规律的结果。

③ 记录　记录是整个观察过程的反映。它既要给观察者本人看，也要给别人看；既给当时的人看，还要给后人看。因此，记录一定要规范、详尽、明了、易懂。记录包含的主要内容有：基本条件(如时间、地点、温度、湿度、风力、气压、人为的因素等)、使用的仪器和方法、观察结果、实(试)验中存在的问题等。

5. 实(试)验类型

(1) 定性实(试)验

定性实(试)验是确定某种事物的存在、成分、性质及结构的一种实(试)验方法。它是认识事物不可缺少的一种基础实(试)验，是进行深入实(试)验[定量实(试)验等]的前提。在定性实(试)验中，只要求对研究对象的成分和性质作出回答，一般不涉及量的问题。

(2) 决断实(试)验

决断实(试)验是对某种事物的现象、性质、特点及过程等是否存在的判决。决断实(试)验与定性实(试)验有一定的相似之处，都是判断事物是什么，但是定性实(试)验比决断实(试)验更深入一些，研究的内容更广泛一些。定性研究不仅要回答某事物是什么，而且还要回答其全部成分、特性是什么等许多问题。定性实(试)验是决断实(试)验的深入与延伸。决断实(试)验一般用于一种假说及发现的验证，或对某一事物不同争论的判决，它针对性很强，实(试)验范围很小。

(3) 定量实(试)验

定量实(试)验是在定性实(试)验的基础上测定某种事物或现象的性质、成分、特征及发展过程中数量值变化的一种实(试)验方法。定量实(试)验不仅要回答事物、现象是什么，而且要具体地回答定性实(试)验内容的准确数值。从定性实(试)验到定量实(试)验是人类认识事物且不断深入的必然过程，只有掌握了事物及现象的量值和量变过程，才能真正把握事物的本质和规律。

(4) 对照实(试)验

对照实(试)验是对研究对象采取不同形式、不同程度的控制和处理，然后通过比较来揭示事物规律的一种实(试)验方法。对照实(试)验与其他实(试)验相比，主要不同点在于它将实(试)验分为“实(试)验组”和“对照组”，以对照组作为标准，探寻实(试)验组的特质。根据不同的处理与控制，对照实(试)验有以下几种情况：

实(试)验对象相同，条件控制有差异的对照实(试)验，即将存在条件分为常态与非常态两种，以常态作为对照，以非常态作为控制处理，来比较结果。

存在条件相同，研究对象分处理与不处理的对照实(试)验，即将研究分为处理与不处理的两个实(试)验组，以不处理组为对照，研究处理组的变化。

对存在条件采取不同控制水平的相互对比实(试)验，即将存在条件分为若干控制水平，每一个控制水平为一个实(试)验组，同一研究对象在不同控制水平的实(试)验组之间互为对照，进行比较实(试)验。

对研究对象进行不同处理水平的相互对比实(试)验，即将研究对象分为若干处理实(试)验组，存在条件不变，形成另一种形式的多组比较实(试)验方法。

(5) 模拟实(试)验

在科学研究中，有时受到主客观条件的限制，不能对某些自然现象或事物进行直接观察和实(试)验(如，在冬季，要研究稻米在度夏过程中发生的生物化学变化)，这时我们可模拟研究条件，进行科学研究，这种方法称为模拟实(试)验。

模拟实(试)验是科学研究的重要方法。许多科学上的重大突破，都是靠模拟实(试)验取得的，其作用是预测、代替、再现。模拟实(试)验可以是模型模拟[即人工模仿制造出模型进行模拟实(试)验，对事物起到缩小或放大作用]，也可以是自然现象模拟(即通过观察测定，在室内取得大量数据，模拟大自然中的真实现象)，还可以是功能模拟(即以工程技术来模仿生物思维过程，或模仿生物界某些特异的机能)。

模拟实(试)验的过程一般分为三个阶段，第一步为选择或建立关于研究对象的物质模型；第二步将建立的物质模型放置于与原型存在相同或相似的条件下进行实(试)验；第三步是将实(试)验获得的结果外推到原型中去。无论哪一种模型，都必须满足三个条件，即相似条件、替代条件及外推条件。

不论采用何种模拟实(试)验方法，都应具有简化、纯化、强化、深化、延缓、加速的特点。

(6) 中间实(试)验

中间实(试)验是指把在纯化性实(试)验[如模拟实(试)验]阶段被撇开的次要因素逐一输入到实(试)验中来，使实(试)验条件更接近真实情况的实(试)验，又称中试或半生产实(试)验。中试是区别于小试而言的，小试一般是在实验室进行。为了将实(试)验结果运用到生产中去，使其转化为现实生产力，就要在小试的基础上进行中试，并把在实验室小试过程中为了使实(试)验结果更加明朗而略去的一些条件或干扰因素都重新考虑进去，进行较大规模的实(试)验研究，这样得到的实(试)验结果将会更加接近实际情况。

6. 实(试)验结果与处理

进行科学研究，必然会得到很多实(试)验资料和数据，这些资料和数据是一种原始性资料。在这些资料中不可避免地会有这样那样的误差，本质与非本质的东西混杂在一起。因而，对于原始资料必须进行科学处理，将误差、错误及非本质的东西消除。

(1) 误差及其消除

误差是指在实(试)验过程中，由于主观和客观(仪器、设备、环境等)等因素的影响，使实(试)验得到的结果与客观事物之间出现的距离或差异。这些距离和差异是必然存在的，是不可避免的。

产生误差的原因包括客观与主观两个方面。从客观方面来看，实(试)验仪器本身性能不良、实(试)验条件与环境条件的变化、实(试)验材料在规格、性能上的差异等都会给实(试)验带来误差。另外，不同的实(试)验方法也会带来实(试)验结果的差异，因此，选择正确的实(试)验方法就显得十分重要。产生误差的主观因素很多，如在实(试)验设计时，遗漏了一些可能产生误差的因素、在观察及读数时受到人的观察能力、观测方法、理论知识、操作技能等方面的限制等。

为了消除误差和区别误差，人们创立了误差理论。根据误差理论，将误差分为系统误差、过失误差和偶然误差。系统误差是指在实验中测量时未发现或未确认的因素而引起的误差，这些因素所造成的误差方向始终不变，在同一实(试)验中其大小及符号完全相同。过失误差是指在实(试)验过程中，实(试)验者一时粗心大意或操作不正确等原因造成的误差。偶然误差是在实验过程中出现的上述两种误差以外的无法控制的误差。

不同的误差有不同的消除办法。通常系统误差是有规律的，其消除的办法是用一个已知标准样去实验。用标准样得出的实验结果去校正实验的结果；过失误差及偶然误差没有规律性，往往与初值的距离比较远。消除这类误差，可采用统计学方法。将实(试)验中的自变量和因变量绘制在坐标纸上，通过图像可以看出，大多数实(试)验结果都有规律地靠近一条趋向线，只有少数结果无规律地散布在趋向线的远处，这种远离趋向线的数值便是过失误差及偶然误差的结果；在对实(试)验结果的处理及分析时可以舍掉。

(2) 本质与非本质区别

在实(试)验的过程中，本质的东西和非本质的东西都可以表现出来，并且混杂在一起。在对原始资料进行整理的过程中，必须把二者区分开来，否则就有可能将非本质的东西误认为是本质的东西，进而得出错误的结论。

要将实(试)验中本质的与非本质的区别开来，就需要认识二者的表现特点。在实(试)验过程中，事物的现象比本质易于变化，也易于消失，而本质则比现象更稳定；现象可能随时间、地点以及条件的不同而不断变化，而本质在大量的、变化不定的各种现象中则重复出现。因此，在实(试)验过程中，多次重复就会使非本质的现象变化得更加频繁，本质性的东西则比较稳定，在反复实(试)验中可以顽强地表现出来。由此可知，重复实(试)验是区分本质与非本质的主要方法，并且重复的次数越多，本质性的东西表现得越充分、越显著，非本质的东西在重复实(试)验中逐渐被排除。

第五节　论文撰写

1. 科技论文的基本要求

(1) 创新性

科技论文的学术性集中表现在：不是工作总结，不是数据报表，不是文学作品，而是学术性很强的科研成果。也就是说，科技论文不能写成科研工作总结，应严格按照科技论文的要求和格式进行撰写；不能是简单数据的堆积，应该取舍有度，将对研究成果具有重要作用、有价值的数据列入论文；不是文学作品，不能写成文学体裁，不能采用华丽的文学词汇加以形容。

（2）真实性

科技论文的真实性集中体现在：科研方法真实可信，经得起论证。不论是引用参考文献中的方法，还是自己设计的实(试)验方法，都应该真实可靠，让人看了之后相信用此种方法得出的结果可信；实(试)验数据真实可靠，经得起核实。要求实(试)验数据是对就是对，是错就是错，绝不允许任意更改原始数据；客观讨论真实可信，经得起推敲。对实验结果应该客观评价，不作扩大或缩小，不用夸张的话言去形容，应该实事求是地评价和讨论；所作结论站得住脚，经得起提问。在作结论时不能牵强附会，不管从哪个角度提出质疑，实(试)验的结果都是准确无误的。

（3）逻辑性

科技论文的逻辑性集中表现在论文形成过程经过了周密的思考，严谨而富有逻辑效果的论证，文字表达能力强。

科技论文的逻辑形式主要有形式逻辑与辩证逻辑两大类。形式逻辑是研究思维形式结构、思维基本规律以及认识客观现实的方法；辩证逻辑则是研究思维形式怎样反映客观现实的运动、变化和发展的问题，重在于内容。一般来讲，形式与内容本是互为联系不可分割的，但是，在思维中都可相对地切开，只摘取结构这一侧面来研究。结构相对于内容来说是形式，故以研究思维形式结构为主的逻辑方法称之为形式逻辑。

（4）规范性

撰写科技论文的目的是为了记录研究成果、进行学术交流、传播科技知识，实现资源共享。因此，标准化、规范化是必须的。为了实现科技论文的标准化、规范化，国家制定了一系列标准，如 GB/T 3179—2009《科学技术期刊编排格式》、GB 7713—1987《科学技术报告、学位论文和学术论文的编写格式》、GB 3101—1993《有关量、单位和符号的一般原则》、GB/T 7714—2015《信息与文献 参考文献著录规则》等。这些国家标准在撰写论文时应该严格遵守。

科技论文若能保证它的学术性、真实性、逻辑性和规范性要求，就会使论文论点明确、论据合理、说理充分、结构严谨、语言流畅、科学规范，加之科研成果内容的新颖独特，一定会使论文的质量从形式到内容都达到较高的水准。

2. 科技论文的表达方式

科技论文的表达方式主要有四种，即说明、描写、记叙和论证。说明承担解说的任务，回答“是什么”的问题；描写承担描绘的任务，回答“是什么样”的问题；记叙承担陈述的任务，回答“怎么样做”的问题；论证承担阐述观点、说明理由的任务，回答“为什么”的问题。

（1）说明

说明是通过解说使人明白某一实体或某一抽象概念。在科技论文中说明是最为常用的表达方式。在科技论文中说明常用的方法有：定义和解释、举例和引文、数字和图表、比较和对照、归类和划分。

① 定义和解释　用言简意赅的文字揭示某种事物本质特征，是确定某一事物的范围和界限的严密而科学的说明方法，常用于科技术语的定义。

科技术语的定义一般由三部分组成：被定义项——术语；定义项——揭示被定义的本质的文字；联系项——“就是”二字。如，电子管就是一种电子器件，其导电作用是利用电子在一个气密泡壳且通过真空或气体媒质的运动而产生的。它由几个电极封装在玻璃、陶瓷或金属的管壳内制成，内部抽成高度真空，或在抽空后充以少量惰性气体或汞蒸气等，是电子设备和电子仪器中常用的元件之一。给术语下定义时应注意：定义项中不能直接或间接地包括被定义项，定义的用语应明确，不应包括含混的概念，应考虑读者对象，顾及读者的专业知识水平，使读者能够看懂。

② 举例和引文　举例就是用具有典型性、代表性的事例说明某一事物，给人以真实感，富有启发性，达到举一反三的效果。引文就是直接引用已有的文章(包括他人和自己)，来说明某一事物或道理的一种表达方式。引文和其他说明文字应结合得和谐自然，融为一体。引用的资料应难确、权威。

③ 数字和图表　数字的特点是具体、简明，具有唯一性。科技论文离不开数字，任何实(试)验都是用数字来表达其结果。在科技论文中数字的表现方式是图和表，利用图表的作用可以大大增强论文的说服力。

④ 比较和对照　比较和对照都是通过对比说明问题的表达方法。但二者不完全相同。比较是表明某一事物如何类似于另一事物，从中找出相似之点；对照是表明某一事物如何区别于另一事物，从中找出相异之点。在科技论文中，比较和对照常常和图表结合在一起使用，比较方法优劣、结果好坏。

⑤ 归类和划分　归类又叫分类，是按照一定的规则把某些具有共同性的事物归并到相应的类别中统一加以说明的表达方法；划分则是解剖属于某一类中的事物，使之成为若干部分，分别加以说明的表达方法。在科技论文中，把复杂的事物按照一定的规则归类之后，一类一类地加以说明，能增强文章的条理性，便于读者理解；而在一类事物中，可以把它分成若干部分来分别研究和叙述，使读者理解得更清楚。

(2) 描写

描写是把客观存在的事物、发生的现象如实记述下来。科技论文中的描写不同于文学作品中的描写，它侧重于写实，其目的在于对所描写的事物有一个准确的、完整的、理性的认识。通常是对形状、大小、颜色、位置、构造等方面的描写。

(3) 记叙

记叙就是记述过去已发生的事情，或未来将要发生的事情。它主要用于对历史的回顾、未来的展望和实(试)验过程的描述。在科技论文的前言和实验方法部分，通常都是用记叙的方法来表述课题的背景、历史沿革、研究动态、实(试)验程序等，而且是按照事件发生的先后顺序进行。使用记叙时应该注意详略得当，主题清楚。

(4) 论证

论证是指运用论据证明论题的全部推理过程。其作用是说服读者相信作者的论题是正确的。论证在发现真理的思维活动中起重要作用，是一种常用的表达方法。论证是由论题、论据、论证三个要素组成。论题就是真实性需要加以确认的那个判断；论据就是确认论题的真实性的根据；论证是把论题和论据联系起来的方式，是从论据到论题的推理过程。常用的论证方式有：

① 举例，即我们常说的“摆事实”，用具体事实来证明论点。

② 事理引申，即用人们已知的道理为论据来证明自己的观点。

③ 反证，即从反面来证明论点。

④ 类比，即将此类事物与彼类事物对比，以彼类事物的正确与否来证明此类事物的正确与否。

⑤ 对比，即将截然相反的两种情况进行比较，形成鲜明的对照，从而突出某一性质。

⑥ 因果互证，即通过分析事理，揭示论题与论据之间的因果关系，来证明论点的方法。

⑦ 归谬法，即先假定某一论点是正确的，然后以它为前提，导出一个显然是荒谬的结论，进而证明假定的那个论点是错误的。

论证是一种复杂的富有创造性的思维活动。这种思维活动的知识基础是逻辑知识、数学知识和专业学科的知识。学习和实践是提高论证水平的唯一途径。

3. 科技论文的撰写

在完成选题、资料搜集、实(试)验研究、结果整理和分析的基础上就可以着手撰写科技论文了。科技论文撰写一般按下列步骤进行：

(1) 整体构思

构思文章的总体结构，即计划在论文中说明什么论点、用哪些论据进行论证、文章如何布局、各种数据如何进行穿插、如何运用科技论文的写作规律去描述研究过程中的各种现象和结果，先写什么、后写什么、详写什么、略写什么、应用什么科学原理去解释实(试)验中出现的情况，如何对结果做出评价等等。整体构思是围绕主题对科研过程的总体把握，目的是使主题突出、说理充分、结构严谨、思路清晰。

(2) 草拟提纲

在整体构思的基础土，草拟出一个写作提纲，这是对整体构思的具体实施。

提纲的草拟就等于为论文撰写搭建框架。提纲草拟的基础是对自己所掌握各种材料的分析理解，关键是构思计划与逻辑关系要清晰科学。

(3) 撰写初稿

提纲草拟好后，就可正式撰写论文了。在论文初稿的撰写中，应放开去写，一气呵成，不要过多地考虑个别结构、个别词句和个别数据的安排是否完全合理，自己认为有必要的、有用的信息尽可能多地写入文中，以增加论文的信息量，为论文的修改奠定基础。

(4) 反复修改

论文初稿完成之后，要进行多次反复修改和加工，即在论文初稿的粗线条上精雕细琢，力求达到论文的主题、论据和论证科学，论文的结构详略得当、逻辑合理，论文和语言准确、科学、精彩。

(5) 放置思考

经过反复修改后的论文应该说是一篇正式论文了，但是，不要急急忙忙拿去发表，因为它还需要进行最后的放置处理。实践证明这是一种非常科学有效的处理方法。

科技论文写作是一个漫长的过程，从一开始科研选题、资料筛选、实(试)验研究到论文的起草和修改，脑子每天都在不停地思考运转，始终处于高度紧张的状态，论文中的一些疏漏和不足往往很难发现。这时若能暂停思考，让大脑“冷静”后再从另一个角度去审视论文，往往可以发现一些不容易发现的问题。论文的放置时间一般为几天至一两个星期，在此期间不要专门思考论文，待到脑子彻底平静下来之后，再去重新审视自己的论文自然会有不小的收获。

(6) 改稿定稿

经过放置修改后的论文就可定稿了。“反复推敲出佳句，精心修改得华章”。经过作者的精心修改，仔细推敲，精雕细琢必然会写出精品。

定稿之后，就可以根据写论文的目的作一些相应修改，修改后就可以誊清或打印了。

第十一章　科研论文写作思维

思维是人们对客观事物的认识，从感性阶段上升到理性阶段才能产生思维。在认识的低级阶段，人们所得到的感觉印象是片面的、现象的、外部联系的，在高级阶段，产生了概念，所得到的认识才是全面的、本质的、内部联系的。

第一节　思维概述

思维的工具是语言，人借助语言把丰富的感性材料加以分析和综合，由此及彼，由表及里，去粗取精，去伪存真，从而揭示事物的本质和规律。

1. 思维的特性

(1) 概括性

通过多次感知找出同类事物特有的共性，并把它们归结到一起，从而认识该类事物的性质及与其他类事物的关系。

(2) 间接性

一切事物及其属性不能被人们直接感知到，而是根据间接的事实、联系、概念、原理等，进行分析、综合、判断、推理，从而认识事物的本质和属性。

(3) 质疑性

思维总是从问题开始，思维的过程就是发现问题、认识问题、解决问题的过程。思维是有目的认识事物的过程，没有问题就不会导致思维。

2. 思维的类型

(1) 逻辑思维

逻辑思维又叫抽象思维，是指在人们认识过程中借助于概念、判断、推理反映现实的思维方式。它以抽象为特征，撇开具体形象，揭示事物的本质属性。

逻辑思维是以逻辑推理为主要内容的思维方法，它的特点是根据一个或若干个正确的条件或前提，舍弃对象的外在形态、把握内在本质，推理出一系列新的结论。

(2) 形象思维

形象思维又叫艺术思维，是借助于形象反映生活，运用典型化和想像化的方法，塑造艺术形象，表达作者的思想感情。它一般不脱离具体形象，而只是舍弃那些纯粹偶然的、次要的、表面的东西。它与逻辑思维不是互相排斥，而是相辅相成。

(3) 灵感思维

灵感思维是指作者在丰富实践基础上，由于受到有关事物的启发，促使创造活动中所探索的重要环节得到明确的解决。灵感是创造的最佳状态。

3. 思维的形式

(1) 概念

概念是用事物的本质属性来代表事物，是反映事物本质属性的一种思维形式。这里所说的事物，既指具体事物，又包括事物的各种性质和关系。使用概念的基本要求是明确和准确。

构成概念的要素是内涵与外延。内涵，是指对一个概念对象特有属性的反映。通俗地说，内涵就是概念的涵义。外延，是指一个概念所反映的每一个对象。通俗地说，外延就是概念的适用范围，或所反映的对象的总和。

概念种类常见的有：实体概念，反映一个或一类具体事物的概念，如家用电器；属性概念，反映具体事物的各种属性的概念，如软、硬、透明等；关系概念，反映具体事物之间的种种关系的概念，如小于、等于、大于；集合概念和非集合概念，前者是将同类事物集合为一个整体来反映的概念，后者是不具有这种特点的概念。

在论文写作时首先要明确概念的内涵和外延，其次是明确概念的种类和概念间的逻辑关系。只有概念明确，才能作出恰当的判断，才能进行合乎逻辑的推理和严密有力的论证，也才能得出正确的认识。

(2) 判断

判断是对对象有所断定的思维形式。任何判断总是对所思考对象的肯定或否定。若不肯定什么，也不否定什么，则不成为判断。从这一点上看，判断是对事物作出肯定或否定的一种思维。任何判断总是有真有假，正确反映了实际情况的判断就是真判断，反之就是假判断。

判断可分为两类，即直言判断和关系判断。直言判断实际上就是性质判断，它是断定事物具有或不具有某种性质的判断。例如：“一切事物都是发展变化的”，就是按判断的性质来划分的肯定判断。除此之外，按判断的量来划分，又可分成单称判断、特称判断和全称判断三种。单称判断是对某一特定的个别对象作出断定的判断，例如：“这部电子仪器是电子自动测试仪器。”特称判断是对某类中的部分对象有所断定的判断，例如：“有的细菌是会使人生病的。”全称判断是对一类对象的全体作出断定的判断，例如：“任何事物都不是固定不变的。”关系判断是指断定事物与事物间关系的判断。例如：甲队胜乙队。

直言判断是对某事物属性的断定，只有一个主项；关系判断是对事物与事物间关系的断定，可以是两个事物间的关系，也可以是两个以上事物间的关系。

（3）推理

推理是以一个或几个已有的判断为依据推出另一个新判断的思维过程。推理由前提和结论两部分组成。前提是推理根据的判断，是已知的有关知识；结论是从前提推出来的新判断，是原来未知的知识。推理的语言形式一般用“因为……，所以……”、“既然……，所以……”、“……，由此可见……”、“……，这些都说明……”等等。

在论文写作过程中推理形式主要有：

① 直接推理　是由一个判断作前提而通过各种变换推出另一个判断的推理。直接推理的特征是由一个判断不经过其他判断而推出另一个判断。如，“所有的神学都不是科学，所以，所有的神学都是非科学”。“金子是闪光的，所以，有些闪光的是金子”等。

② 直言推理　用一个共同概念把两个直言判断联结起来，从而得出结论的推理。直言推理由三个直言判断组成，两个判断是前提，一个判断是结论。如，“所有金属都能导电，钠是金属，所以钠能导电”。

③ 联言推理　前提为联言判断或结论为联言判断的推理。如，“斩波器有很多种，目前使用最多的是机械斩波器和晶体管斩波器。机械斩波器的优点是噪声小，但频率低，寿命短。晶体管斩波器频率高，寿命长，但噪声大，温度特性差”。

④ 选言推理　选言推理是前提中有一个是选言判断的推理。如，“对于科研中的困难或知难而进，或知难而退，我们要知难而进”。

⑤ 假言推理　前提中至少有一个是假言判断的推理。如，“每种元素的原子只有当最外层电子为8个(氢为2个)时，才是最稳定的结构，氧原子的最外层电子不是8个，所以氧不稳定”。

⑥ 归纳推理　由两个或两个以上个别性的前提推出一般性结论的推理。归纳推理的特点在于结论的概括性。归纳推理既是获取新知识和发现真理的手段，又是说明和论证问题的方法。

⑦ 类比推理　是两个或两类对象具有某些属性相同，从而推出它们别的属性也可能相同的推理。类比推理不仅是探索真理的重要手段，而且是表达论证的重要方法。类比推理的结论具有必然性，为了提高类比推理结论的可靠程度，在两个或两类事物进行类比时，要尽可能增加进行比较数量，抓住事物的本质。

第二节　思维的基本规律

撰写科技论文所要运用的各种思维(如概念、判断等)都具有各自的特点和特殊要求。在进行写作时，了解并遵守一些基本的、起码的逻辑思维规律，才能做到概念明确、判断得当、推理有逻辑性和论证有说服力。逻辑思维的基本规律有四条：同一律、矛盾律、排中律和充足理由律。

1. 同一律

同一律是指在同一思维过程中，每一思想必须与其自身保持同一，也就是说，每一个概念、判断都是确定的，是什么就是什么。

2. 矛盾律

矛盾律是指在同一思维过程中，两个互相矛盾的判断，不能同时都真，至少有一个是假的，否则就出现自相矛盾的逻辑错误。例如："他们意见基本正确，一点错误都没有"。

3. 排中律

排中律是指在同一思维过程中，两个互相矛盾的判断不能同时都假，其中必须一个是真。对于这样两个判断，如果同时加以否定，就会出现两不可的错误。排中律要求思维具有明确性，当问题处于非此即彼时，对于两个互相矛盾(不包括互相反对)的判断，只能在是非之间作出抉择，承认其中之一为真，排除第三者的可能性。

4. 充足理由律

充足理由律是指在思维论证过程中，要确定一个判断是真的，必须有充足理由。如果没有充足理由，那就没有或缺乏论证性。充足理由律的逻辑要求有三：一是必须有理由(相应的逻辑错误是：毫无理由)；二是理由必须真实(相应的逻辑错误是：理由虚设)；三是由真实理由能必然推出所要论证的论断(相应的逻辑错误是：推不出来)。

科技论文从选题到修改定稿，所有过程中都要用到逻辑思维。在明确论点、选用材料以及通过拟定写作提纲进行谋篇布局时，不能是凭空想像，而要依靠科学实践及实践中获得的材料来加以提炼。对于论文写作的全过程要做到由材料到观点，再由观点到材料。在提炼主题时，要用归纳法从事实材料中找到事物的一般本质或规律，防止以个别代替一般，以局部代替整体的错误。材料的整理在科学研究中占据重要的地位，对形成的论文的质量有重大的影响。主题提炼出之后，选用材料首先要保证材料要真实，即经过检验或反复调查核实证明为真的事实或观点，否则用它作为论据就犯了通常叫作"预期理由"的逻辑错误，论据的真实性不能靠论题来证实，否则就会犯"循环论证"的逻辑错误；其次要保证材料与观点一致，对所选用材料进行归纳、概括或演绎得出所表明的学术观点；再次要保证材料充实，看材料与论点是否一致、材料是否客观、全面真实反映事物的本质。

第三节　思维过程

当经历了由材料到观点，再由观点到材料的过程之后，要考虑如何使观点与材料组织得更加严密、更加合乎事理和更加合乎逻辑，从而使其成为有机统一整体。实现这一目标可借助于写作提纲，即谋篇布局。谋篇布局主要使用分析、综合的逻辑方法。分析就是把研究对象分解为各个不同的部分、方面、特性、要素，然后按不同部分逐步展开分析的一种思维方法。综合是反映事物不同构成要素之间按彼此固有的联系统一起来，反映事物本质的过程。应当指出的是，分析和综合这两种方法常常是不能分开的，没有分析，就没有综合，而分析又是以已经得到的综合成果为先导，离开了综合，分析也就难以进行。一篇论文的结构，若既不体现分析，又不体现综合，那只能成为若干原始资料的堆砌与拼凑，谈不上什么学术价值和社会价值。

人的思维活动总要经过一定的分析与综合、比较、抽象与概括、总结等环节来完成的。

1. 分析与综合

分析与综合是思维过程的基本环节。分析是把事物分成几个部分(方面、因素、层次)分别加以考察，找出各部分的本质、属性及彼此之间的联系，揭示事物的本质属性和规律。

综合是把事物各部分(方面、因素、层次)合成一个统一整体加以考察，是分析的继续和完成。经过分析以后的综合，能使人们对研究对象的认识上升一个水平，达到从整体看事物的本质和规律。

2. 比较

比较是根据一定的标准，把有某些联系的两种或两种以上的事物加以对照，确定它们之间的异同及其相互关系，形成对事物的认识。完全不同的事物是无法进行比较的，只有同类的或某些相似的事物才能进行比较。

3. 抽象和概括

抽象是指在比较、分析的基础上，从事物的许多属性中排除非本质属性，抽出本质属性。抽象是去粗取精、去伪存真、由表及里地揭示事物本质属性的一种思维活动，是在对大量事实分析基础上的抽象。

概括是把对一类事物中某些事物所具有的共同的本质属性的认识。概括是一种特殊形式的综合，是关于事物共同点的综合。被概括的事物愈多，得出结论愈合乎事实。

第十二章　科技论文结构与表达

科技论文的结构是指构成论文的各个部分及其结合方式。科技论文有了好的主题和材料，才能做到言之有物；有了好的表达方式，才能做到言之有理；有了好的结构，才能做到言之有序。

科技论文的结构，是文章的骨架。没有一个好的结构，就会使材料散乱无序，论文内容难以得到充分表现。有了一个好的结构就可以理清思路，调遣材料，做到立意新颖，论据充实可靠、论证合乎逻辑、结构完整严密。

第一节　结　　构

1. 结构建构的原则

(1) 紧扣主题

主题是文章的灵魂与统帅，结构是表现主题的形式与手段。当论文主题确定之后，全篇论文都要集中围绕主题展开阐述与论证，做到文要扣题。无论内容安排的先后，详略主次的配合，层次段落的确定，叙述议论的结合，都要服从并服务于主题的需要，切不可想到哪里写到哪里，甚至把与表现主题无关或关系不密切的材料引入正文。

(2) 完整统一

完整统一是要将构成文章的各个部分和谐有机地组织到一起，使论文组织上协调，格调上一致，做到层次清楚，脉络分明，前后呼应，详略得当，章节之间环环相扣，成为一个完整的统一体。

(3) 合乎逻辑

科技论文是直接揭示事实和真理的，所以要求它的结构必须符合人们认识事物的规律。提出问题、分析问题、解决问题的过程是人们认识问题的思维规律，因此，应根据认识事物的逻辑关系安排结构，尽可能做到结构严密，合情合理，合乎逻辑。

2. 结构的内容

为了使科技论文结构脉络清晰，突出主题内容，科技论文一般使用如下编排：

(1) 层次

层次是指文章内容的编排次序，是论文内容展开的具体步骤(见图 12-1)。

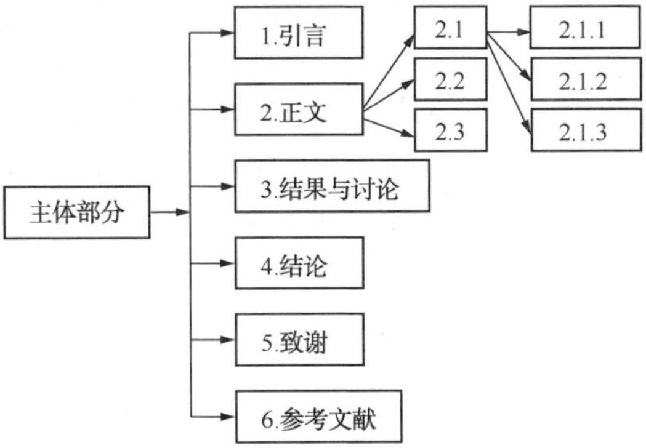

图 12-1　论文内容层次结构图

科技论文的常见层次结构有：

① 并列结构　即先提出总论点，然后分别从各个方面或不同的角度进行说明、论证，最后再加以总结。各个层次是有机联系的，但又是相对独立的，每个层次从一个方面说明总论点，层次分明。

② 递进结构　即根据事物的发展，由浅入深、由表及里、由此及彼、由因及果或由果及因地阐发、深化主题。它通常有按时间顺序、空间顺序、推理顺序等几种方式。

③ 树枝式结构　即在总论点下有两个或两个以上分论点、再往下有支撑分论点的材料单元，其余类推。只有同一层次的两个或两个以上的材料单元同时成立时，上一层次的材料单元才能成立。

（2）段落

论文中根据内容划分出相对独立的一部分称作段落。段落是构成论文的基本单位，在形式上，段落的明显标志是开头空两格。如另起一段时要换行，仍需空出两格后再行文。

论文在分段时尽量做到：段落要单一完整，即一个自然段里表达一个完整中心意思；段落要长短适度，即周密考虑划分出长短适度的段落，段落过长时显得结构缓慢，段落过短时显得文势过急，产生一种跳跃式的感觉。

（3）段旨

段旨是指段的中心意思，全段围绕段旨展开。为了阐述段旨，可用一句话概括出来(又叫作段中主句)。段中主句可根据需要放在段首、段中或段尾。

（4）开头与结尾

开头是文章的起笔。开头应该是用简练的语言，叙述清楚研究课题的目的、主要内容、研究现状、基本结论及重要性，特别是要突出论文的新见解。文章是否有吸引力，开头起着重要作用，开头精彩而新颖，便能引人入胜，吸引读者读下去。

结尾是文章的收笔，是论文的结论。结尾应该是用准确、精练的语言总结全篇、深化主题、提出问题、展望前景。总结全篇即以结论的形式将全文加以归纳、综合，概括全文的中心观点；深化主题即把新的见解展现出来，给人以深刻的启示；提出问题即对本课题不能或不准备解决的问题提出来，以求得研究问题的深化；展望前景即阐明深入研究的希望，引起大家探索的兴趣。结尾是正文的逻辑发展，在构思结尾时，要与开头、正文联系起来，使之互相呼应，互相制约，融为一体。

(5) 过渡与照应

过渡是指论文层次、段落之间的衔接和转换。过渡保证了论文的连贯性，使前后相邻的两层意思彼此连接起来。论文中需要过渡的地方主要有：论述问题由总到分、由分到总的开合关键处；论文的内容由一层意思到另一层意思或由某一件事转到另一事件的转换处；由叙述转入分析论证或由论证转入叙述的交接处；实验结果的表达和结论的搭接处等。常用的过渡方式有："第一、第二、第三……"、"其一、其二……"、"首先、其次、再次……"、"总之"、"综上所述"、"由此看来"、"总而言之"、"正因这样"、"于是"、"众所周知、"不过"、"然而"、"尽管如此"等。

照应是指论文前后部分的关照、呼应。写前面要对后面内容作必要的交待或留下伏笔，写后面要对前面写过的作必要的照应。照应不是靠论文在内容上或语句上的前后重复，而是让论文前有交待、中有展开、后有回应的有机结构，把论文的各段句连得更紧密使其浑然成为一个整体。照应的种类有题文照应、前后照应、首尾照应和图文照应。题文照应，即是正文与标题照应；前后照应，即上下文的内容照应；首尾照应，即开头与结尾照应；图文照应，即图、表、义相互照应。

(6) 详写与略写

一篇好的科技论文应该是详略得当，以尽量少的文字符号给读者尽量多的信息。要做到详略得当，应该：根据主题需要定详略，即论点是建立在论据、论证的基础上，论据论证应详写；根据内容需要定详略，即主要内容要详写，次要内容要略写；根据读者对象定详略，即根据读者对象取舍材料，准确表达的深度与广度，明确论文的重点。总之，凡与表达主题密切相关的材料要详写细写，凡与表达主题关系不太密切的材料要粗写略写，真正做到详略得当。

第二节　表　　达

1. 叙述

叙述是用来交待与揭示某一事物、某一现象发生、发展、变化过程最基本、最常用的表达方式。凡是需要交待过程、反映发展、变化过程的地方，都要用这种表达方式。叙述的六大要素是：人、事、原因、时间、地点和结果。

根据叙述的详略可将叙述分为概括叙述和具体叙述。概括叙述着重于对事物和现象发展、变化过程中本质的东西作简单扼要的叙述，旨在给人以总体印象，它不求其细，但求其概括性强，轮廓清晰，文字精练。具体叙述是对所叙述对象作比较详细、具体的叙述。为了准确表达与主题密切相关的材料，阐明被叙述对象的本来面貌，就要作具体叙述。

叙述的方法有顺叙、倒叙、插叙、补叙、平叙。顺述是按事物发生、发展、变化的先后次序进行叙述；倒叙是先叙某事件发展结局或事件中最重要、最突出的片断，然后再按事件的发展顺序叙述；插叙是在原来叙述的进行中，根据需要在适当的地方插入另一段叙述；补叙是在叙述到一定阶段时，对前面事件作某些补充叙述；平叙也叫分叙，它是对同时发生的两件(或多件)事进行分别平列的叙述。

2. 说明

说明是用简炼的语言，把实体事物的形态、构造、性质、特征、功能、成因、关系与抽象事物的概念、特点、原理、演变、异同等解说清楚的表达方式。在进行说明时，必须做到内容科学、表述明确、态度客观。说明的方法有多种多样，常用的主要有：

(1) 定义说明

即对某种事物的本质特征或某个概念的内涵和外延准确而简要的说明。它能最准确、最简明地说明事物的本质和特征，揭示事物的“属”(被定义对象所属的更广泛的概念)和“种差”(被定义对象的特有属性，与同类事物之间的差异)。

(2) 诠释说明

即用来解说事物或事理的性质、特点、功能、原因，以及解释词语概念的说明方法。诠释说明的标志是括号或破折号。

(3) 分类说明

即对同属而不同类，或同类而不同种的各种复杂事物，根据其性质、形状、成因、关系、功用等进行分类并加以说明。

(4) 举例说明

即选取某种事物、现象中的典型实例，说明事物的一般特征。其特征是说服力强，启发性好。

(5) 比较说明

即通过对相同或不同事物，或同一事物的不同情况的比较，来说明事物的性质、特征、规律。相同事物、不同事物的比较叫横向比较，同一事物的比较叫纵向比较。

(6) 分解说明

即把难于说清事物、现象的整体进行分析解剖，使它成为若干个部分，加以说明便于认识和理解。

(7) 数字说明

即运用正确数字来对事物进行说明的方法，其特点是简明。使用数字说明要做到数字准确可靠。

(8) 图表说明

即对于一些陌生、抽象、复杂或数字较多的事物借助图表说明的方法。用图表说明时要配以简短的文字，做到图文并茂，直观易懂。如数字太多时要用表格说明，表中数字要难确、清晰，要标明数字的单位。

3. 议论

议论是运用概念、判断、推理等逻辑形式，通过摆事实、讲道理、辩是非，对客观事物、事理进行科学分析论证，以表达自己的观点和态度。在进行议论时要做到论点正确鲜明、论据典型充实、过程条理逻辑。

构成议论的要素有论点、论据和论证。论点也叫论断，是作者对客观事物认识后所提出的自己的主张、见解和设想。在一篇论文中，一般有一个中心论点和若干个分论点，中心论点是最基本、最主要、最核心的论点，分论点从不同层次、不同角度来支持证明中心论点，分论点和中心论点的关系是局部和整体的关系。中心论点是论文的灵魂，是论证的出发点，是论证的归宿点，也是贯穿全文的一条主线。论据，是用来证明论点的根据，是从大量信息中经过反复分析后，优选出来证明论点的材料。作为论据的材料主要有事实论据和理论论据。事实论据包括现实材料、典型事例、调查报告、历史事实、工作经验以及统计数据等；理论论据包括定义、原理、定律、公理、规律、公式等。论证，是运用论据证明论点的过程和方法。论证有正论和驳论。正论是以阐述正确论点为主，用充分的论据证明自己观点的正确性；“驳论”以反面论点来证明自己观点的准确性。论证时要做到抓住事物的本质规律，运用辩证发展观点，严谨、合理、有据、有节、以理服人。

第十三章　科技论文写作格式与规范

第一节　科技论文写作格式

格式，即一定的规格式样。科技论文的撰写和编排格式，就是在撰写和编排科技论文时应满足的规格和式样。一篇科技论文应先写什么，后写什么，各部分要写什么内容，以及表达中有些什么要求，编排上应符合哪些规定，都应有章可循，这个“章”即 GB 7713—1987《科学技术报告、学位论文和学术论文的编写格式》，它使内容千差万别、写作风格千秋的论文在格式上达到统一。

根据《科学技术报告、学位论文和学术论文的编写格式》(编者注：科学技术报告、学位论文已经有新的国家标准，但学术论文还没有新的标准，因此，本书暂用 GB 7713—1987) 的要求，一般说来，科技论文的组成部分和排列次序为：题名、作者署名、摘要、关键词、引言、正文、结论(和建议)、致谢、参考文献和附录。

1. 题名

题名，即文题、题目、总标题，是论文的总纲，是反映论文内容最恰当、最简明词语的逻辑组合。作为科技论文的题名一般要求做到：

(1) 准确得体

即准确表达论文的中心内容，恰如其分地反映研究的范围和达到的深度，不使用笼统的、泛指性很强的词语和华而不实的词藻。常见的毛病有：

① 题名反映的面大，而实际内容包括的面窄。如：“新能源的利用研究”，显然题名过于泛指和笼统。可改为“沼气的利用研究”。

② 标题一般化，不足以反映文章内容的特点。如：“论自动化在我国工业现代化建设中的作用”，显然题名不能引人注目，可改为“自动化在我国工业现代化建设中作用的定量分析”，突出了“定量分析”的特定内容。

③ 不注意分寸，有意无意拔高。有的课题研究深度并不大，却常常把“……的机理”、“……的规律”一类词语用在题名上。比较客观的做法是，除确实弄清了“机理”、掌握了“规律”外，一般取名为“……现象的(一种)解释”、“……的一种机制”等，这样做比较恰当，比较慎重，也留有余地。

(2) 简短精练

即文字简明，印象鲜明，便于记忆和引用。一般说来，题名不宜超过 20 字。

20字为上限，在保证准确、反映特定内容的前提下，题名字数越少越好。

常用减少题名字数的方法有：

① 尽可能删去多余的词语。如："汽车保有量对我市气候的影响及对策研究"，可改为"汽车保有量对我市气候的影响及对策"。

② 避免将同义词或近义词连用。如："温度对合成氨催化反应的影响分析探讨"，"分析"与"探讨"义近，保留其一即可。可改为"温度对合成氨催化反应的影响探讨"。

③ 题名不易简化时，可用加副题名的办法来减少主题名的字数。如："弧齿锥齿轮和准双曲面齿轮按大轮齿面上任一基准点配切小轮的原理"共30个字。从需要考虑很难简缩，但可改为：弧齿锥齿轮和准双曲面齿轮切齿调整计算新方法——按大轮齿面上任一基准点配切小轮的原理。

采用副题名不单单是为了减少主题名的字数，它还可以用于：题名语意未尽，用副题名补充说明；系列研究工作或分阶段研究结果，用不同的副题名区别。

(3) 有利检索

题名所用词语要有助于选定关键词和编制题录、索引等二次文献，以便为检索提供特定的实用信息。

(4) 容易认读

题名中应当避免使用非共知共用的缩略词、首字母缩写字、字符、代号等。

(5) 文字优美

题名在文字表达上要符合现代汉语的语法、修辞和逻辑规则，给人以美感，不能出现语病。要做到文字优美，通常应做到如下几点：

① 结构合理　尽可能用以名词或名词性词组为中心的偏正词组，不用动宾结构。如："研究一种制取苯乙醛的新方法"是动宾结构(研究+新方法)，可改为"一种制取苯乙醛的新方法"。

若中心动词带有状语，则仍可用动宾结构。如："用机械共振法测定引力常数G"，由于中心动词"测定"带有状语"用机械共振法"，仍可以用动宾结构(测定+引力常数G)。

另外，像"(试)论……"、"(浅)谈……"等形式的题名可用动宾结构。

② 选词准确　题名用词应仔细选取，否则会使语意不明或产生逻辑错误。如："煎炸油质量测试仪的研制"，将"质量"改为"品质"表意比较准确。

③ 详略得当　题名应避免"的"的多用和漏用。语法规则要求联合词组、偏正词组、主谓词组、动宾词组、介词词组做定语时，中心语之前需用"的"；而修辞规则要求多项定语中的"的"字不宜多用。因此，题名中"的"的使用要综合考虑。

如："专家系统结构的分析"，不用"的"既通顺又简练；"高层建筑变水量供水电气控制系统”可改为“高层建筑变水量供水的电气控制系统”。

④ 不随便省略词语　如：“车辆维修器材计算机信息处理系统”，应改为“车辆维修器材管理的计算机信息处理系统”。

(6) 语序正确　题名的语序不对，有时造成语意混乱，使人不知所云。如：“计算机辅助机床几何精度测试”，应改为“机床几何精度的计算机辅助测试”。再如：“拱坝的应力特点和分布规律的探讨”，应改为“拱坝应力的特点和分布规律的探讨”。

2. 署名

署名即在论文中签署参与者的姓名。在论文中的署名表示拥有著作权，任何个人和单位不得侵犯；文责自负，即论文一经发表署名者应对论文负法律、政治、科学的责任；联系方式，即读者阅读文章后，若需要同作者商榷，或者要询问、质疑或请教，以及求取帮助，可以直接与作者联系。

在论文中可以署名的条件是：参与选定研究课题和制定研究方案、直接参加全部或主要部分研究工作并做出主要贡献、参加论文撰写并能对内容负责的人员；仅参加部分工作的合作者、按研究计划分工负责具体小项的工作者、某一项测试任务的承担者，以及接受委托进行分析检验和观察的辅助人员等，均不应署名，但署名者可以将他们作为参加工作的人员一一列入“致谢”，或注于篇首页地脚处。

个人的研究成果个人署名；集体的研究成果集体署名。署名时按对研究工作贡献的大小排列名次。署名的位置通常位于题名下方，其格式：

作者姓名

（作者工作单位名称，地址，邮编）

3. 摘要

摘要是对论文内容不加注释和评论的简短陈述。其作用在于让读者尽快了解论文的主要内容，以补充题名的不足，为科技情报人员和计算机检索提供方便。

摘要根据用途分为报道性摘要、指示性摘要和报道指示性摘要。

(1) 报道性摘要

即资料性摘要或情报性摘要，它用来报道论文所反映的主要研究成果，适用于实(试)验研究和专题研究类论文，篇幅以200~300字为宜。

(2) 指示性摘要

即概述性摘要或简介性摘要，它只简要地介绍论文的论题，或者概括地表述研究的目的，篇幅以50~100字为宜。

(3) 报道指示性摘要

是以报道性摘要的形式表述论文中价值最高的那部分内容，其余部分则以指示性摘要形式表达，篇幅以100~200字为宜。

摘要的内容一般包括研究工作的目的、方法、结果和结论，而重点是结果和结论。撰写时，只能使用第三人称，不用其他人称，语言要简短精练，明确具体；格式要规范，尽可能用规范术语，不要简单地重复题名中已有的信息，或罗列段落标题，一般情况下不出现插图、表格，参考文献序号、数学公式和化学结构式，不分段；标点符号要准确，语言应当符合现代汉语的语法规则、修辞规则和逻辑规则。

摘要的位置通常位于署名下方。

4. 关键词

关键词是为了满足文献标引或检索工作的需要而从论文中选取出的词或词组。关键词包括主题词和自由词，主题词是专门为文献的标引或检索而从自然语言的主要词汇中挑选出来并加以规范了的词或词组；自由词则是未规范化的即还未收入主题词表中的词或词组。

每篇论文中应专门列出3~8个关键词，它们应能反映论文的主题内容。其中主题词应尽可能多一些，它们可以从综合性主题词表(如《汉语主题词表》)和专业性主题词表(如NASA词表、INIS词表、TEST词表、MeSH词表等)中选取。那些能反映论文的主题内容但现行的主题词表还来不及收入的词或词组可以作为自由词列出，以补充关键词个数的不足或为了更好地表达论文的主题内容。

关键词作为论文的一个组成部分，位于摘要之后，引言之前。

5. 引言

引言又叫绪论，是向读者交代本研究的来龙去脉，唤起读者的注意，使读者对论文有个总体了解。一般来讲，引言中的内容主要有：研究的理由、目的和背景。它包括问题的提出，研究对象及其基本特征，前人对这一问题做了哪些工作，存在哪些不足；希望解决什么问题，该问题的解决有什么作用和意义；研究工作的背景是什么；理论依据、实验基础和研究方法，如果是沿用已知的理论、原理和方法，只需提及一笔，或注出有关的文献。如果要引出新的概念或术语，则应加以定义或阐明；预期的结果及其地位、作用和意义要写得自然、概括、简洁、确切。

引言的写作要做到：言简意赅，突出重点，开门见山，不绕圈子，尊重科学，不落俗套，如实评述，防止捧己贬他。共知的、前人文献中已有的不必细写，客套话不要写，重点写好研究的理由、目的、方法和预期结果。

引言位于关键词之后，正文之前。

6. 正文

正文即论证部分，是论文的核心部分。论文的论点、论据和论证都在这里阐述。在思路和结构安排上应当符合“提出论点，通过论据(事实和数据)来对论点加以论证”这一共同的要求。一般说来，正文可分作几个段落来写，每个段落需列什么样的标题，没有固定的格式，但通常包括[以实(试)验研究报告类论文为例]立意与谋篇、理论分析、实验材料和方法、实验结果及其分析、结果的讨论等。

(1) 立意与谋篇

立意与谋篇是科技论文写作的中心环节。立意就是把论文的主题思想在正文部分确立起来；谋篇就是要安排好正文的结构，选择好正文的材料，充分而有效地表达论文的主题。

主题，即作者总的意图或基本观点的体现，对论文的价值起主导和决定作用。科技论文主题的基本要求是新颖、深刻、集中、鲜明。新颖就是要研究、解决、创立和提出前人没有研究和解决的问题。要使主题新颖，选题时必须广泛查阅文献资料，了解与本课题有关的前人的工作；研究时应从新的角度去探索；写作时应认真分析研究实验、观察、测试、计算及调查统计结果，得出新的见解和观点。深刻就是要抓住问题的本质，揭示事物的主要矛盾，总结出事物存在、运动、变化和发展的客观规律。要使主题深刻，就不能停留在简单描述、堆砌材料、和盘托出实验或观测统计数据的水平上，而应透过现象抓住事物的本质，在分析材料、整理实验或观察结果的基础上提出能反映客观规律的见解，将实践知识上升为理论，得出有价值的结论。集中就是一篇论文只有一个中心，要使主题集中，就不能面面俱到，凡与本文主题无关或关系不大的内容不应涉及，更不能过多阐述，否则会使问题繁杂，脉络不清，主题淡化。鲜明就是论文的中心思想突出，除了在论文的题名、摘要、引言、结论部分明确点出主题外，在正文部分更要突出主题。

(2) 理论分析

亦称基本原理，包括论证的理论依据，对所作的假设及其合理性的阐述，对分析方法的说明。写作要点是：假说、前提条件、分析的对象、适用的理论、分析的方法、计算的过程等。写作时应交待清楚哪些是已知的(前人已做过的)，哪些是作者首次提出来的，哪些是经过作者改进的。

(3) 实验材料和方法

材料的表达主要指对材料的来源、性质和数量，以及材料选取和处理等事项的阐述。方法的表达主要指对实验的仪器设备，以及实验条件和测试方法等事项的阐述。写作要点是：实验对象，实验材料的名称、来源、性质、数量、选取方法和处理方法，实验目的，使用的仪器设备(包括型号、名称、量测范围和精度等)，实验及测定的方法和过程，出现的问题和采取的措施等。

材料和方法的阐述必须具体，真实。如果是采用前人的，只需注明出处；如果是改进前人的，则要交待改进之处；如果是自己提出的，则应详细说明，必要时可用示意图、方框图或照片图等配合表述。

(4) 实验结果及分析

这是论文的价值所在，是论文的关键部分。它包括给出结果，并对结果进行定量或定性的分析。写作要点是：以绘图和(或)列表(必要时)等手段整理实验结果，通过数理统计和误差分析说明结果的可靠性、再现性和普遍性；进行实验结果与理论计算结果的比较，说明结果的适用对象和范围，分析不符合预见的现象和数据，检验理论分析的正确性等。

给出实验结果时应尽量避免把所有数据和盘托出，而要对数据进行整理，并采用合适的表达形式，如插图或表格等。在整理数据时，不能只选取符合自己预料的，而随意舍去与自己料想不符或相反的数据。有些结果异常，尽管无法解释，也不要轻易舍去，可以加以说明；只有找到确凿证据足以说明它们确属错误之后才能剔除。

结果分析时，必须从辩证唯物主义的认识论出发，以理论为基础，以事实为依据，认真仔细地推敲结果，既要肯定结果的可信度和再现性，又要进行误差分析，并与理论结果做比较[相反，如果论题产生的是理论结果，则应由实(试)验结果来验证]，说明存在的问题。分析问题要切中要害，不能空泛议论。要压缩或删除那些众所周知的一般性道理的叙述，省略那些不必要的中间步骤或推导过程，突出精华部分。此外，对实验过程中发现的实验设计、实验方案或执行方法方面的某些不足或错误，也应说明，以供读者借鉴。

(5) 结果的讨论

对结果进行讨论，目的在于阐述结果的意义，说明与前人所得结果不同的原因，根据研究结果阐述自己的见解。写作要点是：解释所取得的研究成果，说明成果的意义，指出自己的成果与前人研究成果或观点的异同，讨论尚未定论之处和相反的结果，提出研究的方向和问题。最主要的是突出新发现、新发明，说明研究结果的必然性或偶然性。

正文写作的总要求是明晰，准确，完备，简洁。具体来讲要做到：论点明确，论据充分，论证合理；事实准确，数据准确，计算准确，语言准确；内容丰富，文字简练，避免重复、繁琐；条理清楚，逻辑性强，表达形式与内容相适应；不泄密，对需保密的资料应作技术处理。

(6) 结论和建议

结论是在理论分析和实验验证的基础上，通过严密的逻辑推理而得出的富有创造性、指导性、经验性的结果描述。它又以自身的条理性、明确性、客观性反映了论文或研究成果的价值。结论要与引言相呼应，达到全文前后完整统一。

结论不是研究结果的简单重复，而是对研究结果更深入一步的认识，是从正文部分的全部内容出发，经过判断、归纳、推理等过程，将研究结果升华成新的总观点。其内容包括：本研究结果说明了什么问题，得出了什么规律性的东西，解决了什么理论或实际问题；对前人有关本问题的看法做了哪些检验，哪些与本研究结果一致，哪些不一致，作者做了哪些修正、补充、发展或否定；本研究的不足之处或遗留问题。如果结论段的内容较多，可以分条来写，并给以编号；如果结论内容较少，可以不分条写，整个为一段或几句话。在结论中一般不用插图和表格。

在撰写结论和建议时要做到：概括准确，措词严谨，即对论文创新内容的概括应当准确、完整，不要漏掉任何有价值的结论，但也不能凭空杜撰。语句要像法律条文那样，清清楚楚，肯定和否定要明确，不用"大概"、"也许"、"可能是"这类词语。明确具体，简短精练，即结论应提供明确、具体的定性和定量信息，对要点要具体表述，不能用抽象和笼统的语言，行文要简短，不再展开论述，不对论文中各段的小结作简单重复。不作自我评价，即不用诸如"本研究具有国际先进水平"、"本研究结果属国内首创"、"本研究结果填补了国内空白"等语句来作自我评价。

7. 致谢

当研究成果以论文形式发表时，作者应当对他人的劳动给以充分肯定，并对他们表示感谢。致谢的对象是：凡对本研究直接提供过资金、设备、人力，以及文献资料等支持和帮助的团体和个人。

致谢可以列出标题并贯以序号放在结论之后，也可不列标题，空一行置于结论之后。

8. 参考文献

参考文献是指文后参考文献。在科技论文中，凡是引用他人(包括作者自己)已发表的文献中的观点、数据和材料等，都要对它们在文中出现的地方予以标明，并在文末著录参考文献。对于一篇完整的论文，著录参考文献是不可缺少的，这是因为：著录参考文献反映了论文作者的科学态度、论文的科学依据和论文的起点和深度；著录参考文献能区分作者的成果与前人的成果，表明对他人劳动的尊重，免除了抄袭、剽窃他人成果的嫌疑；著录参考文献能起索引作用，方便检索和查找有关图书资料，以对该论文中的引文有更详尽的了解；著录参考文献有利于节省论文篇幅，避免一般性表述和资料堆积；著录参考文献有助于科技情报人员进行情报研究和文献计量学研究。

参考文献的著录方法有多种多样。国标 GB/T 7714—2015《信息与文献　参考文献著录规则》中的"顺序编码制"为目前普遍采用。顺序编码制即在引文处按它们出现的先后用阿拉伯数字连续编码，并将序码置于方括号内，视具体情况把序码作为上角标在正文中标出，或作为语句的组成部分。在文后参考文献表中，各条文献按在论文中的文献序号顺序排列，项目应完整，内容应准确，各个项目的次序和著录符号应符合规定。

参考文献表置于致谢之后，附录之前。

9. 附录

附录是论文主体的补充项目。有时为了体现整篇论文在材料上的完整性，若把这些材料写入正文可能有损于行文的条理性、逻辑性和精练性，这时可以将这些材料写入附录。附录并非每一篇科技论文都需要。

附录中可以附的主要内容有：比正文更为详尽的理论根据、研究方法和技术要点更深入的叙述，建议可以阅读的参考文献题录，对了解正文内容有用的补充信息；由于篇幅过长或取材于复制品而不宜写入正文的资料；不便于写入正文的罕见珍贵资料；一般读者并非必要阅读，但对本专业同行很有参考价值的资料；某些重要的原始数据、数学推导、计算程序、框图、结构图、统计表、计算机打印输出件等。

附录置于参考文献表之后，依次用大写正体 A，B，C…编号。附录中的插图、表格、公式、参考文献等的序号与正文分开，另行编制，如编为“图 A1”，“图 B2”；“表 B1”，“表 C3”；“式(A1)”；式(C2)；“文献[A1]”；“文献[B2]”等。

10. 注释

解释题名项、作者及论文中的某些内容，均可使用注释。能在行文时用括号直接注释的，尽量不单独列出。

不随文列出的注释叫作脚注。用加半个圆括号的阿拉伯数字 1)，2)，3)等，或用圈码①，②，③等作为标注符号，置于需要注释的词、词组或句子的右上角。每页均从数码 1)或①开始，当页只有 1 个脚注时，也用 1)或①。注释内容应置于该页地脚，并在页面的左边用一短细水平线与正文分开，细线的长度为版面宽度的 1/4。

第二节　科技论文的规范表达

1. 层次标题

各层次标题一般用阿拉伯数字连续编码，不同层次的 2 个数字之间用下圆点“.”分隔开，末位数字后面不加“.”；各层次的第 1 个序码均左顶格书写，最后一字序码之后空 1 个字距接写标题。如果需要也可有四级标题，如：

1 实(试)验原理

2 实(试)验目的与任务

2.1 ……

2.2 ……

2.3 ……

2.4 ……

⋮

4 实(试)验结果

5 结论

6 参考文献

另外，有时层次标题序号也可下列方式表示(递减顺序)：

一、(二、三、…… 注：序号后用顿号)

(一)[(二)(三)…… 注：括号后不用标点]

1.(2.3.…… 注：序号后用点号)

(1)[(2)(3)…… 注：序号后带括号，括号后不用标点]

①(②③…… 注：带圆圈序号后不用标点)

其后可用 A. B. C……或 a. b. c……为序号。需要注意的是，在写科技论文时可以越级使用序号。

2. 计量单位

为适应国际经济、文化、科技交流的需要，在 1984 年 2 月 27 日，国务院颁布了《中华人民共和国法定计量单位》，决定在采用国际单位制的基础上进一步统一我国的计量单位。

国际单位制(SI)包括三个部分，即 SI 单位、SI 词头、SI 单位的十进倍数和分数单位。SI 单位制包括 7 个基本单位、19 个导出单位和 2 个辅助单位。我国法定计量单位包括 7 个 SI 基本单位、2 个 SI 辅助单位、19 个 SI 导出单位、15 个我国选定单位、16 个 SI 词头、由 SI 词头与以上单位构成的十进倍数单位。在科技论文写作中，计量单位的规范使用要做到：

① 全文只能使用法定单位或国际单位，其他单位尽量避免使用。

② 全文所用单位的符号要用国际通用符号，不采用中文符号。国际通用符号指用拉丁字母或希腊字母表示的单位或其词头，如 μm、kg、N、kPa、W、J 等。

③ 文稿若是打印件，单位符号全部用正体字母。

④ 单位符号一般为小写体，如 m、t、g 等；来源于人名的单位，其符号的首字母大写，如 A、Pa、J 等(例外的是 L(升)虽不是来源于人名，也大写)。

⑤ 词头符号中表示的因次为 10^6 及以上，用大写体，如 M(10^6，兆)等；表示的因次为 10^3 及以下，用小写体，如 k(10^3，千)、h(10^2，百)、d(10^{-1}，分)、c(10^{-2}，厘)、m(10^{-3}，毫)，μ(10^{-6}，微)、n(10^{-9}，纳)等。

⑥ 单位符号相乘组合有加点乘号和不加点乘号：如，力矩单位 N·m，也可写作 Nm。

⑦ 相除组合单位符号中的斜分数线“/”不能多于 1 条，当分母有 2 个以上单位时，分母就应加圆括号。如传热系数的单位 $W/(m^2 \cdot K)$，不能写成 $W/m^2/K$，也不能写成 $W/m^2 \cdot K$。

⑧ 组合单位中不能夹有单位的中文符号，例如，不能把流量单位写成 $m^3/$秒，把用药量单位写成 mg/(kg·天)，应分别写成 m^3/s 和 mg/(kg·d)；但是，组合单位中允许有计数单位(如元、只、人、把、个、株、粒、颗等)和一般常用时间单位[如月、周(星期)等]，如价格单位元/t，人均住房面积单位 $m^2/$人，劳动生产率单位 kg/(月·人)等。“万”和“亿”是我国特有的数词(但不是单位的“词头”)，可以与法定单位符号连用，例如可写作 20 亿 t，35 万 km^2 等。

⑨不能把一些不是单位符号的“符号”作为单位符号使用。如，时间的单位英文名称的缩写 m(分)、sec(秒)、day(天)、hr([小]时)、y 或 yr(年)、wk(星期)、mo(月)等，它们的单位符号分别应为 min、s、d、h、a(年)、周、月等；长期以来用作单位符号的 ppm、ppb 等，意义不确切，而且其中有的在不同国家代表不同的数值，因此不能再用。如用可将 200ppm 改为 200×10^{-6}，或者改为 200mg/kg。

⑩ 不能对单位符号进行修饰。如，加下角标，把实(试)验用种子的质量表示成 $m = 50g_{种}$，正确表示为 $m_s = 50g$，其中 s 为 seed(种子)的缩写，也可写成 $m_{种子} = 50g$；插入化学元素符号等说明性记号，0.15mg(Pb)/L，正确表示为 ρ(Pb) = 0.15mg/L，1g 生药/mL，正确表示为 ρ(生药) = 1g/mL。

3. 量符号

量名称要使用国家标准《量和单位》或全国科学技术名词审定委员会审定公布量名称。使用时要注意：

① 应尽量采用标准规定的量符号，若用到的量国家标准中没有时，可以参照标准自己拟定量符号。自拟时要注意，量符号一般是由单个拉丁字母或希腊字母表示的(25 个特征数符号例外，它们由 2 个字母构成，如雷诺数 *Re*、普朗特数 *Pr* 等，另一个例外是 pH 值)。不能用多个字母做量符号，如把“临界高温”的量符合写作 CHT(critical high temperature)是错误的，正确表达应为 $T_{c,h}$。当然，类似 CHT 这样的英文缩词用在文字叙述中而不是作为量符号用在公式或图表中是允许的。

② 文稿若是打印件，量符号必须用斜体字母(pH 值除外，它用正体字母)。

③ 量符号的大小写也有一定的规定不能随意。比如：T 是热力学温度，t 是摄氏温度；V 是体积，v 是速度；P 是功率，p 是压力等。

④ 在全文中某一个字母代表的量应是唯一确定的。如：t，不能在这里表示

"时间"，在那里又表示"摄氏温度"；在这里表示"初始温度"，在那里又表示"终了温度"。解决办法是：t 已经定为表示"时间"，就用 θ 表示"摄氏温度"；用 t_i[i 为 initial(初始的)首字母]表示"初始温度"，用 t_e 表示"终了温度"。类似地，用 p_A 表示 A 点的压力，用 p_B 表示 B 点的压力，等。总之，为了表示量的特定状态、位置、条件或测量方法等，可以在量符号上附加上、下角标，如星号(*)、外文字母、阿拉伯数字及其他符号，个别情况下允许加汉字角标(如 $h_{小麦}$，表示"小麦株高")。

⑤ 不能把化学元素符号作为量符号使用，如"$H_2:O_2=2:1$"，正确的表达方式是：

若指质量比，应为 $m(H_2):m(O_2)=2:1$；

若指体积比，应为 $V(H_2):V(O_2)=2:1$；

若指物质的量的比，应为 $n(H_2):n(O_2)=2:1$。

⑥ 单位前的数值一般应控制在 0.1～1000 之间，即不能太小，也不能太大，尤其在图表中，否则应当改换词头。例如，0.001m，应改为 1mm，1200g，应改为 1.2kg，32000kg，应改为 32t。

4. 数字

数字分汉字数字与阿拉伯数字，什么情况使用汉字数字，什么情况使用阿拉伯数字，国家标准有规定。总的原则是：凡是可以使用阿拉伯数字而且又很得体的地方，均应使用阿拉伯数字。

(1) 使用阿拉伯数字的场合

① 公元世纪、年代、年、月、日、时刻。如：20 世纪 90 年代；1999 年 1 月 15 日；12 时 5 分 18 秒。注意：年份不能简写，如 1999 年在任何地方都不能写作 99 年。"时刻"可用标准化格式表示，如"12 时 5 分 18 秒"可写为"12：05：38"。日期与日的时间组合，表示方法是：年-月-日 T 时：分：秒。T 为时间标志符。"时""分""秒"之间的分隔符是冒号(:)而不是比号(∶)。例如"1999 年 1 月 15 日 12 时 5 分 18 秒"，可表示为"1999-01-15T12：05：18"。

② 计量单位和计数单位前的数字。如：食盐 200 g，200 多人。

③ 纯数字，包括整数、小数、分数、百分数、比例，以及一部分概数。如：4，-0.3，4/5，56%，3∶2，10 多，300 余。

④ 产品型号、样品编号，以及各种代号或序号。

⑤ 文后参考文献著录中的数字(古籍除外)。

(2) 使用汉字数字的场合

① 定型的词、词组、成语、惯用语、缩略语，以及具有修辞色彩的词语中作为语素的数字，必须用汉字数字。例如：第一、二倍于、三氧化二铝、第一作者。

② 相邻 2 个数字连用表示的概数。例如：一两千米，二三十公顷，四百五六十万元(注意：其间不用顿号)。

③ 带有“几”字的数字表示的概数。例如：十几，几百，三千几百万，几万分之一。

④ 各国、各民族的非公历纪年及月日。

⑤ 含有月日表示事件、节日和其他特定含义的词组中的数字。

(3) 数字的书写规则

① 书写和排印 4 位和 4 位以上的数字要采用三位分节法，即从小数点算起，向左和向右每 3 位数之间留出 1/4 个汉字大小的空隙。例如：3 245，3. 141 592 6。

② 小数点前用来定位的“0”不能省略。如 0. 85 不能写作 . 85。

③ 阿拉伯数字不能与除“万”“亿”外的汉字数词连用。如“十二亿一千五百万”可写为“121 500 万”或“12. 15 亿”，但不能写为”12 亿 1 千 5 百万”。

④ 数值的有效位数必须全部写出。例如：一组有 3 位有效数字的电流值“0. 250，0. 500，0. 750”，不能写作“0. 25，0. 5，0. 75”。

(4) 数值范围和公差

① 表示数值范围采用浪纹号(~)。例如：120~130kg，不是表示数值范围，就不要用浪纹号。如“1995~2000 年”，“做 2~3 次实(试)验”表示都不妥：前者是 2 个年份(不是数值)，其间“~”应改为连接号“—”；后者“2 次”与“3 次”之间不可能有其他数值，应改为“两三次”，但“做 2~4 实(试)验”这样的表述则可以。

② 表示百分数范围时，前一个百分号不能省略。如“52%~55%”不能写成“52~55%”。

③ 用“万”或“亿”表示的数值范围，每个数值中的“万”或“亿”不能省略。如“20 万~30 万”不能写成“20~30 万”。

④ 单位不完全相同的量值范围，每个量值的单位应全部写出，如“3h~4h20min”不能写作“3~4h20min”；但单位相同的量值范围，前一个量值的单位可以省略，如“100g~150g”可以写作“100~150g”。

⑤ 量值与其公差的单位相同、上下公差也相等时，单位可以只写 1 次，如“12. 5mm±0. 5mm”可写作“(12. 5±0. 5)mm”，但不能写作“12. 5±0. 5mm”。

⑥ 量值的上下公差不相同时，公差应分别写在量值的右上、右下角，如“$20^{+0.3}_{-0.5}$cm”；量值与公差的单位不相同时，单位应分别写出，如“20cm$^{+0.3}_{-0.5}$mm”。

⑦ 表示带百分数公差的中心值时，百分号(%)只需写 1 次，同时“%”前的中心值与公差应当用括号起。例如“(50±5)%”任何时候都不得写作“50±5%”，也不得写作“50%±5%”。

⑧ 用量值相乘表示面积或体积时，每个数值的单位都应写出。例如：60m×40m，不能写作 60×40m，也不能写作 60×40m^2；50cm×40cm×20cm，不能写作

50×40×20cm，也不能写作 50×40×20cm^3。

⑨ 一组量值的单位相同时，可以只在最末一个量值后写出单位，其余量值的单位可以省略。如“50 mm，45 mm，42 mm，37 mm”，可以写作“50，45，42，37 mm”。各量值后的点号可以用“,”，也可以用“、”，但全书应统一。

5. 图表

插图和表格是论文的重要组成部分，对于它们的设计和制作，要做到：

① 图表都应精省，一般能用文字表示清楚的内容就不必用图表，用大量文字还说不明白而用图或表就能方便说明的内容才用图表；只用 1 幅或 1 个表就能说明的内容，就不要用 2 个或更多的图或表。

② 每个图表都应有图序或表序。图序的格式为“图 1”“图 2”“图 3”等，表序的格式为“表 1”“表 2”“表 3”等。

③ 每个图表都应有图题或表题。图题或表题应是以最准确、最简练的并能反映图或表特定内容的词语的逻辑组合，一般是词组(很少用句子)，而且绝大多数是以名词或名词性词组为中心语的偏正词组(很少用动宾词组)，要求准确得体，简短精练，容易认读。

④ 图表中的标目采用量与单位比值的形式，即“量名称或(和)量符号/单位”，比如“p/MPa”，或“压力/MPa”，或“压力 p/MPa”；而不用传统的、不科学并容易引起歧义的表示方法，如“p，MPa”，或“压力，MPa”，或“压力 p，MPa”，或者“p(MPa)”或“压力(MPa)”，或“压力 p(MPa)”。百分号“%”虽然不是单位，但在这里也可按单位处理，如“相对压力/%”或“η_p/%”，传统的表示法是“相对压力,%”或“η_p,%”，或者“相对压力(%)”或 η_p(%)”。

6. 文献著录

(1) 专著

主要责任者．题名：其他题名信息[文献类型标志]．其他责任者．版本项．出版地：出版者，出版年：引文页码[引用日期]．获取和访问路径．

[1] 余敏．出版集体研究[M]．北京：中国书籍出版社，2001：179-193.

[2] 昂温 G，昂温 P S. 外国出版史[M]．陈生铮，译．北京：中国书籍出版社，1988.

(2)专著中析出的文献

析出文献主要责任者．析出文献题名[文献类型标志]．析出文献其他责任者//专著主要责任者．专著题名：其他题名信息．版本项．出版地：出版者，出版年：析出文献的页码[引用日期]．获取和访问路径。

[1] 程根伟．1998 年长江洪水的成因与减灾对策[M]//许厚泽，赵其国．长江流域洪涝灾害与科技对策．北京：科学出版社，1999：26-32.

(3) 连续出版物

主要责任者．题名：其他题名信息[文献类型标志]．年，卷(期)-年，卷(期)．出版地：出版者，出版年[引用日期]．获取和访问路径．

[1] 中国地质学会．地质论评[J]. 1936，1(1)-. 北京：地质出版社，1936-.

[2] 中国图书馆学会．图书馆学通讯[J]. 1957(1)-1990(4)．北京：北京图书馆，1957-1990.

(4) 连续出版物中析出的文献

析出文献主要责任者．析出文献题名[文献类型标志]．连续出版物题名：其他题名信息，年，卷(期)：页码[引用日期]．获取或访问路径．

[1] 李晓东，张庆红，叶瑾琳．气候研究的若干理论问题[J]．北京大学学报：自然科学版，1999，35(1)：101-106.

(5) 报刊中析出的文献

凡是从报刊中析出具有独立著者、独立篇名的文献按连续出版物中析出文献的有关规定著录，其析出文献与源文献的关系用"．"表示。

[1] 林穗芳．美国出版业概括[M]//陆本瑞．世界出版概观．北京：中国古籍出版社，1991：1-23.

[2] 张传喜．论面向知识经济时代科技期刊编辑的知识积累[J]．中国科技期刊研究，1999，10(2)：89-90.

(6) 专利文献

专利申请者或所有者．专利题名：专利国别，专利号[文献类型标志]．公告日期或公开日期[引用日期]．获取和访问路径．

[1] 姜锡洲．一种温热外敷药制备方案：中国，88105607. 3[P]. 1989-07-26.

[2] 西安电子科技大学．光折变自适应光外差探测方法：中国，01128777. 2[P/OL]. 2002-03-06[2002-05-28]. http：//211. 152. 9. 47/sipoasp/zljs/hyjs-yx-new. asp? recid=01128777. 2&leixin=0.

(7) 电子文献

主要责任者．题名：其他题名信息[文献类型标志/文献载体标志]．出版地：出版者，出版年(更新或修改日期)[引用日期]．获取和访问路径．

[1] PACS-L：the public-access computer systems forum[EB/OL]. Houston, Tex：University of Houston Libraries，1989[1995-05-17]. http：//info. lib. uh. edu/pacsl. html.

[2] Online Computer Library Center，Inc. History of OCLC[EB/OL]. [2000-01-08]. http：//www. oclc. org/about/ history/default. htm.

(8) 参考文献著录格式示例

① 普通图书

[1] 广西壮族自治区林业厅．广西自然保护区[M]．北京：中国林业出版社，1993.

[2] 蒋有绪，郭泉水，马娟，等．中国森林群落分类及其群落学特征[M]．北京：科学出版社，1998.

[3] ROOD H J. Logic and structured design for computer programmers [M]. 3rd ed. [S. l.]：Brooks/Cole-Thomson Learning，2001.

② 论文集、会议录

[1] 中国力学学会．第3届全国实验流体力学学术会议论文集[C]．天津：[出版者不详]，1990.

[2] ROSENTHALL E M. Proceedings of the Fifth Canadian Mathematical Congress，University of Montreal，1961[C]. Toronto：University of Toronto Press，1963.

③ 科技报告

[1] U. S. Department of Transportation Federal Highway Administration. Guidelines for han -dling excavated acid-producing materials，PB 91-194001 [R]. Springfield：U. S. Department of Commerce National Information Service，1990.

[2] World Health Organization. Factors regulation the immune response：report of WHO Scien- tific Group[R]. Geneva：WHO，1970.

④ 学位论文

[1]张志祥．间断动力系统的随机扰动及其在守恒律方程中的应用[D]．北京：北京大学数学学院，1998.

[2] CALMS R B. Infrared spectroscopic studies on solid oxygen[D]. Berkeley：Univ. of Califor-nia，1965.

⑤ 专利文献

[1] 刘加林．多功能一次性压舌板：中国，92214985. 2[P]. 1993-04-14.

[2] 河北绿洲生态环境科技有限公司．一种荒漠化地区生态植被综合培育种植方法：中国，01129210. 5 [P/OL]. 2001 - 10 - 24[2002 - 05 - 28]. http：//211. 152. 9. 47/sipoasp/zlijs/hyjs-yx- new. asp? recid=0129210. 5 & leixin.

⑥ 专著中析出的文献

[1] 国家标准局信息分类编码研究所．GB/T 2659—1986. 世界各地和地区名称代码[S]//全国文献工作标准化技术委员会．文献工作国家标准汇编：3. 北京：中国标准出版社，1988：59-22.

[2] 韩吉人．论职工教育的特点[G]//中国职工教研究会，职工教育研究论文集．北京：人民教育出版社，1985：90-99.

[3] BUSECK P R，NORD G L，Jr.，VNEBLEN D R. Subsolidus phenomena in pyroxenes [M]//PREWITT C T. Pyroxense. Washington，D. C.：Mineralogical

Scociety of Amercia，c1980：117-211.

⑦期刊中析出的文献

[1] 李炳穆．理想的图书馆员和信息专家协素质与形象[J] 图书情报工作，2000(2)：5-8.

[2] HEWITT J A. Technical services in 1983[J]. Library Resource Services，1984，28(3)：205-218.

⑧ 报纸中析出的文献

[1]丁文祥．数字革命与竞争国际化[N]．中国青年报，2000-11-20(15).

⑨ 电子文献(包括专著或连续出版物中析出的电子文献)

[1] 江向东．互联网环境下的信息处理与图书管理系统解决方案[J/OL]．情报学报，1999，18(2)：4[2000-01-18]. http：//www. chinainfo. gov. cn/periodical/qbxb/qbxb99/qbxb990203.

[2] 萧钰．出版业信息化迈入快车道[EB/OL]. (2001-12-19)[2002-04-15]http：//vww. creader. com/news/20011219/200112190019. html.

[3] CHRISTINE M. Plant physiology：plant biology in the Genome Era[J/OL]. Science，1998，281：331-332[1998-09-23]. http：//www. sciencemag. org/cgi/collection/anatmorp.

第三部分　教育科研论文写作

本部分内容包括：教育科学研究范式、研究方法、研究选题、方案设计、研究成果的表达等。旨在了解教育科学研究的过程，掌握教育科学研究方法，提高教育科学研究与论文写作的能力。

第十四章　教育科学研究范式

1962 年，英国科学史专家库恩在他的著作《科学革命的结构》中首先提出了“范式”(Paradigm)这一概念。范式是“反映了在特定科学团体(全国性或国际性的团体)的科学行为的、占主导地位的观点。范式以一种范例的形式，决定了新一代科学家的科学研究方法和程序”。

在教育科学研究中，常用的研究范式有：科学主义研究范式和人本主义研究范式。科学主义研究范式是模仿自然科学研究而来，强调用数学工具来分析的、经验的、量化的观察。研究的任务在于确定因果关系，并作出解释。人本主义研究范式是从人文学科推衍而来的，所注重的是整体的、定性的信息以及说明的方法。

第一节　科学主义研究范式

1. 研究方法

科学主义研究范式的研究方法有教育实验法、定量观察法、元分析的方法。

2. 研究技术

科学主义研究范式的研究技术有抽样方法(如随机抽样、分层、系统、整群抽样)、资料收集方法(如问卷法、实验法)、数字统计方法(如描述性统计、推断性统计)、教育测量的方法与技术。

3. 科学主义研究范式的特点

① 科学主义由于看到了事物本身具有内在固定的、可以重复发生的规律，因此十分重视事物因果关系的解释，以及精确的定量分析与预测。

② 提倡严格控制的可定量化的研究，重视研究数据的收集与分析。

③ 试图对教育现象进行不偏不倚的研究，认为研究对象不依赖于研究者而独立存在，研究者与研究对象在研究中应当彼此分离。

④ 常使用演绎法进行研究。

4. 科学主义研究范式的步骤

① 从观察教育现象入手，通过观察、发现问题并界定问题。

② 经过查阅有关资料和进行深入思考，提出解决问题的暂时假设。

③ 为验证假设，根据研究要求选择样本，进行测验和实验，收集有关数据、资料，并对数据和资料分析处理，寻找各变量的关系。

④ 得出结论。

第二节 人本主义研究范式

1. 研究方法

人本主义研究范式的研究方法有民族志的研究方法、实地调查法、参与性观察法、案例研究法、反思性研究、质性研究、追踪研究、理论思辨研究等。

2. 研究技术

人本主义研究范式的研究技术有访谈技术、实地观察技术、实物材料分析技术、拍摄照片技术、比较、推理、诠释、调查、文献查阅、文字记录、谈话、合作技术等。

3. 人本主义研究范式的特点

① 研究方法崇尚自然主义(自然而然地发生)，重视研究情境在研究中的作用，把自然情境作为资料的直接来源，要求研究者深入事件现场，实地观察，收集资料，获取更人性化、更真实客观的、更灵活多样的资料。

② 主张研究与被研究者双方之间的平等、交流、相互信任、互动。

③ 在研究中强调定性、整合、模糊的研究方法，轻视数据的测量。

④ 关心研究的过程重于研究的结果。

⑤ 允许研究方案在研究过程中作适当的调整。

⑥ 注重探索人们的观点、态度和见解。

4. 人本主义研究范式的研究步骤

① 研究者根据所选定的研究问题，灵活地设计研究方案。

② 按研究方案的思路，深入研究现场，通过访谈、观察、实物分析等，记录研究过程，收集相关的研究资料。

③ 采用民族志研究方法对材料进行分析，撰写研究论文。

④ 在必要时(如案例研究情况下)，研究报告完成后要征询研究对象的意见，一方面，确认案例中的描述和分析的真实性；另一方面，体现研究过程中的合作性、互信性。

第三节　科学主义与人本主义研究范式的比较

1. 两种研究范式的差异

两种范式在研究中各有所长，也各有所短，而且一者之长正是另一者之短，具体差异见表 14-1。

表 14-1　两种研究范式的比较

比较项目	人本主义研究范式	科学主义研究范式
资料来源	自然情况	控制的情况
成果形式	文字、图片	数据
研究关注点	过程	结果
分析资料的方法	归纳分析	演绎分析
关心的基本事情	意义、理解	变量与操作
目标	描述现实，提高认识	检验理论，证实事实
设计	灵活、一般可调整	有结构，预先设定
具体技术或方法	观察、漫谈	实验
与被试的关系	热情接触、被试即朋友	疏远、被试——研究对象
工具或手段	录音、录像设备等	项目表，问卷表

2. 两种研究范式的不足

（1）科学主义研究范式的不足

① 受伦理原则的支配和制约。例如，在生死攸关的问题上，医学和心理学可以选用动物作为替代性的实验对象，而教育研究中的教育实验对象与教育服务的对象完全一元化，具有不可替代性。在实验处理的后果极不确定的情况下，以人作为实验对象，在道义上是难以通过的。另外，实验者在确信实验处理能够确定无疑地产生有利的结果的情况下，他可以故意把对照组隔离起来而不让对照组接受到这种有利的影响吗？依照实验的科学原则，这样做实验是允许的，但依照教育的道德原则，则这样做是绝对禁止的。再者，在教育的实验过程中，实验者发现实验的处理对实验对象产生出乎意料的不利影响时，他将怎么办？按照实验的科学要求，他应该继续实验，继续观察，直至实验结束；但按照教育的道德要求，他必须立即中止实验，并且立即采取措施消除实验处理对实验对象造成的不利影响。实验的科学原则与教育的道德原则存在着难以调和的矛盾和冲突。

② 科学主义的研究范式不可能对教育中学生的情感、态度、信仰、品格等作出精确地测量，再者，对学生来说，单纯的数字本身说明不了什么问题。

例如，一个学生不喜欢学习，却在考试的压力下每天不得不在学习上花费10个小时，另外一个学生由于爱好学习，求知欲强而每天自觉地在学习上投入10个小时，这两个数字完全相同，但意义却相差甚大，因此，事物的意义是不可能还原为单纯的数字的。

（2）人本主义研究范式的不足

① 研究情景的自然性导致了研究缺乏精确的科学性，研究结果容易带有片面性和偶然性。

② 推理缺乏严密的逻辑性。

③ 观察和访谈的研究手法导致研究只适合对小样本进行研究，不适宜大样本的研究。

④ 研究者的价值取向导致了研究对研究者个人素质的过分依赖。

鉴于以上两种方法的差异、不足和互补，现在人们认识到了这两种研究范式都有存在的基础，两种研究范式也有了走向融合的趋势。

第十五章　教育科学研究方法

在教育科学研究中，根据不同的教育研究课题，会使用不同的方法去研究，或对不同的教育问题，会采用多个不同的方法去研究。常用的教育科研方法有：行动研究法、问卷调查法、文献研究法、比较研究法。

第一节　行动研究法

行动研究法是将科学研究者与实际工作者的智慧与能力结合起来以解决某一问题的一种方法。在教育领域中，行动研究也可以理解成“在自然、真实的教育环境中，教育工作者按照一定的操作程序，综合运用多种研究方法与技术，以解决教育实际问题为首要目标的一种研究模式”。

行动研究法由美国社会心理学家库尔特·勒温(K. Lewin)于1946年创立，20世纪50年代被运用于教育领域，70年代以来越来越受到课程专家、师范教育工作者和广大学校教师的欢迎，90年代中后期引入中国，并逐渐引起教育界高度重视。

1. 行动研究的特征

行动研究法是一种适应小范围内教育改革的探索性的研究方法，其目的不在于建立理论、归纳规律，而是针对教育活动和教育实践中的问题，在行动研究中不断地探索、改进和解决教育实际问题。教师的行动研究是基于教师在课堂上遇到的实际问题，着眼于实际的教学问题，其研究主体不是受过专门训练或具有研究专业功底的专业研究人员，而是教学第一线的教师。行动研究的结果是一些能改进教学问题的新做法，特征是：

(1) 为行动而研究

行动研究的根本旨趣不是为了理论上的产出，而是为了实践本身的改进。

(2) 行动者与研究者协同工作

行动研究鼓励行动者积极进行反省研究，要求行动者与研究者结合，提倡两者协作。实际工作者完全应该而且有可能身兼行动者和研究者这两种角色。

(3) 实际情况与自然条件下的研究

因为问题是在实际情况或自然情况下发生的，因此，对问题的研究和解决是不可能脱离开实际的情况和问题所处的实际的社会背景的。在自然状态下、在实际情况中进行研究，给研究者、行动者一个可结合的共同“场域”。

2. 行动研究的操作模式

(1) 库尔特·勒温的螺旋循环模式

勒温是行动研究的一位典型代表人物，他不仅首先提出行动研究这个名词和方法，还提出行动研究四个环节的概念，计划、行动、观察、反思。在此基础上建立了行动研究螺旋循环操作模式(见图15-1)。

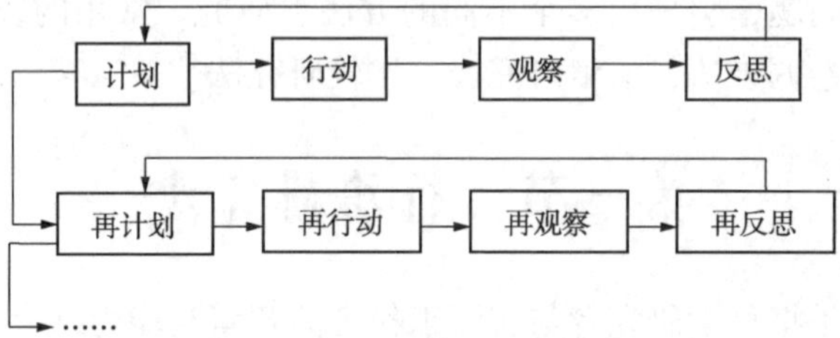

图15-1　行动研究螺旋循环模式图

计划——既包括行动研究的“总体计划”，又包括每一步骤的计划(方案)。计划应是灵活的、开放的、暂时的、可修正的。

行动——即实施行动计划。行动计划的执行和实施具有灵活性。随着研究者对问题认识的逐渐明确，以及行动过程中各种信息及时的反馈，不断吸取参与者的评价和建议，对已制定的计划可在实施中修改和调整。

观察——观察指对行动过程、结果、背景以及行动者特点的观察。观察是反思、修正计划、确定下一步行动的前提条件。观察的具体内容：一是行动背景因素以及影响行动的因素。二是行动过程，包括什么人以什么方式参与了计划实施，使用了什么材料，安排了什么活动，有无意外的变化，如何排除干扰。三是行动的结果，包括预期的与非预期的，积极和消极的。观察要注意搜集背景、过程和结果三方面的资料。背景资料是分析计划设想有效性的基础材料；过程资料是判断行动效果是不是由方案带来和怎样带来的考察依据；结果资料是分析方案带来的什么样的效果的直接依据。观察要灵活运用各种观察技术以及数据、资料的采集和分析技术，充分利用录像、录音等现代化手段。

反思——在反思环节中，行动研究者要做好整理和描述的工作，即对已经观察和感受到的，与制定计划和实施计划有关的各种现象进行归纳整理，描述出本螺旋循环圈的过程和结果，勾画出多侧面的、生动的行动案例；评价和解释的工作即对行动过程和结果作出判断，对有关现象和原因作出分析解释，找出计划与结果不一致的症结，从而形成是否需要修正基本设想，总体计划和下一步行动的判断和构想，提出怎样修正，怎样实施下一步行动的建议。

(2) 迪金大学行动研究模式

迪金大学行动研究模式是近年来在欧美被广泛应用的教师行动研究模式，其研究模式变式见图15-2。

问题：学生认为科学只是回忆事实，而非探索的过程。如何能激励学生去探索？是改革课程？还是改变提问策略？改变提问策略会是一个解决方法。

↓

计划：把以提问为中心转移到激励学生为自己的问题寻找答案上。

↓

行动：尝试提出一些问题，让学生表达自己的想法和兴趣。

↓

观察：录下几节课的提问和回答，观察出现的情况，并用日志记下印象。

↓

反思：为了使教师的计划顺利实施，需要对情境进行控制。
但是这样，控制却会阻碍控制性提问。

↓

修改计划：继续贯彻总体目标，但减少控制性指令的数量。

↓

行动：在几节课中使用更少的控制性指令。

↓

观察：给提问和控制性指令录像，并记下对学生行为的影响。

↓

反思：探索精神进一步发展，但管理学生有一定难度。如何使他们走上正轨？
互相协作，探究问题可行吗？应该采用怎样的课堂组织形式？

↓

又一次新的循环，直到问题解决为止。

图 15-2　迪金大学行动研究模式变式图

3. 行动研究过程

教师的行动研究是以解决问题为中心的一种研究方式。一般来讲，它包括：找出研究起点、收集分析资料、形成行动策略、付诸行动实践。其操作程序见图 15-3。

（1）找出研究起点

即找出教师个人在教学中发展起来的，也是教师个人希望投入精力去追求和加以解决的问题。研究起点通常可以从以下方面寻找：

① 一个兴趣：例如尝试一种新的教学方法。

② 一个困难：例如要解决一个问题，改善一个困境或弥补一个缺失。

③ 一种“不明”的情况：教师们常因一些大大小小的“疑惑”而开始他们的研究，通常是缘于课堂上的意外与无法解释的体验，这些意外与体验迫使教师要加以超越或解决，因此可看作是进行行动研究、发展教学策略的一个有用的起点。

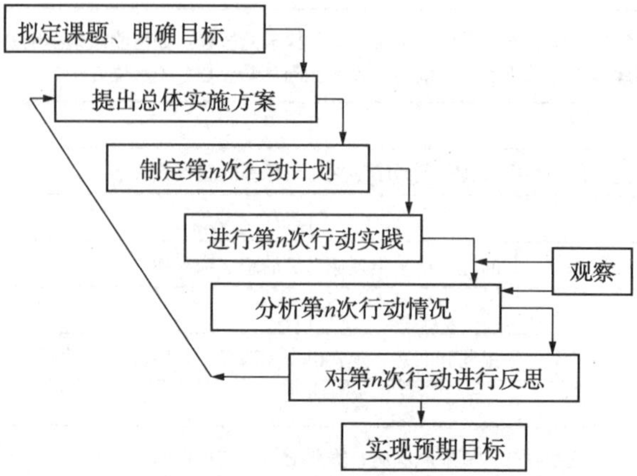

图 15-3　行动研究过程图

(2) 收集分析资料

① 收集资料。可以收集既有的资料，如，学生的书面作业，教师的课程设计、教学计划、教案、对学生作业的修改和评语，学生进步的记录等，学生名册，家长意见/建议，考勤记录，校规，通知等，也可以收集研究中的资料：如，观察过程中，详细记录当时的情况，以备后用。

② 分析资料。对收集到的资料进行分析处理，从而促进我们对问题及情境了解得更清晰，理解得更透彻。通过对资料的感性认识，找出蕴含其中的本质的、规律的东西。分析资料的步骤是：

a. 阅读资料：阅读时回忆其资料所呈现的事实情境，了解被研究者做了什么？说了什么？真正发生了什么事情？

b. 选择资料：区分重要与不重要的资料；聚集相似的资料；寻找资料与主题的关系。

c. 呈现资料：用比较容易理解的方式如图表、曲线呈现被选择的资料。

d. 解释资料并得出结论：对资料中呈现的一些关系作出意义解释，建构可以应用的实践性的理论或实践性的模式。

(3) 形成行动策略

通过观察、访谈及其他收集资料的方法，找到相关资料，再通过对资料进行的整理和分析，以达到对情境的深入透视和理解，教师在此基础上发展出自己的行动策略。

(4) 付诸行动实践

将行动策略用于教学实践，并对其效果加以检验。如果行动策略被证明有效，那么这一轮行动宣告结束，接着再进行新的问题的新一轮的行动研究；如果行动策略被证明无效或者需要完善，就需要对情境作出进一步的认识和审视，并发展出新的行动策略应用于实践，直到问题得到最终的解决。

行动研究案例

《高中学生课外作业量的控制》研究方案

1. 问题的提出

高中课程各考试学科在每节课后几乎都有作业，教师对作业的布置大都是从本学科的角度来构思的。在这种情况下，学生的课外负担往往太重，不同学科作业题的数量和质量也不均衡。因此，必须制订一个各学科的课外作业量的标准，并有效实施。

2. 设想计划

(1) 制订一个各科作业量(作业时间)的标准。

① 按一周(不是一天)来规划各科的作业量。

② 规划、统计每周学生在课外做作业的总时间。

③ 统计每周学生各学科的课时总量。

④ 确定各学科作业量和课时量的比例、系数。

⑤ 计算各学科每周的作业量标准。

(2) 制订一个各科作业量的适时监测办法。

① 每班设立作业量调查员若干人(学生)，成绩好、中、差都有，各自填写每周各学科课外作业的完成时间。

② 调查员对学校的专门机构负责。

③ 调查员定期轮换。

④ 把每周“作业量负担最重的学科”作为对每个学生的常规调查内容。

(3) 控制措施。

① 形成正确的舆论导向。

② 让学生知道各科作业量的标准。

③ 把需要调控的统计结果向学科组或年级组“吹风”。

④ 有关机构对严重超标的教师作出口头或书面调控提示。

⑤ 公示调查结果。

(4) 统计本计划在实施过程中通过“吹风”、“提示”进行调控的人次，评价各调控措施的必要性和合理性。

3. 行动和反思

(1)观察和调查实施作业量控制后的教学状况变化。

(2)审视各科作业量标准的合理性。

(3)了解调查员制度和普查制度在实施中需要改进的地方，进一步完善适时监测办法。

(4)统计本计划在实施过程中通过“吹风”、“提示”进行调控的人次，评价各调控措施的必要性和合理性。

4. 制订新一轮方案并付诸实施

第二节　问卷调查法

问卷调查法是教育研究中最常用的收集资料的方法，特别在教育研究中，它的使用更为普遍。

1. 问卷调查的程序

问卷调查包括了以下七个方面：

（1）确定调查什么

根据研究目的，提出问题、确定问题。在这个环节中，哪些问题需要调查，哪些问题适合于调查，这都是需首先明确的。如，“中小学生对惩罚的心理感受研究”，首先需要确定有哪些惩罚形式需要调查，这就需要了解目前存在的惩罚手段，比如：辱骂、讽刺、控告、嘲笑、罚作业、不让上课、罚站、不准回家；同时还需确定中小学生面对惩罚有多少种心理感受，比如：难过、害羞、自尊受损、害怕、失去自信、失去学习兴趣、愤怒、憎恨、生气。只有确定了这两大类问题，才能确定要调查的是什么。

（2）确定调查谁

确定调查的对象，即从谁那里获取有关问题的权威信息。在这个环节中，选取的样本一定要有代表性，能代表整体。

（3）确定调查时间

它包含了三层意思：一是什么时候开展调查；二是调查过程时间，即多长周期完成，一般一周左右为宜；三是调查时间长短，问卷一般在30分钟为宜。

（4）确定调查地点

即问卷在什么地方调查。

（5）确定如何调查

即确定相应的调查计划。

（6）解释数据的原因

在问卷调查的基础上，对调查数据作出解释，发现内在的问题，结合相应的理论进行分析，提出相应的意见和建议。

（7）撰写调查报告

即根据调查写出调查报告。调查报告一般包括：

① 标题　主要反映所研究的问题，即说明主要调查内容、范围。例：“城市非重点中学高一学生物理（化学/生物）学习情趣的调查”，调查的内容是“物理（化学/生物）学习情趣”，调查的范围是“城市非重点中学高一学生”。

② 作者　作者名或课题组名。

③ 前言　又称序言、引言，问题的提出，扼要介绍本调查研究的目的意义。

④ 方法　主要包括调查对象和取样方法，调查问卷的设计内容及方法等。

⑤ 结果　对收集到的数据统计分析结果。

⑥ 讨论与分析　讨论结果的成因，分析现象的根源。

⑦ 结论　给出的每一点结论都应有数据、证据支持，不可主观臆断、妄下结论。

⑧ 参考文献　列出引文出处，它反映了研究者对被引用作者的尊重以及研究的现状与理论把握的情况。

2. 问卷的结构

一般情况下，一份问卷通常包括以下几个部分：封面语(信)、指导语、问题和答案(选项)等内容。

(1) 封面语(信)

封面信即一封致被调查者的短信，其作用是向被调查者介绍和说明调查者的身份、调查的目的等。封面信篇幅虽然短小，但在整个问卷中却具有相当重要的作用。因为，能否说服每一位被调查者参加到你的调查中来，能否让他们如实地填写问卷，能否让他们把填好的问卷寄回等等，在很大程度上都取决于封面信的效果。在封面信中，一般需说明：

① 调查的主办单位或个人的身份　在封面信中说明调查者的身份，以体现调查者的诚意，证明调查的组织性和正式性，从而获得信任和合作。

② 调查的内容和范围　尽可能用概括的语言，明确说明调查的实际内容。既不要含含糊糊甚至欺骗被调查者，又不要过分详细地大谈调查内容，通常只用一句话指出内容的范围就行了。如，“我们这次调查主要是想了解师范院校学生对当前我国基础教育中课程改革的看法”等。

③ 调查的目的　这是一项十分重要的内容，要尽可能作出恰当的解释。

④ 调查对象的选取方法　科学正确选取调查对象，能消除调查者心理上的压力和顾虑，再加上有关不记名的说明和对回答保密处理的承诺，这样调查者的心理压力就会大大减小。

除上述内容外，通常还把填答问卷后回收问卷的方式和时间等具体事项写进封面信中，并在信的结尾真诚地对被调查者表示感谢。

封面信范例[来自于中国儿童发展研究（CCS—1990）]

家长调查表

亲爱的家长：

您好！

首先请原谅打扰了您的工作和休息！

儿童是祖国的未来，儿童的成长和教育是家长们十分关心的问题。为了探索儿童成长和教育的规律，我们在××、××、××等地开展了这项调查，希望得到您的支持和帮助。

本调查不用填写姓名和工作单位，各种答案没有正确、错误之分。您只需按自己的实际情况在合适的答案上打“√”，或者在“______”中填上适当的内容。麻烦您在百忙之中抽出一点时间填写这份调查表。

为了表示对您的谢意，我们为您的孩子准备了一份小小的礼物，作为这项调查活动的纪念。

祝您的孩子健康成长！祝您全家生活幸福！

××大学社会学系“儿童发展研究”课题组

1990 年 3 月

(2) 指导语

指导语是用来指导被调查者如何正确填答问卷的一组陈述，是对可能成为回答障碍的地方，给予某种指导。其编写的标准简明、易懂。指导语的种类分为：卷头指导语(填表说明)和卷中指导语两种。

① 卷头指导语

a. 请在每一问题后适合你自己情况的答案序号上画圈，或在______填上适当的内容。

b. 如无特殊说明，每一个问题只能选择一个答案。

c. 填答问卷时请不要与他人商量。

d. 以下关于科学家的角色，请在合适的位置打“√”，以表示您的看法。

②卷中指导语

a.“可选两个答案”。

b.“请按重要程度排列”。

c.“若不是，请跳过 10~14 题，直接从 15 题开始答起”。

(3) 问题

问题是问卷的主体。主要有开放式问题和封闭式问题。

① 开放式问题。

不为回答者提供具体的答案，而由回答者自由回答的问题。例如：您学习的主要动力是什么？您喜欢看哪一类书？等等。其优点：自由回答，不受限制，充分按自己的方式发表意见；缺点：回答者需具有一定的知识水平和较强的文字组织能力，对问题的回答要求花费较多的时间和精力；调查得到的回答资料难以定量处理和分析。开放式问题的形式有：

a. □□□□□□□?

(留出答案空白处)

b. 请你用最简捷的语言，回答你在日常生活学习中

最希望问的问题是什么？________________

最关心的问题是什么？________________

最担心的问题是什么？________________

最不满的问题是什么？________________

最苦恼的问题是什么？________________

最感兴趣的问题是什么？________________

最高兴的事情是什么？________________

最痛恨的事情是什么？________________

最想干的职业是什么？________________

最崇拜的人是谁？________________

② 封闭式问题。

指提出问题，给出若干个可能的答案（选项）供回答者选答的问题。其优缺点与开放式问题的优缺点正好相反。封闭式问题的形式有：

a. 填空式。

如：你每年能看几本科普书？________ 本

b. 是否式。

如：我自己决定的事，别人很难让我改变主意。 是□ 否□

我的行为不受班里的影响。 是□ 否□

学习上，我总有自己的目标和计划。 是□ 否□

当我干事情不顺利时，我从不轻易放下。 是□ 否□

我不愿被别人提示而愿独出心裁。 是□ 否□

生活上我能自理，从不要别人帮忙。 是□ 否□

学习中遇到挫折，我常常会停下来。 是□ 否□

您的专业背景是物理学吗？ 是□ 否□

您是中学教师吗？ 是□ 否□

c. 多项单选式。

如：您的文化程度：（请在合适答案后的方框内打√）

小学及以下 □；初中 □；高中 □；大学以上 □

d. 多项限选式。

如：您最喜欢看哪些电视节目？（请从下列答案中选择三项打"√"）

新闻节目 □； 电视剧 □； 体育节目 □； 广告节目 □；

教育节目 □； 歌舞节目 □；少儿节目 □； 其他节目（请写明）____ □

e. 表格式。

当询问若干个具有相同答案形式的问题时，可以将其设计成表格式。

如：你觉得下列现象在你们学校是否严重，这种情况是(在每一行合适的格中打√)

	很严重	比较严重	不太严重	不严重	不知道
(1)迟到					
(2)早退					
(3)请假					
(4)旷课					

f. 等级量表式。

其序列变量通常有：优、良、中、较差、差；很好、好、一般、差、很差；十分重要、重要、有点重要、不重要、根本不重要；非常同意、比较同意、同意、比较不同意、完全不同意。

如：科学知识是不会改变的。

非常同意□　同意□　不同意□　？□

g. 排序式。

对所选答案进行顺序排列的一种回答方式。

如：你认为学校里哪些课程受到学生的欢迎(按欢迎程度排序)：

A. 语文 B. 数学 C. 外语 D. 物理 E. 化学 F. 生物 G. 其他

①____　②____　③____　④____　⑤____　⑥____　⑦____

h. 矩阵式。

如：请在下题中作出选择，并在每一行的方框内打"√"。

	读书	看电视	看报纸	听广播	其他
您课余时间	□	□	□	□	□
您父亲休息时间	□	□	□	□	□
您母亲休息时间	□	□	□	□	□

i. 划记式。

按同意或不同意，在备选的答案上分别作记号"√"或"×"。

如：关于你对考试的看法，请在你认为符合你的情况前划"√"，在不符合你的情况前划"×"。

(　　)a. 考试前我非常紧张，我常担心我的成绩会落后于他人。

(　　)b. 考试可以使我发现自己在学习上的不足之处，我并不害怕考试。

(　　)c. 我较关心名次，名次先后是促使我发奋学习的一大动力。

(　　)d. 如果不是为应付考试，我就不想去翻教科书。

(4) 答案

对封闭式问题给出若干个可能的答案(选项)供答卷者选答。在设计答案时：

① 要保证答案具有穷尽性和互斥性，即问卷中的每一个问题，都是在某一

个变量进行测量，而答案实际上就是“变量”的取值。由于变量的最基本特征是取值必须既是穷尽的，又是互斥的，所以答案设计要符合这一要求。所列的答案要能包括所有可能的回答，不能有遗漏，不能使某些回答者无答案可填选(即无一个答案适合于他的情况)。所列答案相互之间不能相互重叠或相互包含，不能使有的回答者填多于一个的答案(多项选择中多选题例外)。

② 根据需要确定变量测量的层次。

例 1：你每月(按 30 天计)投入英语学习的时间处在下列哪个范围(在合适的答案号码上划“√”)

(1) 30 小时以下　(2) 30~45 小时　(3) 46~60 小时　(4) 61 小时以上

③ 当答案全部列出有困难时，可以采取几个主要答案，另加一个“其他”的答案。当收回问卷中对“其他”一类的回答者非常多时，那就说明所列举的那几类不恰当，没能将更重要的类别单列出来，而是并入了“其他”一类中。

④ 偶尔插入测谎的题目。

⑤ 尽量用简单的语言，找简单、通俗、人人明白的字眼。

⑥ 问题要尽量简短，避免双重或多重含义问题。

即避免在一个问题中询问了两件事情/两个问题。例：您喜欢物理、化学课吗？您喜欢物理专业、化学专业吗？这种问题实际包含了：您喜欢物理课/专业吗？您喜欢化学课/专业吗？这样两个问题。

⑦ 问题不要带倾向性，避免诱发(导)性的影响，应保持价值中立。

⑧ 不用否定形式提问，因为容易产生误解。

例：您是否赞成课程不进行改革？这样的问题很多人往往容易漏掉“不”字。

⑨ 不提回答者不知道的问题，不直接问敏感性问题，可以采用间接询问的方式，语气要特别委婉。

例：您对我国的学校教育制度是否满意？大多数人可能不知道“教育制度”指什么，不知道如何回答此问题。

⑩ 先易后难；兴趣问题在前，紧张和有顾虑的问题置后；封闭式问题在前，开放式问题在后；事实问题在前，态度性问题居中，个人背景问题居后；按时间先后顺序提出问题，把同一方向的问题排在一起。

(5) 注意事项

为了研究，问卷设计的出发点应当从研究者的角度考虑，但是由于问卷是由被调查者主宰，合适的问卷使得被调查者乐意回答，也容易回答，而质量低劣的问卷则可能使被调查者拒绝填答、难以回答、放弃回答。因此，要达到调查目的，就必须在设计问卷时首先为回答者着想。

① 问卷不要问题太多，量太大。比如有的问卷长达 10 多页，100 多个问题，供选择的答案 500 多个，如果从研究者的角度考虑，当然问题越多越好，可以收集到更多的信息，但从回答者的角度考虑，这么多的问题意味着什么呢？有人愿

去做这么一件事情吗？乐意合作吗？

② 问卷中不要要求被调查者进行难度较大的回忆和计算。

③ 充分考虑主观障碍，如，畏难情绪、思想顾虑、调查兴趣等。

④ 充分考虑客观障碍，如，被调查者者的理解能力、表达能力、记忆能力等。

3. 问卷的编制

下面以中国社会科学院社会心理研究所几位学者进行的“关于大学生学习动机”的调查研究为例，说明问卷的编制过程。

(1) 研究目的

了解当前大学生学习动机的现状及其影响因素；研究其发展变化的心理规律，以培养和激发大学生学习动机，调动学习积极性，提高学习的心理效益和社会效益。

(2) 取样

为保证样本的代表性，该调查从全国理科、工科、农学、医学、师范、民族、军事等院校中各抽取 11 所，共计 1679 名不同专业、不同年级、不同性别的大学生。

(3) 研究问题

① 大学生学习动机特点，包括总体层次特点，具体内容特点，系科特点，年级特点和性别特点等；

② 大学生学习动机的影响因素，广泛涉及内外部因素及动机本身因素；

③ 大学生学习动机的培养和激发。

(4) 调查形式

问卷调查。按照研究目的、问题以及所掌握的初步材料，整理出大学学习动机的几个层次，具体包括：奉献、作为、完善、充实、丰富、社会提高、社会相符、性爱与生活、社会安全。每个层次又具体分为若干个项目，每个项目内容尽可能选用访谈搜集的原始材料。如奉献可分为六个层次：“努力学习才无愧于时代的要求”、“以知识为人类造福，才能实现大学生的价值”、“学习是为了对人类进步有所贡献”、“作为一个大学生，就应该为振兴中华、实现四化而学习”、“努力学习，为祖国争光”、“实现共产主义理想，是我们学习的最终目的”。

在以上工作基础上着手设计问卷，然后在小范围内试查，将试查结果进行分析整理，找出主要项目，合并相近项目，对问卷项目进行修订。最后形成 35 个题目的问卷以测查大学生的学习动机。

4. 调查范围选择举例

① 教育改革现状调查。如中央教科所“今日中国教育改革大思路”研究课题

调查(1988年4月)，对象广泛涉及大、中学生，大学教师，大、中学校长，教育局长。

② 关于教师队伍情况调查。如北京市教育工会、教育局关于中小学青年教师情况调查，教书育人情况调查，涉及199个单位，7552人。又如北京师范大学社会科学处关于大学青年教师科研情况调查；中学生对班主任心理品质要求的调查等。

③ 课程与教材改革情况调查。如关于制定九年义务教育课程计划的调查，制定新的普通高中教学计划的调查。

④ 关于大、中、小学生有关情况调查。如关于大学生社会文化生活情况调查，思想意识状况调查，中学生交友和社交活动的调查及大中专学生学情调查等。

⑤ 关于少年儿童身心发展调查。如关于学生气质与性格、动机、意志、学习能力、社会适应性、品德结构乃至大中小学生近视主要成因调查等。

⑥ 关于家庭教育、社会教育情况调查。

⑦ 关于教育教学质量的评价调查研究。

5. 问卷回收

调查结束后要对问卷进行回收。回收的问卷在剔除废卷的同时，要统计有效问卷的回收率。一般来说，回收率如果仅30%左右，资料只能作为参考；50%以上，可以采纳建议；当回收率达到70%以上时，方可作为研究结论的依据。因此，回收率一般不应少于70%。

问卷调查表举例

中学生科学素养调查表

亲爱的同学：

您好！感谢您能抽出宝贵的时间来回答我们的问题。您正在参与的是××省科技厅2007年度软科学计划项目：××省青少年科学素养现状调查及培养提高研究。本次调查仅供研究人员研究所用，旨在了解同学的科学素养情况。本调查采用无记名方式，对调查的具体内容严格保密，为了调查结果的真实有效，希望大家实事求是地填写。

在您认为合适的选项“□”内打“√”，不要遗漏或出现空白。谢谢合作！

□□师范大学课题组 2008-09

基本信息

●学校所属：□省直或省会　□地市　□县级(或县级市)　□乡镇

●学校性质：□初级中学　□普通高中　□职业高中　□中专　□其他

●性别：　□男　　　□女

●您现在是几年级学生：□一年级　□二年级 □三年级

●如果您是高二以上或中专学生，您的专业方向是：□文科 □理科

综合调查

1. 地心非常热。　□是 □不是

2. 千百年来我们生活的大陆一直在缓慢地移动。　□是 □不是

3. 银河系中只有几千颗星星。　□是 □不是

4. 地球上的水资源丰富，“取之不竭，用之不尽”。□是　□不是

5. 光从距离太阳最近的恒星传播到地球，仅需要几分钟时间。□是 □不是

6. 人类呼吸的氧气来自植物。□是 □不是

7. 吸烟会导致肺癌。□是 □不是

8. 早期人类与恐龙生活在同一个时代。□是 □不是

9. 细胞是构成生命的基本单位。□是 □不是

10. 在取得生活所需的能源和物质过程中，人类独立于食物网之外。□是 □不是

11. 目前世界上用量最多的能源形式是

□煤、石油　□太阳能　□核能　□水能

12. 在您看来，使臭氧层变薄和出现空洞的原因是

□气候异常　□汽车废气排放量增多　□氟利昂的使用　□不知道

13. 2004 年 12 月 26 日发生的印度洋海啸的原因是

□暴风　□台风　□龙卷风　□海底地震

14. 2008 年 5 月 12 日的四川汶川大地震波及大半个中国，它是由印度洋板块向哪个版块俯冲引起的？

□非洲板块　□美洲板块　□太平洋板块　□亚欧板块

15. 2008 年 9 月 8 日，山西省临汾市襄汾县新塔矿业有限公司尾矿库发生特别重大溃坝事故，造成重大人员伤亡。此次溃坝事故属于

□自然灾害　□人为灾害　□安全事故

16. 科学知识是

□绝对真理　□相对真理　□根据科学的发展不断更新

17. 您对科学研究最新成果的态度是

□非常关心　□比较关心　□不关心

18. 在学习中您遇到的难题百思不得其解时

□求助同学　□求助老师　□查阅资料　□查阅网络 □搁置不理

19. 您在生活遇到挫折而困惑不解时会采取以下哪种措施

□求签相面等　□找师生沟通　□找亲友沟通　□其他

20. 您对算命之类的态度

□非常相信　□有点相信　□不相信

21. 您阅读过科普读物吗？（报纸、书刊、电子读物等）

□经常　□有时会读　□很少读　□基本没读过

22. 遇到您很好奇或感兴趣的问题，您通常会怎么做？

□请教老师或家长　□自己查阅相关资料以深入了解

□跟朋友或同龄人商量　□仅仅是好奇而已，不会采取行动

23. 您认为科技发展对国家发展来说重要吗？

□非常重要　□重要　□一般　□不重要

24. 节假日您经常去图书馆、书店、博物馆等学习场所吗？

□经常去　□有时会去　□很少去　□基本没去过

25. 您所在的学校或村（乡镇、社区）会时常组织青少年进行科技、文化活动吗？

□是　□否

26. 您所在的村（乡镇、社区））级非正规教育学习中心（或阅览室、科普室、文化中心等）为青少年组织过实用技术培训吗？

□是　□否

27. 您所在的村（乡镇、社区）级非正规教育学习中心（或阅览室、科普室、文化中心等）能够为您提供所需的报纸、杂志、科普图书和视听音像资料吗？

□是　□否

28. 您所在的县（市）所属大众传媒，会针对农村青少年开展有特色的科技文化宣传吗？

□是　□否

29. 您听说过您所在的县（市）有能进行科技宣传、展示和培训的科普场所吗？

□是　□否

30. 您认为针对农村校外青少年的科普采用以下哪种形式效果最显著（可多选）

□科技专家举办讲座　□青少年自己阅读科普图书

□科普专题展览　□利用影视、广播、报纸、网络等进行科普宣传

31. 您认为以下哪些学习技能对您今后的生存非常重要（可多选）：

□阅读技能　□视听技能

□与他人合作学习的技能　□运用计算机和网络进行学习的技能

32. 您认为学好科学类课程能够使将来

□考入大学　□提高学习能力

□提高科学素养　□为将来从事科学研究做准备

33. 您心目中的好老师最重要的教学风格是

□要求严格　□幽默风趣

□热爱学生　□能够激发学生的求知欲

34. 您在学习时主要使用哪些资料补充

□参考用书　□图书资料　□网络资料　□网络课程

35. 您认为科学教育目前亟待解决的困难有

□课程资源匮乏　□科学教师水平的提高　□教材的更新　□评价体系的变革

36. 您对学习理科课程的感受是

□非常热爱，学习轻松　□一般

□不喜欢，有些吃力　□很吃力，需要投入大量精力

37. 您认为要学习好理科课程需提高的方面是

□知识学习　□实践实验　□题海练习　□课外知识

38. 您的理科教师常用的教学方式是：

□讲授法　□提问法　□实验法　□探究法

39. 您的理科教师在课堂教学中对科技新发展信息

□经常讲　□偶尔讲　□没讲过

40. 您在课堂上对同学回答老师的问题持有过不同见解吗？

□经常　□有时　□几乎没有　□没有

41. 当您对老师提出的某些问题有不同见解时您会

□和老师辩解　□和同学交流　□查阅资料寻求正确答案　□置之不理

42. 在理科实验或一些活动课上老师让学生竞赛吗？

□总是　□经常　□有时　□很少　□从不

43. 您认为当前学校的实验室建设能否满足教学要求？

□完全可以　□基本可以　□比较紧张　□非常紧张

44. 您上实验课老师常用的实验方式是

□教师演示实验　□学生验证实验　□学生探究性实验　□几乎没有做实验

45. 教材上所提到的实验课程您们能做到

□完全　□大部分　□少部分　□没有

46. 学校是否开设有科技活动园地

□是　□否

47. 学校在公共场所内是否悬挂有科学家头像？

□是　□否

48. 学校是否有校外科技活动基地

□是　□否

49. 您参观科技馆的情况

□经常有　□不常有　□偶尔有　□从来没有

50. 学校是否设有科技活动兴趣小组

□是　□否

51. 学校是否组织科技发明类小竞赛

□是　□否

52. 您参加社区宣传、教育、环保等公益活动情况

□经常参加　□较少参加　□没有参加

53. 您进行过一些小制作或小发明的设计创作吗？

□经常　□很少　□没有

54. 您认为您们学校课外科技活动主要存在的问题有

□缺乏教师培训　□缺乏工具和材料　□缺乏场所　□不受学校重视

55. 学生课外科技活动课程教师安排

□任课教师兼任　□专职教师负责　□学生自行安排　□无

56. 学生课外活动所需工具材料来源

□配套器材　□学生收集　□实验室提供　□无

57. 目前学校组织的学生科技活动存在的主要问题

□师资紧缺　□无工具材料　□无活动方案　□无场地　□学校不重视

58. 您订阅了有关科学方面的杂志吗？

□较多　□较少　□极少　□没有

59. 您认为科学类课程在您自身科学素养的地位

□主体地位　□重要地位　□次要地位　□毫不相干

60. 您的家庭配有电脑和网络吗？

□有电脑没有上网　□有电脑且联网　□没有电脑

61. 您在学校期间使用网络情况

□非常方便　□比较方便　□不太方便　□极不方便　□没有使用

62. 您获取科学知识方面参考资料的主要途径是

□上网查找　□书籍　□与他人交流　□电视传媒　□其他

63. 您经常使用的和其他同学的交流方式是

□电话手机　□信件　□电子邮件　□QQ 等网络工具

● 如果您对本课题研究有兴趣的话留下您和我们的电子信箱，方便的话我们继续沟通。课题组电子邮箱：________ 你的电子邮箱：________ 。其他联系方式：____________ 谢谢！祝您学习愉快！

● 您还有其他要补充说明或建议留给我们吗？

____

____

____

第三节　比较研究法

比较研究法是20世纪60年代后逐渐发展并成熟的一种教育研究方法。比较是根据一定的标准，把彼此有某些联系的事物放在一起进行观察，寻找相同(相似)点或不同点，以把握研究对象所特有的质的规定性。

根据事物之间的差异性和共同性，比较研究法可分为同类比较研究和异类比较研究。同类比较研究是在两个或两类性质相同的事物中间寻找事物的共同点。异类比较研究是比较两种或两种以上性质相反的事物或一个事物的正反两个方面，揭示彼此之间的反差，找出其中的共同规律。如，不同学校物理学专业课程计划的比较(同类比较)；物理学专业与科学教育专业课程计划的比较(异类比较)。

根据比较对象的历史发展和相互联系，比较研究法可分为纵向比较研究和横向比较研究。纵向比较研究即对同一事物的不同时期内的比较，强调从发展变化过程的规律和特征、趋势等。横向比较研究即对同时存在的现象、做法、要素等进行的比较，揭示异同与横向的联系。

1. 比较研究的步骤

(1) 确定比较的问题

即选定比较的主题，确定比较的内容(项目)，确定比较的范围(范围指：不同时代的比较，不同学校的比较，跨国比较……)。

(2) 制定比较的标准

没有标准就无法进行比较，比较的标准可依据实际情况制定，但要求明确、具体、公平、公正、可操作。

(3) 资料的收集、分类与解释

尽可能通过各种途径收集各种相关的资料，并对资料进行鉴别，以保证其权威性和客观性。对收集到的各种资料按比较的指标加以归类、分析，并在归类分析的基础上对资料加以现实意义的解释。

(4) 比较分析

按标准进行比较、分析差异原因，尽可能作出评价。

(5) 结论

得出结论，并进行理论和实践的论证。

2. 基本要求

① 保证可比性。可比性是指比较对象之间具有一定的内在联系，是本质上的而不是表面上的共性。

② 资料的准确性和可靠性。

③ 广泛、全面地去比较，不能只见树木不见森林。

第四节　文献研究法

教育文献研究法并不是一种简单的资料收集方法，而是一种独立的研究方法，它既包括资料的收集分析，也包括得出结论。这种方法由于不与研究对象直接打交道，而是通过各种文献间接获得信息去研究要研究的对象，故又称为“非接触性方法”。

1. 文献研究的意义

文献是指记录有关知识的一切载体。包括已经发表过的或虽未发表但已被整理、报道过的知识及其信息的一切载体，包括：图书、期刊、学位论文、科学报告、档案、音像资料、光盘中的数据资料、论文集(会议)等。

随着现代科学的发展，人们已经越来越认识到文献情报的重要性，把文献检索工作视为科学研究不可缺少的一部分。美国凯斯工学院研究基金会和日本国家统计局调查统计表明，在一个科研项目中，科研人员研究情报资料所花费的时间，占全部科研时间的1/3至1/2，可见研究文献情报资料在研究中占有主要地位。具体来讲：

① 它为科研选题提供动态的前沿背景。了解前人研究达到的水平、研究的重点、研究的方法、解决的问题、尚未解决的问题、使用的资料，从而受到启发，找到课题研究的线索和切入点，避免重复性的劳动。

② 提高教育工作者的研究能力。查阅文献的过程也是一个学习和提高的过程，在此过程中，比较全面地掌握有关信息；系统了解相关理论，学习相关理论；广泛借鉴前人成功经验。在查阅、整理、概括、评析(评价、分析)文献资料的过程中，提高查阅、分析和研究问题的能力。

③ 为撰写文献综述提供丰富的资料。

2. 文献的分类

文献按不同的标准有不同的分类方法。若按内容的加工程度可划分为：

(1) 零次文献

也称零版文献、第一手文献。它是经历过特别事件的人撰写的，是未经发表和修饰的最原始的教育原始文献。如未发表的书信、书稿、讨论稿、草案和原始记录等。重要的零次文献大都收藏在档案馆、博物馆中，而现实的零次文献则分散在教育工作者和科研人员手中。

(2) 一次文献

也称一版文献，一般指直接记录事件经过的书、论文、报告等，指形成研究成果的书籍、论文、报告等。记录原始成果的一次文献包括：图书、报刊、研究报告、政府出版物、学位论文、档案资料等。

(3) 二次文献

也称二版文献、检索性文献，指对一次文献进行加工整理，摘录其内容要点，并按一定方法编排成系统的、便于查找的文献，如：书目(《科技新书目》)、文摘("教育文摘")、索引(如美国的《教育期刊索引(CIJE)》)。二次文献的作用：提供一次文献的线索，供检索。在做研究中，一定要了解有哪些相关的二次文献，从而找到一次文献。

(4) 三次文献

也称三版文献、参考文献，是文献加工者在二次文献的基础上对一次文献进行系统的整理并概括论述的文献。如：教育研究动态综述、教学专题述评、教学进展报告、教学课程数据表。

3. 教育文献的主要分布

(1) 专著

专著是指就某一领域某一学科、某一专长问题所进行的系统、深入的论述，内容专深。一般就某一个问题发展的历史和现状、研究方法和成果、不同学派的观点和争论以及存在的问题和发展趋势加以论述，并附有大量的参考文献和书目。专著的特点：问题集中，资料详实，情报容量大，学术价值高，有著者的个人观点与创新之处。如：

- John · 杜威：《民主主义与教育》
- 杰罗姆 · 布鲁纳：《教育的过程》
- 怀特海：《教育的目的》
- 保尔 · 朗格郎：《终身教育引论》
- 苏霍姆林斯基：《给教师的一百条建议》
- 赫伯特 · 斯宾塞：《教育论》
- 约翰 · 洛克：《教育漫话》
- 柏拉图：《理想国》
- 赞可夫：《教育与发展》
- 巴班斯基：《教育过程最优化》
- 让 · 雅各 · 卢梭：《西方哲学史》
- 贝尔纳：《科学的社会功能》
- 拉尔夫 · 泰勒：《课程与教学的基本原理》
- 琼 · 所罗门：《科学—技术—社会教育》

（2）教科书

教科书属专业性书籍，具有逻辑性、系统性，不足之处在于滞后于时代，时效性不强。

（3）资料性工具书

资料性工具书指教育辞书和百科全书等，如《中国大百科全书——教育》。

（4）报刊

报刊指报纸与期刊。

刊载教育文献的报纸有：《中国教育报》、《光明日报》、《文汇报》等大报的“教育科学版”。

期刊：定期或不定期的连续出版物。有周刊、半月刊、月刊、双月刊、季刊等，有学术理论期刊、情报性期刊、专业性期刊、科普性期刊等。刊载教育文献的期刊有：

- 《教育研究》，中央教科所主办
- 《人民教育》，教育部主办
- 《中国教育学刊》，中国教育学会主办
- 《课程·教材·教法》，人民教育出版社主办
- 《全球教育展望》，华东师范大学主办
- 《教师教育研究》，北京师范大学主办
- 《比较教育研究》，北京师范大学主办
- 《北京大学教育评论》，北京大学主办
- 《教育理论与实践》，山西省教科院主办
- 《现代中小学教育》，东北师范大学主办
- 《外国教育研究》，华东师范大学主办
- 《基础教育改革动态》，国家高级教育行政学院主办
- 《教育评论》，福建教科所、教育学会主办
- 《教育科学》，辽宁师范大学主办
- 《教育情报参考》，中央教科所主办
- 《报刊复印资料》，中国人民大学书报资料中心主办
- 《教育研究与实验》，华中师范大学主办
- 《清华大学教育评论》，清华大学主办
- 《物理教师》，苏州大学主办
- 《物理教学探讨》，西南大学主办
- 《物理通报》，河北师范大学主办
- 《物理教学》，华东师范大学主办
- 《中学物理教学参考》，陕西师范大学主办
- 《化学教育》，北京师范大学主办

- 《化学教学》，华东师范大学主办
- 《中学化学教学参考》，陕西师范大学主办
- 《化学通报》，中国化学会和中国科学院化学研究所主办
- 《生物学通报》，中国动物学会、中国植物学会、北京师范大学主办
- 《生物学教学》，华东师范大学主办
- 《中学生物学教学》，陕西师范大学主办
- 《生物学杂志》，安徽省生物工程学会主办
- 《Journal of Biological Education》，Institute of Biology，UK
- 《The American Biology Teacher》，NABT，USA
- 《The Science Teacher》，NAST，USA

(5) 网站

以下是一些载有与科学教育相关文献的网站与文献搜索引擎：

- 中国期刊网，http：//cajweb. lib. ecnu. edu. cn3600
- EBSCO 信息服务网，http：//search. global. epnet. com
- 教学网，http：//www. teachnet. com
- 教师网，http：//www. teachers. net
- 美国教育部，http：//www. ed. gov
- 教育应用图书馆，http：//www. scu. edu. au/educaton/library. html
- 美国国会图书馆，http：//www. loc. gov
- 中国教育科研网，http：//www. cernet. edu. cn
- 中国国家图书馆，http：//www. nlc. cn
- 中国人民大学书报资料中心，http：//www. confucius. cn. net
- 中国出版物之窗，http：//www. cibtc. ceic. go. cn
- 教育资源信息中心，http：//ericir. syr. edu
- 教师教育平台，http：//www. teacher. org. hk
- 香港教育网，http：//www. education. org. hk
- 台湾教育网，http：//140. 111. 1. 22/index. shtml
- 中国教育研究网，http：//www. chinajyyj. cn
- 国家基础教育资源网，http：//www. cbern. gov. cn
- 中国植物保护网，http：//www. ipmchina. cn. net/
- 大熊猫，http：//www. ac. cn/chinese/travel/panda/
- 稀世珍宝——大熊猫，http：//www. cnep. hu/panda
- 昆虫世界，http：//member. net. ease. com/sudong
- 海洋生物学，http：//netra. nmdis. gov. cn/hyzy/biologic/index. html
- 环境生态与可持续发展教学，http：//www. scan. edu. cn/scan/ycjx/ycjxl/index. htm

- 生物信息网，http：//biology. bjmu. edu. cn/default. htm
- 21 世纪生物多样性信息网，http：//www. wdcm. riken. go. jp/bin21/bin21. html
- 中国科技网——科普博览，http：//www. cnc. ac. cn/pub/indexp. html
- 生物学，http：//www. wst. net. cn/daoham/inter/science/biology. htm
- 中国动物志，http：//panda. ioz. ac. cn/fauna. html
- 野生动植物网，http：//www. wow. org. tw
- National Geographic 美国国家地理杂志，http：//www. nationgeographic. com
- http：//compass. net. edu. cn/8010/(指南针 中英文搜索引擎)
- http：//www. alltheweb. com（网页多、速度快）
- http：//www. infojump. com(杂志和报纸文章的专门搜索引擎)
- http：//www. refdesk. com/index. html(参考文献搜索引擎)

（6）电子文献

电子期刊：清华同方中国期刊全文、中国期刊全文(世纪期刊)、清华同方博士学位论文、清华同方硕士学位论文、清华同方重要报纸全文、维普期刊全文数据库。

电子图书：超星数字图书馆、国家数字图书馆。

4. 教育文献的检索、收集、鉴别和整理

（1）检索

① 常用的文献检索工具：

图书目录，如《全国总书目》、《全国新书目》。

期刊目录：期刊分类目录。

索引：如华东师范大学编《教育文献索引资料》，中国教育科学研究院《中文报刊教育论文索引》，中国人民大学书报资料中心编印《复印报刊资料》的目录、索引，《全国报刊索引》等。

文摘：如中国教育科学研究院编《教育文摘》，山西省教育科学研究院编《国内外教育文摘》。

年鉴：如《中国教育年鉴》，《中华人民共和国教育大事记》(中央教育科学研究所编)等。

数据库：如《中国学术期刊(光盘版)数据库》、维普期刊全文数据库、CNKI源数据库[含：中国期刊全文数据库、中国期刊全文数据库(世纪期刊)、中国重要报纸全文数据库、中国工具书网络出版总库、中国引文数据库、中国专利数据库、中国标准数据库、中国博士学位论文全文数据库、中国优秀硕士学位论文全文数据库、中国重要会议论文全文数据库、中国图书全文数据库、中国年鉴全文数据库、国家科技成果数据库、国外标准数据库；中国基础教育重要报纸全文数

据库、中国基础教育期刊全文数据库、中国基础教育重要会议论文全文数据库、中国基础教育优秀博硕士学位论文全文数据库]。

② 检索方法：

文献的检索一般可以是由近及远、先国内后国外、先直接后间接地进行检索。具体来说，可以通过大学的图书馆或 www. cnki. net(中国知网)网站进行检索。

a. 追溯法：按有关文章的参考文献，根据需要倒查，再根据倒查的文献中提供的参考文献倒查，这样渐查渐多。这种方法的不足：查全率差，故应当加以补救。

b. 普查法：由远及近地利用目录或索引等工具逐一查找。此法查全率高，但费时。

c. 直接检索法：直接查找，浏览原始文献。

d. 工具检索法：通过使用主要的检索工具来检索。

③ 文献检索举例：

检索内容：查找“中学课堂教学改革(1985—1994)”方面的文献

第一步：提出并确定研究课题：“中学课堂教学改革发展趋势”。

第二步：研究分析课题。该课题是一个既要查专著线索，又要查论文线索的检索课题，因此可分为两项：查专著；查论文。

第三步：确定检索方法和途径。

根据该课题所规定的年限，检索时可用顺查法，即从 1985 年 1 月开始查至 1994 年 12 月。也可采用逆查法，即从 1994 年 12 月逆查至 1985 年 1 月。这里选用逆查法。

第四步：选择检索工具。

查专著时可用《全国新书目》；查论文时用《报刊资料索引》和《内部资料索引》。

第五步：查找文献线索。

通过查 1994 年 12 月—1985 年 1 月《全国新书目》，共查出专著 18 部。通过查这期间的《报刊资料索引》第四册中的“G424 教学通报“，共查出论文 178 篇。

第六步：索取原始文献。

通过查所在学校图书馆书目，可知馆藏有其中的 12 本专著，查过期刊物查到 157 篇论文。其余查不到的 6 本专著和 21 篇论文可通过其他的途径求得，如向人大书报资料中心求得。

(2)收集

① 收集文献的方法：浏览——以确定有关题目、部分(篇、章、节、段)；精读 ——以确定有关内容；记录 ——作书评或摘要，以备后用。

② 记录：记录有提纲、摘录、摘要三种形式。提纲，即采用纲要的形式，

将按原文的层次把论点、基本内容摘记下来；摘录，即将需要直接引用的原文中的重要内容一字不漏地摘写下来；摘要，即根据自己的理解，用“自己”的话将有关自己的研究课题所用的内容和要点扼要记述下来。它是“原始”的重新概要组合。摘要应分三部分：宗旨或假说、研究方法、结果或结论。

在记录时都必须注明：参考文献的篇章、标题、作者、出版物、时间、期号、第几版(除头版外)、页码等。

(3) 鉴别

鉴别文献的出处——是否源于具有权威性、严谨性的学术刊物或书籍。

鉴别文献的矛盾——某观点、说法不一致，可考虑慎重使用、不用。

鉴别文献的真伪——如有书籍、报刊、文章谈到文献的不可靠性，表示怀疑，则不可随便使用。

鉴别文献的价值——出处的权威性、作者的影响力、资料的水平。

(4) 整理

文献的整理是研究者对文献进行创造性的分析、综合、归纳、演绎、比较、概括等思维形式的加工过程，通过这一过程，形成(得出)与研究课题有关的科学思维(结论)。

文献的整理其实是文献法中的最后一步，也称为文献的研究与应用。这一步可分为两类：定性研究与应用和定量研究与应用。

① 定性研究与应用

a. 比较法：把收集到的文献资料进行比较，通过比较找出对象间的相同点和不同点，从而了解其本质。比较的形式：纵向比较与横向比较，事实比较与数据比较，现象比较与本质比较，同类比较与异类比较，相对比较与绝对比较。在研究中，可视具体问题采用不同的比较方式。

b. 因果法：根据收集到的文献，找出内在的因果关系，揭示教育现象的本质和规律以指导实践活动。

c. 逻辑法

归纳法，归纳出共同点或规律性的东西。

演绎法，推导出与文献记载有关的结论。

辩证分析法，对文献内容的历史发展、研发进程、相互关系等进行辩证的分析，得出关于事实或原理的全面、系统的看法。

② 定量研究与应用：数学统计的方法，从量的规定性中获得对数据现象的评析，如绝对数、差异量数、正态分布、相对数、平均数、中位数、百分数、相关系数、显著性检验、信度、效度等。

第十六章　教育科学研究选题

选择教育科研课题是整个教育科研活动的起点和难点，它决定了教育科研活动的方向、价值和可行性，直接关系到教育科研工作的成败。实践证明，只有选择有意义的课题，才能收到较好的科学研究成果。

第一节　选题的原则

1. 现实性原则

现实性原则有两层含义：一是指题目不是凭空想出来的，而是来自鲜活的工作实践，是大家共同关注而又搞不清楚的问题，是教育实践中急需解决的问题。二是指课题必须具备一定的主、客观条件。主观条件是指研究者自己的知识水平、研究能力、兴趣与毅力等；客观条件是指研究者是否有足够的参考资料、时间与经费、研究条件与环境、支持系统等。

训练

请从下列各组选题中找出一个现实性较大的题目：

(1) A. 一天 1000 英语词汇的速记研究
B. 过目不忘的超级记忆研究
C. 破解脑功能的奥秘研究
D. 通过阅读技巧训练提高阅读速度的研究

(2) A. 新课程背景下师生关系重新定位的研究
B. 新课程背景下学生与家长关系重新定位的研究
C. 新课程背景下男生与女生关系重新定位的研究
D. 新课程背景下校长与学生关系重新定位的研究

(3) A. 打破班级制，实现网络教学的尝试
B. 利用网络取代学校教育的研究
C. 如何利用网络收、搜集教学资料
D. 应付网络黑客的对策研究

2. 应用性原则

应用性原则要求选题从实践中来，研究结果回到实践中去。

训练

从下列选题中选出一个应用性较大的题目：

(1) A. 论新课程理念

B. 谈人的全面发展

C. 多元智能对传统智商的挑战

D. 多元智能关照下的课堂教学

(2) A. 走进研究性学习

B. 研究性学习得失评价

C. 研究性学习对科学教学的启示

D. 探索研究性学习的新思想

3. 创新性原则

科研工作从某种意义上讲就是不断地创新，因此，选题应具有创新性，创新也是衡量一项研究成果价值大小的重要标准。在教育科学研究中，有研究价值的教育问题是别人没有提出的，或者是有人提出但没有解决或没有完全解决的，于是值得进行研究，这样的课题就具有创新性。

一般来说，创新的重心有两个：一是突破自己现有水平，使自己有所提高；二是给教育带来效益，给学生带来进步。

训练

从下列各组选题中找出一个创新性不大的题目：

(1) A. 惩罚有害学生心理健康

B. 哪种惩罚对学生心理伤害最大

C. 如何辩证看待惩罚的教育作用

D. 我是如何正确理解和运用惩罚的

(2) A. 如何既教书又育人

B. 教书育人是教师的职责

C. 教书育人新解

D. 新课程背景下的教书育人观

4. 科学性原则

要符合最基本的科学原理和客观实际。选题应以教育科学的基本原理为依据，使课题有坚实的理论基础；依一定的经验事实为依据，使课题具有客观的现实基础。

所选的课题应具体、明确。课题的研究对象、范围、内容乃至研究的方法应尽可能在课题表述与设计中明确体现出来，不能空泛、笼统、模糊。

训练

请从下列各组选题中找出一个科学性不强的题目：

（1）A. 探求记忆的心理机制

B. 探求遗忘的心理机制

C. 探求永志不忘的记忆术

D. 探求高效率的记忆术

（2）A. 教材由后向前逆向教学研究

B. 教材以单元为单位的教学研究

C. 教材结合学生生活实际的教学研究

D. 教材整体教学研究

第二节　选题的路径

在教育研究的准备阶段，必须要考虑两个关键问题，研究什么、怎样研究。课题的选择(路径)就是要确定“研究什么”，课题的设计要回答“怎样研究”，但居于课题选择之首的则应是从何处选择研究课题？通过何种路径去选择研究的课题。

1. 纵向与横向选题路径

（1）纵向来源的课题

纵向来源的课题亦称为“纵向课题”，指由国家、省市(区)等上级科研主管部门发布(或招标)、个人或集体申报、有关部门及专家审查批准的项目。这些课题大多由一些基金组织资助，项目执行过程中，要由有关管理部门和基金组织共同实施监督检查，项目结题时也要由这些部门组织专家鉴定。

我国教育领域的纵向课题主要来自于教育部设在中国教育科学研究院的“全国教育科学规划领导小组办公室”负责组织审批的五年一度的规划项目。这些项目的经费由国家哲学社会科学基金、中华基金、教育部基金等共同承担(部分而非全部)。此外，国家教育部一些司如师范司、高教司等，也会拨出一些专项经费来资助某些热点问题的研究。近年来，各省也有各省的教育科学规划课题供大家申报研究。

如：2008 年山西省教育科学“十一五”规划普通高中新课程实验专项课题(摘抄)

- 高中新课程物理力学实验的定量研究 GH-08004
- 综合实践活动课程资源开发研究 GH-08010
- 新课程理念下学生多样化的学习方式研究 GH-08011
- 新课程理念下各学科模块教学设计研究 GH-08012

- 课程实施中学生自主学习研究 GH-08013
- 教师有效教学行为研究 GH-08016
- 高中生心理健康教育实效性研究 GH-08017
- 课堂教学评价体系研究 GH-08019
- 选修课程教学安排与组织管理研究 GH-08020
- 高中学生综合素质评价体系的构建与实践 GH-08021
- 学生作业设计与应用研究 GH-08029
- 班级绿色管理与学生快乐成长的研究 GH-08030
- 中青年教师成长策略行动研究 GH-08031
- 课堂教学中三维目标达成研究 GH-08034
- 普通高中发展性课堂教学评价实践研究 GH-08037
- 高中化学新课程课堂教学技能研究 GH-08039
- 高中生选课指导策略研究 GH-08041
- 新课程下校园文化建设研究 GH-08043
- 新课程实施对教师专业化发展要求研究 GH-08044
- 新课程背景下生物教师有效教学观念与有效教学行为研究 GH-08053
- 高中理科教师探究教学观发展研究 GH-08058
- 新课程下学生自主学习模式研究 GH-08062
- 新课程下高中生学习心理研究 GH-08063
- 新课程理念下教学设计研究 GH-08064
- 关于青年教师培养途径和方法的研究 GH-08076
- 新课程理念下学生学习方式研究 GH-08077
- 指导学生选择课程内容和制订学习计划研究 GH-08078

（2）横向来源的课题

横向来源的课题亦称“横向课题”，指由非直接的上级部门或非上级部门委托实施研究的项目。横向课题十分重视项目研究的应用性，资助额度一般比纵向课题大。

如“中国科协青少年科技创新人才培养项目”。

2. 自主选题路径

自选课题是研究者根据个人的背景、条件所选定的研究课题。如中小学教师在长期的实践中对教育问题的思考，对教学的积累引发教育教学的研究。这类课题可能涉及很多深的理论问题，也可能涉及很现实的具体问题，对中学教师而言，更多的是后者。

自选课题是非常重要的研究资源，许多有价值的成果出于其中，其来源主要有：

(1) 从教育教学的实践中选题

如2003年太原12中校内教师研究课题：

- 生物习题课教学中学生自主、合作学习方式的研究
- 高中地理教学中地图运用多媒体化及其效果研究
- 提高高中物理总复习驱动问题的有效性研究
- 高中数学教学中的问题驱动模式研究
- 高中化学案例教学法探讨

(2) 从课程教材建设中选题

新课程倡导教材的开放性，课程理念下教师是课程的开发者、设计者，因此，教师应思考教材如何贴近生活、贴近学生、贴近学校，教师应思考如何把社会上、科学与技术的进展上出现的新情况、新内容、新问题、新的教学资源等及时纳入到课程中来，以弥补教材上的不足。如果教师能把自己放到一个课程开发者的位置上，只要稍加寻找，就会发现许多有价值的课题。

(3) 从教育理论或成功经验中选题

联系实际地学习教育理论、他人成果、经验，从中得到有益的启发、感悟，发现并提炼出研究的课题。如将教育理论、教育理念、教育成果转化为具体的教学实践活动时，遇到了新的问题，从中选题。如：

- 新课程背景下高中学生自主学习的策略研究
- 新课程背景下高中学生合作学习的策略研究
- 新课程背景下高中学生研究性学习的策略研究

(4) 从科研规划或课题指南中选题

如1996年5月国家教委(教育部)人文社会科学研究“九五”规划课题指南“心理学”部分和“教育学”部分中的课题(摘录)：

- 中小学生心理适应能力的发展及培养的研究
- 激发学生学习动机的实验研究
- 学习和记忆的心理学研究
- 由应试教育向素质教育转变问题研究
- 现代教学论与教改实验研究

(5) 从专家或教学导师的指导中选题

近年来，中学从大学聘请专家指导科研，青年教师拜名师学教，因此，中学教师可从中获得帮助，加以选题。另外，做学位论文，学生在导师的指导下选题。

(6) 从阅读相关文献中选题

期刊阅读、书籍的阅读、网络媒体中的阅读，通过广泛的阅读，积累和对某些教育问题的长期思考，引发出研究的问题。

第三节　选题的切入点

1. 以学生为研究对象作为切入点选题

如：中学生科学素质的发展研究

中学生性别差异与物理学习兴趣关系的研究

中学生课堂举手行为的心理分析的研究

中学生科学学习兴趣的调查分析

中学生学习科学的认知规律研究

学生前概念(相异构思)对学习科学概念的影响

中学生科学探究能力培养的实验研究

2. 以教材为研究对象作为切入点选题

如：新旧物理教材□□□内容的比较研究

新旧物理教材中插图的比较研究

新旧物理教材中习题类型、难度的比较研究

新旧物理教材编写体例的比较研究

新旧物理教材中指导思想、教育理念比较研究

新旧物理教材教育教学目标比较研究

3. 以课程大纲或课程标准为研究对象作为切入点选题

如：初中物理教学大纲与课程标准的比较研究

比较：
- 指导思想与课程理念
- 教学内容与学习领域
- 教学计划与课程实施
- 考核与课程评价

4. 以教师为研究对象作为切入点选题

如：新课程背景下课程教师的知识结构与能力结构研究

发展性科学教师的内在品质研究

科学教师教学心理的研究

教师举止行为对学生影响的研究

教师课堂用语研究

教师的衣着打扮研究

教师人格对学生影响的研究

教师课堂提问方式对学生心理的影响

5. 以教学方法的变革为研究对象作为切入点选题

如：范例教学法及其在科学教学中的应用
构建主义学习环境下的□□课堂教学设计
探究式教学法及其在□□教学中的应用

6. 以实验为研究对象作为切入点选题

如：实验教学法及其在科学教学中的应用
探究性实验项目的开发研究

7. 以学科的教学创新作为切入点选题

如：物理教学中如何面向全体学生
物理学科教学中学生个性品质的发展研究
物理学科教学中科学、技术、社会结合的研究

8. 以评价为研究对象作为切入点选题

如：中外物理考试的特点与比较研究
物理中考命题的走向研究
高考理综试题研究
新课程理念下教学评价多元化问题研究
科学的情感、态度、价值观测评研究
科学探究能力达成评价研究
中学生实验能力的评价问题研究

9. 以教学手段为研究对象作为切入点选题

如：计算机辅助(整合)学科教学研究
运用多媒体技术优化教学的研究

10. 从其他方面切入来选题

如：初中学生物理学业成就归因研究
初中物理/化学/生物/科学课程实施现状调查
师生互动教学环境的构建的基本策略研究
原始问题的解决与学生能力的培养
国内外中学理科教学内容/方法/评价的比较研究

第四节　选题易出现的问题

1. 题目太大

题目太大的问题表现在：空泛、不精、面面俱到但难以聚焦。

如："新课程改革的理论与实践研究"

某省规划课题"□□省教师队伍的现状、问题与对策研究"

该题中的问题是：① 什么类别的教师队伍？② 什么现状与问题？在这里，这个"什么"可以指很多，如物理教师，但是何种层次的？是大学物理教师呢？还是中学物理教师？"？"可指学历、知识结构、教学能力与水平……也可以将"□□□教师队伍"作为整体，研究其现状(通过不同的角度、视角……。)

2. 主题太偏

指脱离当前的实际情况或教育主题、潮流。

训练

请比较下列选题，分析各题的得失：

- 论中国基础教育的教材建设
- 物理教育的现代化
- 学生基因组成对学生成绩的影响
- 全国中小学生多元智能发展现状及个性特点研究

3. 题目包含两个以上的论题

例 1：浅谈学生探索能力、自学能力和创新能力的培养

简析：本题包含探索能力、自学能力和创新能力这三个论题，使文章的论述无法集中，并难以论述透彻。

例 2：浅谈高中物理气态问题的基本分析方法及难点处理。

改为：

① 浅谈高中物理气态问题的基本分析方法及其应用

② 浅谈高中物理气态问题的"四步分析法"及其应用

③ 浅谈高中物理气态问题中的难点处理

4. 题目表述含糊不清

例 1：深入开展实验教学有助于增强生物教师的事业心

简析："开展实验教学"与"增强事业心"两者间无直接的必然联系，逻辑上失误！

例 2：中学教育过程的最优化研究

改为：

“初中□□学科教学过程最优化研究”或“高中□□学科教学过程最优化研究”

第五节　课题的论证

一个课题有无价值，是否可行需要进行课题论证。课题论证的意义在于：确认课题的研究价值，明确研究的方向；完善课题研究的方案；为研究者提供一个集思广益的环境，达到带着问题进行教育科研方法学习的目的，初步认识课题研究的规范；使课题的管理部门(者)更充分地了解课题研究的条件，进而为保证重点，进行科学管理提供具体的依据。

1. 系统论证法

系统论证法是从 7 个方面 17 个问题去系统评议课题，即：

(1) 课题研究依据评议

——课题研究目的、意义

——课题相关的国内外研究动态

——课题形成的理论、实践、思维方法依据

(2) 课题研究的目标系统评议

——目标的确切性

——目标体系的现实可行性

——目标体系的内在逻辑关系

(3) 课题研究的范畴评议

——课题研究的类型(理论/应用/开发)

——课题研究的内容、对象、范围

(4) 课题研究的方法、步骤、进度评议

——课题研究方法的预计效果

——课题研究步骤的落实程度

——课题研究进度的可行性

(5) 课题研究的策略评议

——课题研究的难点、重点对策

——课题研究工作与常规工作的协调

(6) 成果组成与形式评议

——课题成果的组成结构

——课题成果的提供形式

（7）课题研究的保证条件评议

——课题研究的经费预算和物资准备

——课题组成员、任务间的匹配情况

2. 七要素论证法

七要素论证法就是从课题的七个要素去推敲与论证，即：

① 课题名称的推敲论证。

② 目的的推敲论证。对课题研究的目的、理论价值与实践意义的分析。

③ 背景的推敲论证。指对该研究方向的国内研究现状的了解与简要分析。

④ 基础的推敲论证。指课题承担者已有基础的客观估计，它一方面包括课题组成员的研究经历、学科结构、学术水平、主要著述或成果，另一方面指的是已掌握的与本课题有关的文献，已形成的假设或阶段成果等。

⑤ 内容的推敲设计论证。课题研究的具体内容。

⑥ 步骤设计的推敲论证。研究阶段的操作性计划。

⑦ 目标设计的推敲论证。研究的预期目标及成果形式，其关键在于研究突破口的选择。

第十七章　教育科学研究方案设计

第一节　开题报告

有了正确的选题后，接下来就是要文献调研、撰写开题报告、制定研究方案、进行实际研究。课题或论文的开题报告，标志着研究、写作阶段前构思工作的结果。一份好的开题报告实际上是一份课题汇报或论文答辩的一个预演报告。其质量高低，将反映并影响研究者的研究进程、思路、成效，因此，在开始研究前撰写一份好的开题报告是非常重要的。

开题报告是请一些在本研究领域有经验、有水平研究者，召开一次开题论证会，课题承担人在会上就提出所选课题的必要性、可行性、科学性、研究中的难题解决及下一步能否形成较成熟的研究方案等问题，有重点地陈述，和与会者共同论证。

开题报告对学生来讲，是一种科学训练的过程。通过开题报告，可以锻炼学生的文献检索与阅读能力，文献综述能力，分析问题与从事研究的初步能力，论文的书面表述能力，学术报告的口头表达能力。

1. 开题报告的模式

(1) 模式Ⅰ

- 课题名称
- 研究现状
- 研究的目的、实践意义和理论价值
- 研究内容
- 研究方法与研究步骤
- 预期成果形式及可能的创新点
- 研究基础
- 主要参考文献
- 论文的初步框架

(2) 模式Ⅱ

- 课题名称
- 综述课题研究动态，说明选题的依据和意义
- 研究的基本内容，拟解决的主要问题

- 研究的方法、步骤及措施
- 研究成员分工
- 成果形式
- 主要的参考文献
- 研究报告或调查报告或实验报告或论文的基本结构

(3)模式Ⅲ

- 课题名称
- 选题缘由(目的、意义、背景)
- 研究目标(要达成的目标)
- 研究的理论依据
- 研究的主要内容
- 研究的方法与步骤
- 研究条件分析
- 成果形式

(4) 模式Ⅳ

- 课题名称
- 研究的背景
- 研究的目的和意义
- 假设
- 必要的界定
- 实验方法
- 总体和样本
- 实施计划与过程
- 数据分析和统计要求
- 时间安排

(5) 模式Ⅴ

- 课题名称
- 研究背景及课题来源
- 意义与价值
- 研究的重点、难点及可行性
- 研究的主要内容、方法
- 课题组主要成员、职责
- 研究进度
- 预计成果形式
- 已完成的工作及以后要解决的问题等

2. 开题报告的撰写

(1) 课题名称

(2) 研究现状

包括前人研究的基础，研究已有的结论及分歧点，研究涉及的学科领域，国内外研究水平，存在的主要问题以及该领域的研究趋势和动向。

(3) 研究的目的、实践意义和理论价值

包括研究的目标，即课题所要解决的科学问题和课题的主要关键与独创之处，研究将在哪些方面有新的突破，研究成果的实践意义和理论价值如何。

(4) 研究内容

要说明该课题所研究的具体问题，在较大型的研究中还须列出所含的子课题。

研究内容的表述可以有不同的思路，有的是按历史研究、现实研究再到方法研究三个维度来安排研究问题的序列。即……的历史回顾(历史)，……的现状分析(现实)，……的理论/模式/模型建构(方法)。

(5) 研究方法与研究步骤

回答研究所采用的方法有哪些，以什么为主？研究计划怎样？时间如何分配，研究内容的阶段怎样？各项工作如何进行人员分工？每个人的职责？

(6) 预期成果形式及可能的创新点

即研究成果的预期形式及使用范围，成果形式包括研究报告、调查报告、实验报告、论文、专著等。在研究成果中，可能的创新点有哪些，适用范围如何。

(7) 研究基础

包括课题研究的人员结构，原有的资料准备情况和科研手段等，与本课题有关的研究工作积累和已取得的研究工作成绩。

小的开题报告可将费用的预算列入条件分析之中，大型研究项目就需要另列说明。

(8) 主要参考文献

在开题报告中，要列出主要参考文献。列参考文献时，要注意：列出对开题报告有重要价值的参考文献，不要遗漏；凡引用他人的学术观点或学术成果需列入文献中；参考文献应按开题报告中出现的次序列出；参考文献应按规范标注。

(9) 论文的初步框架

在开题报告中给出论文的初步框架，是为了对开题报告的科学性、合理性、可行性作出评价，初步框架可以随着研究者对课题研究的深入而作出调整，不是一成不变的。

3. 开题报告的陈述

开题报告的陈述须围绕以下几个问题展开：

① 为什么要进行这一选题的研究？——选题目的、推动力、前沿性、研究背景。

② 本选题研究的具体内容是什么？——具体内容 1. ……；2. ……；3. ……等。

③ 本研究准备如何去完成？——方案、假说、方法、思路、途径、手段、实验。

④ 本研究的预期成果是什么？——特色、创新点、理论贡献、实际价值。

⑤ 存在的问题与研究进度？——问题与解决办法、进度安排。

4. 开题报告举例

湖南省教育科学规划“十一五”资助课题《岳麓区青少年健康生活教育实践研究》的子课题

实验教学与学生科学素养培养的研究

岳麓区教研室中学理科课题组

一、问题的提出及研究意义

国务院2006年3月20日发布的《全民科学素质行动计划纲要》中把科学素养明确界定为：“科学素养是公民素质的重要组成部分。公民具备基本科学素质一般指了解必要的科学技术知识，掌握基本的科学方法，树立科学思想，崇尚科学精神，并具有一定的应用它们处理实际问题、参与公共事务的能力”。由此可见科学知识、科学方法、科学思想、科学精神、实践能力是科学素养的五个重要组成部分，而科学精神是科学素养的灵魂。

我国公民的基本科学素养水平不容乐观，2003年的调查结果显示，我国公众的科学素养水平仅为1.98%，虽然我国公众科学素养的整体水平在不断提高，但与欧、美、日等发达国家相比还存在很大差距。这种差距不仅表现在数字上，很多人在遇到困难时，想到的是求神、拜佛，相信星座、算命等预测手段。违背基本常识的科学骗局大行其道，甚至某些邪教流行，致使很多人——其中不乏受过高等教育的人上当受骗等。所以，科学素养教育刻不容缓。良好的科学素养是一个人成功的基石。科学素养是一个人综合素质和能力的体现，需要在长期的学习、工作和生活中逐步培养和建立起来。中、小学教育是进行科学素养教育的主阵地。在培养高素质人才的今天，培养青少年的科学文化素养显得尤为重要。科学素养的培养包括科学意识和科技能力的培养，即科学知识与技能，科学探究（过程、方法与能力），科学态度（情感与价值），科学、技术与社会的关系等方面内容。

湖南省教育科学规划“十一五”资助课题——《岳麓区青少年健康生活教育实践研究——学科教学与青少年健康生活素养培养实践研究》子课题中有关中学理

科的内容是：勤于实践、勇于探索，培养学生的科学素养，结合本学科的特征——实验教学是中学理科教学的基础，也是中学理科教学中必不可少的手段和方法。实验教学与培养学生的科学素养密不可分。随着课程改革的不断深入，课程标准日益完善，各类教材在不断实践中完备，相比旧教材，新教材中增加了许多实验成分，特别是探究实验成为一个亮点，但教材中又没有明确哪些是演示实验，哪些是分组实验，哪些是家庭小实验，哪些是选做实验，等等；特别是信息技术的普及，有些老师片面认为：利用多媒体技术也可以把实验搞得活灵活现，从而亲自动手做实验的次数大大减少，更不用说创造条件、自制仪器做实验。这样学生的直接经验越来越少，学习兴趣越来越差，形成恶性循环。长此以往，学生的文化素养越来越差，更谈不上科学素养。加强实验教学，提高学生的学习兴趣，在实验教学中，培养学生勤于实践、勇于探索的科学素养是我们每一个理科教学工作者刻不容缓的责任和义务。

基于此，本课题组提出：加强实验教学，培养与提升学生的科学素养。

二、研究目标

良好的科学素养形成，必须从点滴做起，为此，我们以义务教育阶段物理、化学、生物课程标准为指导，以义务教育课程标准实验教材物理（八年级上、下册，九年级）、化学（九年级上、下册）、生物（七、八年级上、下册）为依据，通过课堂教学中实验教学，培养和提升学生的科学素养。具体地说，通过两年的研究，试图达到如下目标：

1. 通过实验教学培养学生创新意识。

2. 引导学生设计实验，通过实验教学培养学生实事求是、严肃认真的科学作风，改变学生能力结构。

3. 开展探究性实验，激发探究学习兴趣。

4. 通过培养学生良好的行为习惯，促进科学素养形成。

三、研究内容及对象

本研究的主要内容是：

1. 探索新课改形式下的实验教学的模式、方法与途径。

2. 探索新课改形式下培养学生科学素养的有效方法。

3. 试图编写义务教育阶段理科教学的实验手册——9 个分册。

研究对象：岳麓区初中学生。

四、理论基础

提出本课题研究，主要有以下理论依据：

1. 实践是检验真理的唯一标准。实验是理科学科赖以形成和发展的基础，是检验知识真理性的标准，是理科教学中学生获取经验知识和检验知识的重要媒体和手段，是提高学生科学素养的重要内容和途径。

2. 新课程理念突出强调要使学生获得积极的情感体验，提出要在学习知识的过程中潜移默化地培养学生正确的价值观、人生观和世界观，要引导学生在学习知识的过程中，形成正确的价值选择，具有社会责任感，努力为人民服务，树立远大理想，促进学生整体素质和谐发展。

3. 主体参与促进主体性发展。“活动是主体性生成和发展的机制，人的主体性在活动中生成，在活动中发展。”通过探究性实验教学活动，学生培养了平等、民主、相互合作的意识，学会正确认识自己，评价自己，发展自己，学会尊重他人，对人对己负责，培养高尚的人格品质，促进自身的全面发展。

五、措施与方法

本课题研究主要采用行动研究法，结合运用经验总结法、个案研究法、调查法等方法。

(一)开展学科教学研讨及反思活动

1. 备课：教师在备课过程中，根据中学理科教学特点，不仅仅是备教材、备教法、备学生、备作业，更要备实验，从实验原理、用品、方法、现象观察、数据的收集与处理及实验完后的善后工作等都应想到。

2. 教学设计：学科教师在教学过程中，根据青少年年龄特点与学科特点，设计合理的实验教学过程与课堂教学模式，以达到培养学生科学素养的效果。

3. 教学研讨及反思：综合运用理论阐释、现场教学、实例剖析、问题研究等多种研训方式，尤其重视加强教师之间的相互交流、合作和反思。注重引导教师发现教育教学中的现象与问题，并以此作为后续的校本研修活动的研究主题。积极组织教师参加各级各类实验教学竞赛，以赛促研。

(二) 开发教学过程中的生成性资源

“课堂是涌动着的生命，生成问题的课堂才是有生命力的课堂。”学生学习及生活中的部分问题、难题都可以作为实验教学的课题，教师随机应变的发挥教学机智，巧妙处理课堂教学中生成的问题，通过师生互动、生生互动组织课堂教学，切实把握好“三个维度”之间的关系，在完成学科教学目标的同时，促进学生情感、态度、价值观的内化。

(三) 发挥学科特点，激活独特资源

实验教学是理科教学的特色，生动丰富的实验现象对学生有无穷的吸引力，能激发学生的学习兴趣和求知欲望，变被动学习为主动学习，发生“要我学”为“我要学”的转变。所以，作为理科教师，想方设法多做实验，无论是演示实验还是分组实验，或是验证性实验还是探究性实验，或是学校实验还是家庭小实验，等等，总之，只要是学生动手做了，就要表扬。另外，积极创造条件，如自制教具等器材或利用一些常见的平常弃之不用的所谓“废材”为学生做一些典型的实验，让学生感到既熟悉又陌生，在这种不只不觉中学会知识。理科教学的另一特点是理科思维。通过对实验方案的设计、实验现象的分析等培养学生严密的逻辑思维和分析解决问题的能力。

（四）加强教学评价与管理

学科评价是判断学科教学目标达成的有效手段。正确评价中学理科教学中的实验教学，要从实验前的准备、实验过程、实验后的反思等阶段去评价，每一个阶段的评价方式不同，但最终都落实在学生身上，看学生的实验设计、操作、数据处理、表达等方面的能力是否得到提高，采取教学竞赛、学生征文、操作比赛，促进实验教学在平时课堂教学的再现。

六、组织与管理

1. 成立课题组(略)

2. 课题组专题研讨和常规教研活动结合起来，在研究课、公开课、示范课贯彻实验教学理念，使每一位老师认识实验教学的重要性。

3. 切实把课题研究与区综合理科骨干教师培训及常规教研活动有机结合起来。

七、研究原则

培养学生科学素养的主要途径在于课堂教学，而课堂教学的效果与教师的教育教学理念及应用理念所采取的课堂教学原则密切相关。

（一）主体性教学原则

主体性教学原则是指以学生为学习主体、以促进学生全面发展为目的的教学策略。要成为有科学素养的人，学生首先应该是一个学习的主人，处在积极的学习过程之中，有丰富的情感、主动地思维和积极的行动。任何有效的学习都是在学生积极主动参与的条件下发生的，只有当学生积极参与到教学活动中，其主体性才能得到充分发挥，才能调动认知、情感、意志等多方面的能力进行知识的主动建构，才能有效地获得科学知识、方法、情感态度和价值观。

（二）探究性教学原则

探究性教学原则是指学生在老师的帮助下，选择有关的科学探究问题，通过对问题的探索研究，获得蕴含在问题中的事物的本质及关于现象间规律性联系的知识，培养学生探索问题的精神，发展学生的智力能力，特别是抽象逻辑思维能力。

（三）合作学习教学原则

合作学习教学原则是以学习小组为教学活动的基本单位，通过小组内成员的分工协作去达成小组共同目标，并以小组活动的整体效果为教学评价的主要指标的教学原则。合作学习能促使学生更有效地参与到学习活动之中，能够高效地学习和建构知识，并在共同建构知识的过程中，促进智力的成长。在合作学习中共同完成复杂的学习任务，减轻了学习的难度，并能够发挥个体的优势，有助于对所面临的复杂任务产生持续的研究兴趣。同时能锻炼与人共事的能力，学会合作与竞争，有利于培养合作精神和责任感。

（四）创设真实情境的教学原则

创设真实情境的教学原则是指将书本中的知识还原到真实的情境中，创设与学习内容相融合的真实学习情境，让学生在身临其境中学会知识，获得能力，学会在体验中认识世界，丰富人生的经历。真实的情境是学生获得科学素养必不可少的条件。

（五）教学评价原则

教学评价原则是指教师为促进学生科学素养的形成和发展在课堂教学中采取的评价手段。作为课堂教学中的评价，其本身就是教学活动的组成部分，具有教学的功能。通过评价活动促进学生主体能动性的充分发挥，使学生积极参与到教学活动之中，明确并保证教学活动的方向及效果。

八、预期研究成果

1. 学生在长沙市组织的初中毕业班实验操作考查中合格率与优秀率有比较大的提高。

2. 编写的义务教育阶段理科教学的实验手册——9个分册在全区理科教师中推广应用。

3. 学生的科学素养有明显的提高。

九、经费预算

（略）

十、研究步骤

（一）启动阶段（2007年9月—2007年12月）

1. 成立课题组织机构。

2. 确定研究方向，制定课题研究方案。

3. 本学期开展的活动——第一届学生征文比赛和实验操作比赛。

（二）发展阶段（2008年1月—2009年3月）

1. 组织课题小组研讨，制定内容体系。

2. 定期召开课题组人员研讨会。

（三）总结评估阶段（2009年3月—2009年6月）

整理研究工作有关数据、资料和案例等，分析研究结果，撰写研究报告，接受结题验收。推广课题研究成果的有关准备工作。

（来源：岳麓教育信息网，http：//www.yljy.com，2008年10月）

第二节　研究方案的设计

研究方案，也叫教育科研课题研究计划，它是课题确定之后，研究人员在正式开展研究之前制订的整个课题研究的工作计划，它初步规定了课题研究各方面的具体内容和步骤。研究方案是研究活动全过程的主干框架和总体谋划，是研究行动实施前预先拟订的具体内容、研究步骤和方略。它回答研究什么和怎样研究两个主要问题。

研究方案对整个研究工作的顺利开展起着关键的作用，尤其是对于科研经验较少的人来说，一个好的方案，可以使我们避免在课题立项后，开展研究时，无从下手的现象，保证整个研究工作有条不紊地进行，保证有明确的方向和目标；可以说，研究方案水平的高低，是一个课题质量与研究者科研水平的重要反映。这是科研管理部门是否批准课题立项的关键，也是科研管理部门进行课题中期检查和结题鉴定的重要依据。因此，有利于课题的论证、评价与管理；一个好的研究方案，还可以训练和提高研究人员课题研究的能力。

教育科研课题的种类多种多样，其研究方法也各不相同，研究方案也有不同的种类，但究其结构，则大同小异。一般来说，一个完整的研究方案要包括以下几个方面：课题的表述、研究目的、研究意义、研究问题、研究步骤、研究方法、研究重点和难点、研究周期、阶段研究任务、预期结果、研究分工(只针对集体课题，独立课题勿需此项)、研究经费预算和保障措施等内容。

1. 课题名称

一个好的课题名，要符合准确、规范、简洁、醒目的要求，字数一般不超过20个汉字。

准确，就是课题名称要把课题研究的问题(研究内容)是什么，研究的对象是什么交待清楚。课题名称的表述是否清晰、是否能涵盖所要研究的内容和方法，在一定意义上说，也是检验与衡量研究者认识程度和思路的标志。如“中学生科学探究能力培养的研究”，研究对象就是中学生，研究的问题就是科学探究能力培养。这就说得很清楚，使人一看就知道这个课题研究什么。课题的名称一定要和研究的内容相一致，不能太大，有一个适宜的切口，能准确地把研究的对象、问题概括出来。

规范，就是所用的词语、句型规范、科学。一般来说，口号式、结论式的句型不能用。如“培养学生自主学习能力，提高课堂教学效率”，如果是一篇经验总结的论文的题目还不错，但作为课题的名称，则不好，因为课题就是我们要解决的问题，这个问题正在探讨，正准备进行研究，不能有结论性的口气。课题应以陈述式句型表述。比如，“家庭压力对中学生学习成绩有何影响”是一个问题，如果要作为课题来研究则应改为“家庭压力对中学生学习成绩影响的研究”或“家庭压力与中学生学习成绩关系的研究”。

简洁，就是名称不能太长，能不要的字尽量不要，一般不要超过20个字。

醒目，就是课题研究的切口适宜、新颖，使人一看就对课题留下深刻的印象。

2. 研究的目的和意义

作为课题方案，首先应对课题研究的背景和要达到的研究目的进行阐述，回答“为什么要进行研究”这样一个问题。

在方案中，课题研究的背景通常是以“课题的提出”或“课题的背景”做提示进行阐述的，主要是介绍所研究课题的目的、意义，也就是为什么要研究、研究它有什么价值。这一般可以先从现实需要方面去论述，指出现实当中存在这个问题，需要去研究，去解决，本课题的研究有什么实际作用，然后，再写课题的理论和学术价值。这些都要写得具体一点，有针对性一点，不能漫无边际地空喊口号。

3. 研究现状和发展趋势

要陈述课题范围内有没有人研究，哪些方面已有人作过研究？取得了哪些成果，这些成果所表达出来的观点是否一致，如有分歧，那么他们的分歧是什么，存在什么不足以及正在向什么方向发展等，这就是研究中的文献综述。

文献综述一方面可以论证本课题研究的地位和价值，另一方面也说明课题研究人员对本课题研究是否有较好的把握，是否具有一定的研究基础。因为我们对某一问题进行科学研究，必须对该问题的研究现状有清醒的了解。

（1）文献综述收集的具体内容

哪些人做了哪方面的相关研究；前人研究中使用了什么方法；研究的理论基础是什么；其主要观点(结论)是什么；取得了哪些成果，发表何处；尚未解决的问题以及解决这些问题的意义；研究的进展和发展趋势。

（2）概括与评价

在收集内容的基础上，重点要对已有的研究做些概括，对已有的研究作出评价，从而为自己的选题确立创意，提供选题的缘由、背景、依据等。概况与评价要从以下维度进行：

① 观点归类：相同的观点为一类；相反的观点为一类；中立的观点为一类。

② 问题解决状态归类：已解决的问题；有争议的问题；尚未涉及的问题。

③ 解决问题的方法归类：已用的方法Ⅰ；已用的方法Ⅱ；已用的方法Ⅲ……

④ 研究的理论基础：研究中所采用的理论Ⅰ；理论Ⅱ……

（3）文献综述的撰写

文献综述与学术论文相联系，但其写作与学术论文有很大的区别。文献综述是对某一学术领域中某一时期内科学研究成果、发展动向进行搜集、整理、加工，从而作出综合性叙述和评价的研究文章。

① 必备条件

a. 综合性　综合性有两方面的涵义：其一是保证对所有研究成果的综合，而不是局部概括。因为只有保证所有研究成果(论文资料)搜集到手，并作认真的分析、整理、加工，才能保证概括的全面，才能不使重要观点或主张遗漏，才能保证各种派别的观点的清晰明确．才能进行各种观点的比较，分清各种观点的优劣。假如对某一时期同一课题的研究成果(论文资料)搜集不全，有重大遗漏，那么就谈不上“综述”二字，就丢掉了这一文体的本性，就会丧失生存权，就容易与其他文体(例如评论)相混淆。其二是对全部研究成果的介绍采取分类分别归纳综合的方式，而不是不分轻重逐一道来。所以综合性也包含着表达方式的“综合手法”。

b. 描述性　所谓描述性指文献综述介绍研究成果的时候运用转述性语言，对各种观点作客观的描述性的说明。简言之，是对科研成果的描述。这里的关键是，既要保证“不走样”，又要不让读者“重复原文”。这是因为文献综述首先要让人们了解在某一时期的同一课题上究竟有些什么样的观点，他们各自的根据是什么，即首先要满足读者对某一研究课题学术信息的需要，这是阅读文献综述的人的最基本的需要。满足这种需要的最基本的方法不是让读者重涉原文而增加疲劳，而是运用描述性手段介绍科研成果，让读者有更多的精力去评价各种观点和寻找今后的研究方向。描述性是文献综述这一文体的重要特征。

c. 评价性　所谓评价性指文献综述不能囿于介绍研究成果，传递学术信息，还要对各种成果进行恰当的中肯的评价，呈现出作者自己的观点和主张。文献综述并非学术信息，而属学术信息研究。学术信息，在交流和传播中仅具有信息作用，对原研究成果没有再创造功能。学术信息研究(包括文献综述、学术评论、书评三种)在吸收和传递过程中，既具有信息作用，又有再创造功能。文献综述(包括综述与述评)属于学术信息研究中的一种，因此它也具有信息作用和再创造功能。这种再创造功能就体现在它的评价性上。当然文献综述的评价性不等于学术评论或书评，因为后二者重点在于“评”，“述”是为“评”服务的，而文献综述重点在于“述”，在“述”中评，“评”是为“述”服务的。只有对各种研究成果进行客观正确的评价，才能使科研成果被人们正确有效地利用，扬其长避其短，发挥科研成果的最大作用。只有对各种研究成果进行公正的评价，才能推动同一课题各种研究成果的取长补短，共同前进，从而促进该学科向新的高度发展。只有对各种研究成果进行引导性评价，才能使后继者的研究走上捷径，从而使该学科的研究有新的突破。因此说，文献综述的评价性有对原科研成果的再创造功能，这是学术信息本身所不能比的。保证文献综述的评价性，是每一个撰写文献综述的作者必须具备的能力条件。这就要求作者有相应成熟的专业知识，有辨析优劣、判断学术成就高低的水平和能力，还要有敢于判别的胆识。在评价中自然带有趋向性，自然会看到今后研究的发展动向。因此指出今后研究的发展动向，是评价性带出的自然结果，是顺理成章的事情，在此就不多作阐述。

② 组成　文献综述包括前言、主体、结束语和附录四部分。

a. 前言　也称引言或绪论，一般要写明撰写该文献综述的缘由，提出问题(课题)的目的，综述的对象，编写的原则和过程，资料的范围等内容。

b. 主体　一般按递进的顺序安排，由该课题研究的“发展历史”的回顾，到研究的“发展现状”的对比，再到研究的“发展趋势”，即由纵向叙述，到横向对比，到探求发展主流和方向。主体的这种逻辑安排容易将时间的长久度和空间的宽广度有机地结合起来，作者起草时能够条理清晰，读者阅读时对该课题研究的理解能够由浅入深，把握脉络。

c. 结束语　包括文献综述研究的结论，研究本课题的意义，或对未来进行预测、展望等。结束语要写得明确、具体，既要与引言或提要相照应，又不要重复引言或提要。

d. 附录　即是附在文献综述正文后面的参考文献目录。虽然它的写法与学术论文的“参考文献”的写法一样，但它的作用大于“参考文献”。附录是文献综述不可缺少的组成部分，它既要起到文献综述撰写依据的作用，又要起到为读者提供资料信息的作用。因此，它要求凡是撰写该文献综述时涉及的全部文献目录，不管文中运用得多少，全部都要列上。

4. 研究的理论依据

现在进行的课题研究，基本上是应用研究，因此，就要求研究者必须有一些基本的理论依据来保证研究的科学性。比如，我们要进行活动课实验研究，就必须以课程理论、学习心理学理论、教育心理学理论为研究的理论依据。我们进行教育模式创新实验研究，就必须以教学理论、教育实验理论为理论依据。

5. 研究对象与范围

教育研究总是指向一定的对象。这些对象往往是人以及由人组成的群体、组织及他们的行为和特质。由于人及其行为和特质的极其复杂性，所以在进行研究时必须先对其明确界定，以避免不同人从不同的视角来理解而带来混乱。

(1) 对研究对象的模糊概念进行界定

有一些研究对象带有模糊性，例如“科学教师”、“科学教育”。我们可根据某一标准或课题研究中的对象来作出划定。

(2) 对研究对象总体的范围进行界定

总体是统计学概念，是指研究对象的全体。研究对象的范围大小，得根据研究目标考虑。其范围有来源范围和特征范围。来源范围有地域、学校、班级；特征范围有性别、年龄、心理特质等。例如对学生科学素养状况的调查，学生的范围是某一地区还是某一学校，在什么类别的学校，在什么年级或年龄段，这些都要进行明确的界定。范围不同，最后得出的研究结果会很不同。

(3) 对一些关键概念进行界定

在教育科学研究中，由于学派林立、观点各异，所以有许多名词术语往往会出现“仁者见仁，智者见智”的现象。为了避免由于一些关键性名词概念上的歧义，造成科研管理者和研究者在评审、研究过程中产生认识上、观念上的不统一，避免由于这些歧义造成他人对研究成果在理解和接受上的分歧，有必要在制定研究方案时，对研究所涉及的重要概念、名词下一个比较明确的定义。

6. 研究内容与问题

研究内容是研究方案的主体，回答研究什么问题，问题的哪些方面。它把课题所提出的研究问题进一步细化为若干小问题。研究内容的多少与课题的大小有关，课题越大内容就越多。但许多人在确定研究内容的时候，往往考虑的不是很具体，写出来的研究内容特别笼统、模糊，把研究的目的、意义当做研究内容，这对整个课题研究十分不利。因此，研究的内容是对课题题目的分解和具体化，从而提出要解决的具体问题。只有把研究的问题弄清楚了，研究对象才能清晰，研究才能展开。研究者要学会把课题进行分解细化，一点一点地去做。

（1）确定研究内容与问题的方法

紧扣题目中的核心成分展开，比较容易的办法是：将题目里的核心要素分解成若干子要素，这些子要素将会成为具体问题的核心要素。

例："提高中学生物理/化学/生物实验能力的研究"，在这里"实验能力"是"核心要素"，要研究的内容可以从它展开，即将"实验能力"进一步分解成如下要素：观察；动手；选择仪器(精度)；数据记录与处理；误差分析与问题讨论。由上分析这一课题具体研究的内容就被确定了下来，可以如下表述：

研究课题名称："提高中学生物理实验能力的研究"

课题研究的具体内容(问题)：

① 高中生物理实验观察能力研究；

② 高中生物理实验仪器选择能力的研究；

③ 高中生物理实验动手能力的培养研究；

④ 高中生物理实验中的误差分析与问题讨论。

（2）分解课题研究内容与问题时需要注意的两点

分解的内容一定要覆盖课题面，不要遗漏本课题研究中不可回避的重要内容；分解的内容要有侧重点，要能体现本课题的特点。

7. 研究的方法

研究方法主要是指教育研究方法，它回答如何研究的问题。教育研究的方法多种多样，主要有文献研究法、调查研究法、实验研究法、比较研究法、行动研究法、经验总结法等，但我们可以分为两大类。一类是收集研究数据资料的方法，如调查法、观察法、测量法、文献法等。这些方法旨在获得对象的客观资料，而不给予对象任何影响。另一类方法是旨在改变和影响变量的方法，如实验法、行动研究法。这些方法是要通过施加某些干预而获得某些期望的结果。有一些研究可能采用单一的研究方法，有的研究则可能采用多种方法。例如采用实验法或行动研究法，也必然要采用第一类的数据资料收集方法，以了解实验的最终结果如何。

不同的研究有不同的研究方法，①理论研究采用的方法有：文献研究法、思辨方法；②应用研究采用的方法：实验的方法、试验的方法；③调查研究采用的方法有：问卷法、访谈法；④技术研究采用的方法：试验方法。

研究者为了结果的可信性，一项研究往往是几种方法综合运用。举例来说，“提高中学生科学素养的研究”，这项研究可采用至少五种方法：文献研究法、经验总结法、专家访谈法、问卷调查法、实验法。

研究方法的确定取决于“预期的研究成果”，例如在“提高中学生科学素养的研究”中，预期成果若有一项调查报告，那么这项研究就必须包含调查研究法，若同时预期成果中还要出一篇“近年来我国关于中学生科学素养培养研究的现状分析(对研究的现状分析)”这么一篇综述性文章，那么，文献研究方法就必不可少了。

研究方法的确定还取决于研究的目的，即课题的研究、问题的解决要达到什么程度。仍以上例为例，若是观察研究现状和进展状况，选用文献研究法就可以了；若是要了解当前中学生科学素养的现实状况，就需要用调查研究的方法；若是要验证一个有效提高中学生科学素养的新方法，那就必须用实验研究法，等等。

可见，究竟应该选用什么方法，应以“问题”为中心去思考和选择，不能以“方法”为中心去思考和选择。

8. 研究的步骤

课题研究的步骤，也就是课题研究在时间和顺序上的安排。研究的步骤要充分考虑研究内容的相互关系和难易程度，一般情况下，都是从基础问题开始，分阶段进行，每个阶段要达到什么要求，用多少时间，从什么时间开始，至什么时间结束都要有规定。它使得研究者一开始就心中有数，在实施研究中一环接一环、有条不紊地开展各项工作，从而保证研究能按预定要求如期完成。步骤基本上包括方案准备阶段；方案实施阶段；论证评价，总结验收和结题三个阶段。

9. 研究的预期成果形式

成果形式指最后的研究结果以什么形式出现。教育研究成果可以有研究论文和报告，专著和教材，教具和教学仪器，教学软件(包括音像制品，计算机软件)等。研究周期较长的课题，还应该分别有阶段成果和最终成果。课题不同，研究成果的内容、形式也不一样，但不管形式是什么，课题研究必须有成果，否则，就是这个课题没有完成。

10. 课题组成员及其分工

课题组成员要根据课题研究的需要而确定。课题组成员并不是越多越好。课题组的成员必须都承担课题研究的某一方面任务。课题组各成员承担的任务的性质应与承担者的学识、能力相适合。计划中要把课题组负责人、成员的名单、分工写出。必要时，还应把每人的专业、能力特长，曾有的研究经历和成果列出，以便课题管理者对课题组的研究力量有所了解。

11. 经费预算与设备条件要求

经费与设备是开展教育科研的物质条件。不同的研究所要求的条件是不同的。经费的支出主要包括：①资料费：购买、检索或复印文献资料；②印刷费：印刷问卷调查材料、成果材料；③旅差费：外出调查；④会议费：组织或参加研讨会、课题论证会；⑤设备费：购置研究所需的设备、器材等。

第十八章　教育科学研究成果的表述

教育研究成果的表达形式通常有研究报告、结题报告、学术论文、专著、学位论文等。研究报告又有教育调查报告、教育实验报告、教育测量报告、教育经验总结报告等。其特点是：以对事实直接研究所得的第一手材料为基础，事实材料是研究报告的主要内容；报告详细说明了研究者以什么样的设计思路、针对什么样的研究对象、使用什么样的研究材料、采用何种具体的研究方法和操作步骤，才得到了报告中所陈述的事实，形成了什么样的结论。

第一节　研究报告和结题报告

1. 研究报告

研究报告的一般格式是：

(1) 题目页
- 题目
- 作者姓名和隶属机构
- 每页连续出现的标题
- 致谢

(2) 摘要

(3) 引言
- 问题的陈述
- 背景/文献综述
- 目的和理由/假设

(4) 方法

(5) 结果
- 表格列图
- 统计描述

(6) 讨论
- 支持或否定假设
- 实践和理论上的意义
- 结论

(7) 参考文献

（8）附录

2. 结题报告

教育科研课题基本完成以后，需要撰写结题报告。因此，结题报告是课题研究的“收官”阶段，旨在反映课题研究过程和结果的书面材料。通过结题报告在同行间进行交流，培养自己归纳、总结、概括、推理和论述能力，学会展示自己的工作和成果；总结和反思自己的研究工作，不断提高自己的科研水平。

结题报告的写法没有固定的格式，但有大致的框架结构。课题结题报告不同于课题报告。课题报告侧重于研究成果的表述，而结题报告则侧重于回顾过程和评价成果。从应用写作的角度考察，课题结题报告可以分为标题、摘要、前言、正文、结尾和附件等六个大的部分。

（1）标题

结题报告课题名称和文种。

（2）摘要

摘要是课题研究的内容提要和研究成果的简短总结，能直接说明研究的问题、方法、过程和主要结论。摘要撰写要短小精悍、准确完整、严谨流畅，一般不超过300字。

（3）前言

简述课题概况，包括课题来源、背景、级别、历时，对课题成果的总体评价及作用意义。回答为什么要做的问题。

（4）正文

正文主要包括：

① 课题的一般情况　阐述课题的研究背景；指明课题目标、研究方法、思路及原则；说明研究历时及阶段，并分析各阶段的主要工作和特点。

② 研究背景　又称为提出问题、前言、引言，这是研究报告的开头部分。重点是提出研究问题和研究假说。逻辑结构为：阐述问题的前后联系，提出研究问题，形成研究假说。

③ 研究方法　是研究报告的主体部分，主要内容：对课题出现的主要概念的定义与阐述；研究对象的条件、数量、取样方式及研究的时间安排；各变量间的关系分析；研究的操作设计与研究成效的比较方式。

④ 课题的研究成果　简要阐明本课题的基本观点及其逻辑联系；着重揭示本课题的特色和创新之处；强调本课题与实践的关联性，乃至在实践工作中应用的阶段性成果，是研究报告的另一个主体部分。主要包括：列举经原始资料整理所得的统计图表等数量资料和经过归纳的定性资料；用逻辑学和统计学等技术手段得出结果或结论；简要说明结果或结论与研究假说的联系。需要注意的点：选取数据和现象描述要实事求是；图表要少而精，简捷明了；结果或结论要科学严谨。

⑤ 课题的评价意见　具体分为自我评价、专家评价和实践工作者评价。自我评价，即根据国内外、所在地区和同类的理论研究和实际工作的现状，对本课题的地位给予正确的定位，并揭示本研究成果的作用及前景；专家评价，即综述专家对本课题的意见，并点明典型评语；实践工作者的评价，即如果本课题在实践中已有应用端倪，则可给出实践者的反馈意见。

(5) 结尾

讨论是对研究结果的主观认识与分析，其作用一是在于从理论上加深对研究结果的认识，并对研究结果不完善之处作补充说明，对研究本身的局限性进行探讨；二是对与本课题相关的问题，指出进一步研究的问题或探索的方向；三是对本课题的应用推广等问题，表明课题组需作出的努力。结尾的写作应视情而定。

在结题报告后面，要列出参考文献，如果是网上查寻的应注明网址。

(6) 附件

列举课题组成员名单，即课题是谁做的(课题组成员——课题负责人、组员)；附上课题研究过程中已发表的论文篇目，研究成果已被采纳或开始应用的佐证材料，致谢等其他材料。

根据课题级别的高低、研究成果的大小、研究者认识的深浅，结题报告将各具特色，但其总体要求是，反映全貌，突出重点。反映全貌，要求撰写者把握从立项到结题的“全程”轨迹，把握课题预定目标、探索重心和研究成果的“全素”关节，把握研究者、评价者乃至实践者的全员意见。突出重点，既需要突出研究成果的创新特色，更需要突出实践中已有效果的评述和将有效果的预测。

第二节　教育科研论文的结构

学术论文一般由题目、作者署名、摘要、关键词、序言、正文、结论、参考文献和附录等内容组成。

1. 题目

(1) 类型

① 正题与副题　副题是对正题的限定、说明；题目中不用标点符号，可用“空格”代替“，”。

例 1. 一种解题好方法——添辅助线法

例 2. 从传统到现代——综合科学课程的发展

例 3. 从分科走向综合——初中阶段科学课程设置问题的研究

例 4. 大学普通教育的课程与实践——一个哲学的视角

例 5. 加强国际交流与合作　推进中学科学教育改革

——21 世纪中学科学课程与教学改革国际学术研讨会会议纪要

② 总题与分题

例：浅谈初二物理新教材的实验教学[物理通报 1995(7)]

分题：一、实验教学在新教材中的地位

二、新教材中实验教学的特点

三、对新教材中部分实验的认识和建议

(2) 形式

题目的形式多种多样，可以是陈述句式，也可以是用提出问题的方式，如：

“论科学的意义和价值”——明确点明题意

“论教师的教育信条”——指出研究的问题范围

“什么知识最有价值”、“教学是科学还是艺术”——用提出问题的方式

“生物教学应突出探究能力的培养”——揭示论点的标题

“生物教师在教学中运用情感因素的情况调查”——该题目揭示了课题的研究内容

“科学教育教师培养课程体系构建研究”——揭示主题的标题

2. 署名

为了表示对文章的负责，表示作者权。

3. 摘要

(1) 目的

① 使读者快速鉴别、了解论文的具体内容，以明确是否阅读；

② 方便文摘的编制，制作二次文献。

(2) 要求

最简洁的语言概括出论文所研究的问题、研究方法、主要观点(论点)及研究的结论，但不作评价，一般不超过 200 字。

例 1：水的汽化热实验研究　[大学物理 1997(9)]

摘要：利用质量、电功率及时间等基本量便于测定的特点，测定水的汽化热。方法新颖，简便可靠，减少了误差。该方法也可用来测一些无毒液体的汽化热。

例 2：计算物理学简介

摘要：介绍了计算物理学的产生、发展、内容、性质、任务以及它在科学研究、国民经济、国防建设等方面的应用。

例 3：“研究”对于中小学教师意味着什么[柳夕浪，江苏海安县教育局，刊载于《教育研究》2005(1)]

摘要：现实的教师研究活动是对生命意义的叩问及行动中的体验创新，是对教育信念的追寻、确认的过程。它不同于“旁观—发现”式的探究，体现出“行

动—感悟”式的特征，属于原本意义上的一种研究。应当让丰富多彩的教师活动逐步形成自己的规范，并据此反思我们已有的“研究观”。

例 4：论中学物理美育目标

摘要：本文论述了中学物理美学目标理论与实施的问题，着重论述了中学物理学科的内容、美的本质和形式与相应审美意识的产生，中学物理的美育目标及其实施方法和途径。

例 5：影响中学生化学学习成绩的因素及启示

摘要：本文根据教育心理学的学习变量理论，分析了影响中学生化学学习成绩的内因和外因，并提出了如何围绕这些因素去有效地指导中学生学好化学的一些新见解。

4. 关键词

（1）作用

① 使读者从关键词中概略地了解论文的大致内容与所处的层次。

② 供资料索引工作使用；由于公开发表的论文将进入不同级别或不同机构的资料索引中，因此，资料索引的使用者可通过关键词方便迅速地查到某些有关资料的题目、作者、所载刊物、期刊号等。

（2）要求

① 关键词一般 3~8 个。

② 能最概括地反映且有助于读者理解论文主题、观点、内容的词，表明论文中创造性工作的词。

③ 能揭示问题实质的词或在论文中运用较多的词。

④ 关键词应是名词或动名词。

⑤ 一般应在《汉语主题词大词典》中。

⑥ 文中出现的原词。

（3）排列

关键词来源有三，文中、题目和摘要。一般来说，题目中出现率达 85%；摘要中出现率达 90%。关键词的排列是依据概念的大小或论述问题的先后顺序排列。

5. 序言

序言也称为前言，写在正文之前，用于说明论文写作的目的、意图及研究方法。一般包括三个方面的内容：阐明研究的背景（文献综述的内容）和动机，提出自己所要研究的问题；简介研究方法和有关研究手段；概述研究成果的理论意义和现实意义。

6. 正文

正文是作者研究成果的表现，它包括：论点、论据、论证方式。

(1) 论点

论点是问题的真实性有待论证的判断，通常用判断句来表述。要求明确简洁。

例：刘坤一在其论文："刍议全射现象及其条件"(《物理通报》1994(9))中指出："本文旨在实验和理论上证明全反射现象中没有沿界面传播的折射光线，对传统的反射条件提出笔者的看法……"

在这段中，"……全反射现象中没有沿界面传播的折射光线"就是论文的中心观点。

(2) 论据

论据是论点确立的依据。它有理论依据、事实依据两种。选择的原则是材料的共许性和理由的充足性。

(3) 论证

运用论据去证明论点的过程和方法。它要求逻辑严谨、有力。论证方式的种类有：归纳论证，即个别到一般；演绎论证，即一般到个别；类比论证：即通过已知事物(或事例)与跟它有某些相同特点的事物(或事例)进行比较类推从而证明论点。

7. 结论

结论是围绕正文所作的结语、结论。将研究成果进行更高层次的精确概括，是经充分论证后得出的结果。

8. 参考文献

研究总是在前人基础上进行的，或理论观点的启迪，或研究方法的借鉴，或数据的引用等，因此，论文中应列出直接提到的或利用的资料来源，以表示对他人劳动成果的尊重，也为读者的进一步查阅提供依据。

(1) 引文标注

在论文撰写过程中，凡引用了他人的材料、数据、论点、观点……，均应注明出处，这就是标注。引文标注的方式有三种：

① 文内注　即行内夹注或夹注，它是直接在所引资料后用括号将其来源或有关说明括起来，对引文进行注释或提示。

如：郭玉英教授《从传统到现代——综合科学课程的发展》(北京师范大学出版社 2002 年版)第 12 页中有一句："许多评论者认为，20 世纪 50~60 年代将重点放在科学学科知识上的课程是以牺牲了科学的个人、历史和应用的方面为代价的(Wallace, J. & Louden, W. , 1998)”(郭玉英, 2002), 这里有两处体现了夹注的方式。

② 页末注　也称脚注，它是在所引的资料处只注明一个注释号，比如在该资料行的右上角用①、②、③、…来标明，然后在该页的最下端，用一小号的字体分别说明引文的出处、时间等情况，或作出有关的解释。

③ 尾注　尾注则是在所有引用的资料处按顺序注明注释号，最后在文尾用小一号字体全部按注释的顺序排出，分别说明被引资料的出处、时间等情况，或作出有关的解释。

(2) 参考文献

① 著录　在论文末尾要列出在论文中参考引用过的专著、论文及其他资料，与文中引用文献一一对应。

所有中文参考文献著录格式中的句号用中文全角状态下的“.”表示，所有西文参考文献著录格式中的标点符号用西文状态下的符号，后空一格。文字换行时与作者名第一个字对齐。

- 著作图书类文献

[序号]作者 . 书名[文献类型标识]. 版次 . 出版地：出版者，出版年：引用部分起-止页

- 翻译图书类文献

[序号]作者 . 书名[文献类型标识]. 译者 . 版次 . 出版地：出版者，出版年：引用部分起-止页

- 学术刊物类文献

[序号]作者 . 文章名[文献类型标识]. 学术刊物名，年，卷(期)：引用部分起-止页

- 学术会议类文献

[序号]作者 . 题名 . 见：编者，文集名[文献类型标识]，会议名称，会议地址，年份 . 出版地：出版者，出版年：引用部分起-止页

- 学位论文类文献

[序号]学生姓名 . 学位论文题目[文献类型标识]. 学校及学位论文级别 . 答辩年份：引用部分起-止页

- 报纸文献

[序号]作者 . 文章名[文献类型标识]. 报纸名，出版日期(版次)

- 在线文献

[序号]作者 . 文章名[文献类型标识]. 电子文献的出处或可获得地址，发表或更新日期/引用日期(任选)

② 参考文献的类型以单字母标识。

M——专著

C——论文集
N——报纸文章
J——期刊文章
D——学位论文
R——研究报告
S——标准
P——专利
A——专著、论文集中的析出文献
Z——其他未说明的文献类型
DB——数据库
CP——计算机程序
EB——电子公告
DB/OL——联机网上的数据库
DB/MT——磁带数据库
M/CD——光盘图书
CP/DK——磁盘软件
J/OL——网上期刊
EB/OL——网上电子公告

③ 参考文献著录举例：

[1] [美]K. 贝利著．现代社会研究方法[M]．许真译．上海：上海人民出版社，1986：33-40.

[2] 倪光炯，王炎森，钱景华等著．改变世界的物理学[M]．上海：复旦大学出版社，1998.

[3] 郑金洲．行动研究：一种日益受到关注的研究方法[J]．上海高教研究，1997(1).

[4] 斯佩里．分离大脑半球的一些结果[J]．世界科学，1982(9)；转引自赵慕熹著．教育科学方法[M]，北京：北京教育出版社，1991.

[5] 余凯．大学普通教学的课程与实践——一个哲学的视角[D]．北京：北京师范大学博士论文，040104/9604.

[6] A. W. Jeffrey. Case Study A Evaluation of the Scottish Integrated Science Syllabus. In：New Trends in Integrated Science Teaching . Unesco，1977.

[7] B. J. Fraser，K. G. Tobin. The International Handbook of Science Education. Kluwer Academic Publishers，1998.

[8] C. R. Netton Integrated Science Education in South East Asia. In：New Trends in Integrated Science Teaching. Unesco. 1990.

[9] Dennis G. chisman. What is Integrated Science Teaching：Its Beginnings and

Its Place Today. New trends in Integrated Science Teaching, 1990.

④ 注释格式　注释不同于参考文献。参考文献是作者写作论著时所参考的文献书目，集中列于文末。而注释则是作者对正文中某一内容作进一步解释或补充说明的文字，不要列入文末的参考文献，而要作为注释放在页下，用①，②……标识序号。注释中提到的论著保持通常格式。

9. 附录

附录是将一些可以帮助读者更好地了解研究细节，但又不便于放在正文中的资料编排在一起，作为正文的补充。附录一般有：收集数据资料所使用的调查表、问卷、心理测量表；计算某些指标或数据的数字公式；某些具体材料的样例；某些实验或调查中的重要的原始数据；某些重要但又不宜插入正文的旁证性文献等等。以学位论文出现的研究报告，必须有附录部分。

10. 致谢

一般地说，论文都是在科学研究、调查研究的基础上，在指导教师、同行、现场人员、图书馆工作人员、同学们的帮助下完成的，作者应对给自己提供过帮助的单位、个人表示谢意。

第三节　教育科研论文的层次标识

论文是由许多大大小小的项目组成的，这些项目之间的逻辑关系即层次关系。确定层次关系需要进行逻辑分析。在教育论文写作中，论文的层次关系标示主要有：

1. 中国惯用标识

题目：

一，二，三……

（一），（二），（三）……

1，2，3……

（1），（2），（3）……

2. 国际惯用标识

题目：

1，2，3……

1.1，1.2，1.3……

2.1，2.2，2.3……

3.1，3.2，3.3……

……

1.1.1，1.1.2，1.1.3……

1.2.1，1.2.2，1.2.3……

1.3.1，1.3.2，1.3.3……

……

1.1.1.1，1.1.1.2，1.1.1.3……

1.1.2.1，1.1.2.2，1.1.2.3……

1.1.3.1，1.1.3.2，1.1.3.3……

……

第四节　教育科研论文的写作与修改

1. 写作

先撰写论文的基本框架、论文的提纲。这里应该注意的是：框架要有结构，结构要有逻辑。撰写好论文的框架、提纲后尽可能与人讨论、修改。在框架或提纲构建起来以后，开始着手撰写，尽可能在一个集中的时间内，集中精力撰写，这样不至于使思路断续。

在撰写时，一定要注意将引用的文章引注清楚，以免再次返工，既不规范，又浪费时间。

2. 修改

(1) 修改方法

① 热改法：是指完稿后即着手对文章进行修改的方法。其优点是对文章全貌较熟，趁热打铁，不费时；其不足是有思维定势，删改的部分难以割舍。

② 冷改法：是指完稿后先放置一段时间后再对文章进行修改的方法。其优点是克服思维定势，有新感受，易发现问题。其不足是难免遗忘，需要花一定的时间熟悉全文后再进行修改。

③ 他改法：让熟悉本领域研究的其他人帮助修改，旁观者清，没有思维局限。

④ 读改法：即边读边改。这种方法易发现语句不通，衔接不紧，过渡照应欠佳，句词重叠，缺词漏字，多字，标点符号不妥等毛病。

(2) 修改的内容

① 修改观点。

② 修改材料即增加材料和删改材料。

③ 调换材料：引用的材料不典型；引用的材料不真实；对引用的材料理解有误。这三种情况都应调换材料。

④ 修改结构，如果思路不清，就会缺乏逻辑性，结构就会混乱。修改结构，就要理顺思路、合乎逻辑、有条有理、层次清晰。具体来讲：开门见山，开宗明义，不要兜圈子；调整层次和段落；修改结尾；修改过渡和照应。

⑤ 修改语言，保证语句通畅，使用工作语言，而非生活化用语。

⑥ 修改引文、注释、参考文献，使之更加规范、科学。

⑦ 修改题目，即题目过小或过大的修改。如，“电光效应的原理”修改为“电光效应及其应用”；“关于一次函数的图像”修改为“关于一次函数图像在线性规划中的应用”。修改题目的用语，使之不要过大、不要过粗、不要过长，不要过于难懂、不要过俗。如“对义务教育阶段考试改革的思考”应改为“对义务教育阶段考试命题的思考”；“实施素质教育，促进学生全面发展”可改为“实施素质教育的新途径——□□□□□(副标题)”。

⑧ 修改整个文章的排版、版式，使其既符合规范，又具有美感。

参 考 文 献

[1] 范承庄，田英，肖龙耀编．科技文献检索——如何查找科技文献[M]．西安：西北工业大学出版社，1986.
[2] 国家教委高教司．科技文献检索教学大纲[M]．北京：高等教育出版社，1996.
[3] 穆安民．科技文献检索应用教程[M]．重庆：重庆大学出版社，1996.
[4] 商国云，严文主编．科技文献检索[M]．北京：兵器工业出版社，1994.
[5] 文甲龙主编．科技文献检索与利用[M]．长沙：湖南大学出版社，1988.
[6] 印祖斌，佟春临．国内外科技文献检索[M]．北京：航空工业出版社，1990.
[7] 金健民编著．科技论文写作与编写格式标准化[M]．济南：山东科学技术出版社，1991.
[8] M. 奥康诺，F. P. 伍德福特著．科技论文写作指南[M]．李晓钟，黄秉曙译．长沙：湖南大学出版社，1988.
[9] 马维绪，马玉英．科技论文写作[M]．北京：煤炭工业出版社，1999.
[10] 王生荣主编．科技论文写作基础[M]．兰州：甘肃科学技术出版社，2006.
[11] 吴成福主编．科技论文写作[M]．郑州：黄河水利出版社，1998.
[12] 郑金洲著．教育研究专题[M]．上海：华东师范大学出版社，2002.
[13] 杨小微主编．教育研究的原理与方法[M]．上海：华东师范大学出版社，2002.
[14] 李克东．行动研究法及其在教育技术中的应用(二)．http：//www. iteonline. net
[15] 孟万金，官群编著．教育科研——创新的途径和方法[M]．上海：华东师范大学出版社，2004.
[16] 风笑天著．现代社会调查方法(第3版)[M]．武汉：华中科技大学出版社，2005.
[17] 裴娣娜．教育研究方法导论[M]．合肥：安徽教育出版社，1995.
[18] 陈时见．教育论文写作[M]．南宁：广西人民出版社，2000.
[19] 阎金铎主编．中学教师物理教育研究方法[M]．北京：教育科学出版社，1999.
[20] 周立伟著．科学研究的途径[M]．北京：北京理工大学出版社，2007.
[21] 徐挺．课题结题报告的框架结构[J]．宁波高等专科学校学报，2000. 3
[22] 黄恕伯．中学物理教师怎样进行教育科研[EB/OL]．http：//gz. fjedu. gov. cn/wuli/UploadFiles
[23] 中学生科学素养调查表[EB/OL]．http：//home. htu. cn/tjb/Download/，2008. 10. 12
[24] 岳麓区教研室中学理科课题组．实验教学与学生科学素养培养的研究[EB/OL]．http：//www. yljy. com，2008. 10. 8

附录

附录1 《科学技术报告、学位论文和学术论文的编写格式》GB 7713—1987(节 录)

1 引言(略)

2 定义(略)

3 编写要求(略)

4 编写格式

4.1 报告、论文章、条的编号参照国家标准 GB1.1《标准化工作导则标准编写的基本规定》第8章“标准条文的编排”的有关规定，采用阿拉伯数字分级编号。

4.2 报告、论文的构成(略)

5 前置部分

5.1 封面

5.1.1 封面是报告、论文的外表面，提供应有的信息，并起保护作用。封面不是必不可少的。学术论文如作为期刊、书或其他出版物的一部分，无需封面；如作为预印本、抽印本等单行本时，可以有封面。

5.1.2 封面上可包括下列内容：

a. 分类号 在左上角注明分类号，便于信息交换和处理。一般应注明《中国图书资料分类法》的类号，同时应尽可能注明《国际十进分类法 UDC》的类号。

b. 本单位编号一般标注在右上角。学术论文无必要。

c. 密级 视报告、论文的内容，按国家规定的保密条例，在右上角注明密级。如系公开发行，不注密级。

d. 题名和副题名或分册题名用大号字标注于明显地位。

e. 卷、分册、篇的序号和名称如系全一册，无需此项。

f. 版本 如草案、初稿、修订版……等。如系初版，无需此项。

g. 责任者姓名 责任者包括报告、论文的作者，学位论文的导师、评阅人、答辩委员会主席以及学位授予单位等。必要时可注明个人责任者的职务、职称、学位、所在单位名称及地址；如责任者系单位、团体或小组，应写明全称和地址。在封面和题名页上，或学术论文的正文前署名的个人作者，只限于那些对于选定研究课题和制订研究方案、直接参加全部或主要部分研究工作并作出主要贡献，以及参加撰写论文并能对内容负责的人，按其贡献大小排列名次。至于参加部分工作的合作者、按研究计划分工负责具体小项的工作者、某一项测试的承担者，以及接受委托进行分析检验和观察的辅助人员等，均不列入。这些人可以作为参加工作的人员一一列入致谢部分，或排于脚注。

如责任者姓名有必要附注汉语拼音时，必须遵照国家规定，即姓在名前，名连成一词，不加连字符，不缩写。

h. 申请学位级别 应按《中华人民共和国学位条例暂行实施办法》所规定的名称进行

标注。

i. 专业名称　系指学位论文作者主修专业的名称。

j. 工作完成日期　包括报告、论文提交日期，学位论文的答辩日期，学位的授予日期，出版部门收到日期(必要时)。

k. 出版项 出版地及出版者名称，出版年、月、日(必要时)。

5.2　封二

报告的封二可标注送发方式，包括免费赠送或价购，以及送发单位和个人；版权规定；其他应注明事项。

5.3　题名页

题名页是对报告、论文进行著录的依据。学术论文无需题名页。题名页置于封二和衬页之后，成为另页的右页。报告、论文如分装两册以上，每一分册均应各有其题名页。在题名页上注明分册名称和序号。题名页除5.1规定封面应有的内容并取得一致外，还应包括下列各项：单位名称和地址，在封面上未列出的责任者职务、职称、学位、单位名称和地址，参加部分工作的合作者姓名。

5.4　变异本(略)

5.5　题名

5.5.1　题名是以最恰当、最简明的词语反映报告、论文中最重要的特定内容的逻辑组合。题名所用每一词语必须考虑到有助于选定关键词和编制题录、索引等二次文献可以提供检索的特定实用信息。题名应该避免使用不常见的缩略词、首字母缩写字、字符、代号和公式等。题名一般不宜超过20字。报告、论文用作国际交流，应有外文(多用英文)题名。外文题名一般不宜超过10个实词。

5.5.2　下列情况可以有副题名：题名语意未尽，用副题名补充说明报告论文中的特定内容；报告、论文分册出版，或是一系列工作分几篇报道，或是分阶段的研究结果，各用不同副题名区别其特定内容；其他有必要用副题名作为引伸或说明者。

5.5.3　题名在整本报告、论文中不同地方出现时，应完全相同，但眉题可以节略。

5.6　序或前言序并非必要。

报告、论文的序，一般是作者或他人对本篇基本特征的简介，如说明研究工作缘起、背景、主旨、目的、意义、编写体例，以及资助、支持、协作经过等；也可以评述和对相关问题研究阐发。这些内容也可以在正文引言中说明。

5.7　摘要

5.7.1　摘要是报告、论文的内容不加注释和评论的简短陈述。

5.7.2　报告、论文一般均应有摘要，为了国际交流，还应有外文(多用英文)摘要。

5.7.3　摘要应具有独立性和自含性，即不阅读报告、论文的全文，就能获得必要的信息。摘要中有数据、有结论，是一篇完整的短文，可以独立使用，可以引用，可以用于工艺推广。摘要的内容应包含与报告、论文同等量的主要信息，供读者确定有无必要阅读全文，也供文摘等二次文献采用。摘要一般应说明研究工作目的、实验方法、结果和最终结论等，而重点是结果和结论。

5.7.4　中文摘要一般不宜超过200~300字；外文摘要不宜超过250个实词。如遇特殊需要字数可以略多。

5.7.5　除了实在无变通办法可用以外，摘要中不用图、表、化学结构式、非公知公用的符号和术语。

5.7.6　报告、论文的摘要可以用另页置于题名页之后，学术论文的摘要一般置于题名和作者之后、正文之前。

5.7.7　学位论文为了评审，学术论文为了参加学术会议，可按要求写成变异本式的摘要，不受字数规定的限制。

5.8　关键词

关键词是为了文献标引工作从报告、论文中选取出来用以表示全文主题内容信息款目的单词或术语。每篇报告、论文选取3~8个词作为关键词，以显著的字符另起一行，排在摘要的左下方。如有可能，尽量用《汉语主题词表》等词表提供的规范词。为了国际交流，应标注与中文对应的英文关键词。

5.9　目次页

长篇报告、论文可以有目次页，短文无需目次页。目次页由报告、论文的篇、章、条、附录、题录等的序号、名称和页码组成，另页排在序之后。整套报告、论文分卷编制时，每一分卷均应有全部报告、论文内容的目次页。

5.10　插图和附表清单

报告、论文中如图表较多，可以分别列出清单置于目次页之后。图的清单应有序号、图题和页码。表的清单应有序号、表题和页码。

5.11　符号、标志、缩略词、首字母缩写、计量单位、名词、术语等的注释表符号、标志、缩略词、首字母缩写、计量单位、名词、术语等的注释说明汇集表，应置于图表清单之后。

6　主体部分

6.1　格式

主体部分的编写格式可由作者自定，但一般由引言（或绪论）开始，以结论或讨论结束。主体部分必须由另页右页开始。每一篇（或部分）必须另页起。如报告、论文印成书刊等出版物，则按书刊编排格式的规定。全部报告、论文的每一章、条的格式和版面安排，要求划一，层次清楚。

6.2　序号

6.2.1　如报告、论文在一个总题下装为两卷（或分册）以上，或分为两篇（或部分）以上，各 卷或篇应有序号。可以写成：第一卷、第二分册；第一篇、第二部分等。用外文撰写的报告、论文，其卷（分册）和篇（部分）的序号，用罗马数字编码。

6.2.2　报告、论文中的图、表、附注、参考文献、公式、算式等，一律用阿拉伯数字分别依序连续编排序号。序号可以就全篇报告、论文统一按出现先后顺序编码，对长篇报告、论文也可以分章依序编码。其标注形式应便于互相区别，可以分别为：图1、图2.1；表2、表3.2；附注1）；文献[4]；式(5)、式(3.5)等。

6.2.3　报告、论文一律用阿拉伯数字连续编页码。页码由书写、打字或印刷的首页开始，作为第1页，并为右页另页。封面、封二、封三和封底不编入页码。可以将题名页、序、目次页等前置部分单独编排页码。页码必须标注在每页的相同位置，便于识别。力求不出空白页，如有，仍应以右页作为单页页码。如在一个总题下装成两册以上，应连续编页码。如各册有其副题名，则可分别独立编页码。

6.2.4　报告、论文的附录依序用大写正体A，B，C，……编序号，如：附录A。附录中的图、表、式、参考文献等另行编序号，与正文分开，也一律用阿拉伯数字编码，但在数码前冠以附录序码，如：图A1；表B2；式(B3)；文献[A5]等。

6.3　引言（或绪论）

引言（或绪论）简要说明研究工作的目的、范围、相关领域的前人工作和知识空白、理论基础和分析、研究设想、研究方法和实验设计、预期结果和意义等。应言简意赅，不要与摘要雷同，不要成为摘要的注释。一般教科书中有的知识，在引言中不必赘述。比较短的论文可以只用小段文字起着引言的效用。学位论文为了需要反映出作者确已掌握了坚实的基础理论和系统的专门知识，具有开阔的科学视野，对研究方案作了充分论证，因此，有关历史回顾和前人工作的综合评述，以及理论分析等，可以单独成章，用足够的文字叙述。

6.4 正文

报告、论文的正文是核心部分，占主要篇幅，可以包括：调查对象、实验和观测方法、仪器设备、材料原料、实验和观测结果、计算方法和编程原理、数据资料、经过加工整理的图表、形成的论点和导出的结论等。由于研究工作涉及的学科、选题、研究方法、工作进程、结果表达方式等有很大的差异，对正文内容不能作统一的规定。但是，必须实事求是，客观真切，准确完备，合乎逻辑，层次分明，简练可读。

6.4.1 图

图包括曲线图、构造图、示意图、图解、框图、流程图、记录图、布置图、地图、照片、图版等。图应具有“自明性”，即只看图、图题和图例，不阅读正文，就可理解图意。图应编排序号(见 6.2.2)。

每一图应有简短确切的题名，连同图号置于图下。必要时，应将图上的符号、标记、代码，以及实验条件等，用最简练的文字，横排于图题下方，作为图例说明。曲线图的纵横坐标必须标注“量、标准规定符号、单位”。此三者只有在不必要标明(如无量纲等)的情况下方可省略。坐标上标注的量的符号和缩略词必须与正文中一致。照片图要求主题和主要显示部分的轮廓鲜明，便于制版。如用放大缩小的复制品，必须清晰，反差适中。照片上应该有表示目的物尺寸的标度。

6.4.2 表

表的编排，一般是内容和测试项目由左至右横读，数据依序竖排。表应有自明性。表应编排序号。每一表应有简短确切的题名，连同表号置于表上。必要时，应将表中的符号、标记、代码，以及需要说明事项，以最简练的文字，横排于表题下，作为表注，也可以附注于表下。表内附注的序号宜用小号阿拉伯数字并加圆括号置于被标注对象的右上角，如：×××①)，不宜用星号“*”，以免与数学上共轭和物质转移的符号相混。表的各栏均应标明“量或测试项目、标准规定符号、单位”。只有在无必要标注的情况下方可省略。表中的缩略词和符号，必须与正文中一致。表内同一栏的数字必须上下对齐。表内不宜用“同上”、“同左”、“"”和类似词，一律填入具体数字或文字。表内“空白”代表未测或无此项，“—”或“…”(因“—”可能与代表阴性反应相混)代表未发现，“0”代表实测结果确为零。如数据已绘成曲线图，可不再列表。

6.4.3 数学、物理和化学式

正文中的公式、算式或方程式等应编排序号，序号标注于该式所在行(当有续行时，应标注于最后一行)的最右边。较长的式，另行居中横排。如式必须转行时，只能在+，-，×，÷，<，>处转行。上下式尽可能在等号“=”处对齐。小数点用“.”表示。大于 999 的整数和多于三位数的小数，一律用半个阿拉伯数字符的小间隔分开，不用千位撇。对于纯小数应将 0 列于小数点之前。示例：应该写成 94 652.023 567；0.314 325；不应写成 94，652.023，567；.314，325。应注意区别各种字符，如：拉丁文、希腊文、俄文、德文花体、草体；罗马数字和阿拉伯数字；字符的正斜体、黑白体、大小写、上下角标(特别是多层次，如“三踏步”)、上下偏差等。示例：I，l，1，i；C，c；K，k，κ；O，0，o，(°)；S，s，5；Z，z，2；B；β；W，w，ω。

6.4.4　计量单位

报告、论文必须采用1984年2月27日国务院发布的《中华人民共和国法定计量单位》，并遵照《中华人民共和国法定计量单位使用方法》执行。使用各种量、单位和符号，必须遵循附录B所列国家标准的规定执行。单位名称和符号的书写方式一律采用国际通用符号。

6.4.5　符号和缩略词

符号和缩略词应遵照国家标准的有关规定执行。如无标准可循，可采纳本学科或本专业的权威性机构或学术团体所公布的规定；也可以采用全国自然科学名词审定委员会编印的各学科词汇的用词。如不得不引用某些不是公知公用的、且又不易为同行读者所理解的、或系作者自定的符号、记号、缩略词、首字母缩写字等时，均应在第一次出现时一一加以说明，给以明确的定义。

6.5 结论

报告、论文的结论是最终的、总体的结论，不是正文中各段的小结的简单重复。结论应该准确、完整、明确、精练。如果不可能导出应有的结论，也可以没有结论而进行必要的讨论。可以在结论或讨论中提出建议、研究设想、仪器设备改进意见、尚待解决的问题等。

6.6　致谢

可以在正文后对下列方面致谢：国家科学基金、资助研究工作的奖学金基金、合同单位、资助或支持的企业、组织或个人；协助完成研究工作和提供便利条件的组织或个人；在研究工作中提出建议和提供帮助的人；给予转载和引用权的资料、图片、文献、研究思想和设想的所有者；其他应感谢的组织或个人。

6.7　参考文献表

按照GB/T 7714—2015《信息与文献　参考文献著录规则》的规定执行。

7　附录

附录是作为报告、论文主体的补充项目，并不是必需的。

7.1　下列内容可以作为附录编于报告、论文后，也可以另编成册。

a. 为了整篇报告、论文材料的完整，但编入正文又有损于编排的条理和逻辑性，这一类材料包括比正文更为详尽的信息、研究方法和技术更深入的叙述，建议可以阅读的参考文献题录，对了解正文内容有用的补充信息等；

b. 由于篇幅过大或取材于复制品而不便于编入正文的材料；

c. 不便于编入正文的罕见珍贵资料；

d. 对一般读者并非必要阅读，但对本专业同行有参考价值的资料；

e. 某些重要的原始数据、数学推导、计算程序、框图、结构图、注释、统计表、计算机打印输出件等。

7.2　附录与正文连续编页码。每一附录的各种序号的编排见4.2和6.2.4。

7.3　每一附录均另页起。如报告、论文分装几册，凡属于某一册的附录应置于各该册正文之后。

附录2 《文摘编写规则》GB 6447—1986

1 引言

1.1 本标准的目的是为了促进文摘编写的规范化。

1.2 本标准适用于编写作者文摘，也适用于编写文摘员文摘。

2 名词、术语

2.1 文摘

以提供文摘内容梗概为目的，不加评论和补充解释，简明、确切地记述文献重要内容的短文。

2.2 报道性文摘

指明一次文献的主题范围及内容梗概的简明文摘，也称简介。

2.3 报道/指示性文摘 informative-indicative abstracts

以报道性文摘的形式表述一次文献中信息价值较高的部分，而以指示性文摘的形式表述其余部分的文摘。

2.4 作者文摘

由一次文摘的作者自己撰写的文摘。

2.5 文摘员文摘 abstractor′s abstracts

由一次文摘作者以外的人员编写的文摘。

3 著录

3.1 一次文献上的文摘，凡登载于题名与正文之间的，不加著录事项；凡刊登在文摘页上的，必须逐条带有主要的著录事项。

3.2 检索工具上的文摘，必须逐条有完整的著录事项。

3.3 必须统一遵照 GB 3793—1983《检索期刊条目著录规则》进行著录。

4 文摘的详简度

4.1 文摘的详简须根据一次文摘的内容、类型、学科领域、信息量、篇幅、语种、获得的难易程度和实际需要确定，其中文献内容是决定性因素。

4.2 报道性文摘和报道/指示性文摘一般以 400 字左右为宜；指示性文摘一般以 200 字左右为宜。

4.3 英、俄、德、日、法以外语种的一次文献可适当详摘。

5 文摘的要素

5.1 目的——研究、研制、调查等的前提、目的和任务，所涉及的主题范围。

5.2 方法——所用的原理、理论、条件、对象、材料、工艺、结构、手段、装备、程序等。

5.3 结果——实验的、研究的结果，数据，被确定的关系，观察结果，得到的效果，性能等。

5.4 结论——结果的分析、研究、比较、评价、应用，提出的问题，今后的课题，假设，启发，建议，预测等。

5.5　其他——不属于研究、研制、调查的主要目的，但就其见识和情报价值而言也是重要的信息。

一般地说，对于报道性文摘，5.2、5.3、5.4 宜写得详细，5.1、5.5 可以写得简单，根据具体情况也可以省略；对于指示性文摘，5.1 宜写得详细；5.2、5.3、5.4、5.5 可以写得简单，根据具体情况也可以省略。

6　编写文摘的注意事项

6.1　要客观、如实地反映一次文献，切不可加进文摘编写者的主观见解、解释或评论。如一次文献有明显原则性错误，可加"摘者注"。

6.2　要着重反映新内容和作者特别强调的观点。

6.3　要排除在本学科领域已成常识的内容。

6.4　不得简单地重复题名中已有的信息。

6.5　书写要合乎语法、保持上下文的逻辑关系，尽量同作者的文体保持一致。

6.6　结构要严谨，表达要简明，语义要确切。一般不分段落。

6.7　要用第三人称的写法。应采用"对……进行了研究"、"报告了……现状"、"进行了……调查"等记述方法标明一次文献的性质和文献主题，不必使用"本文"、"作者"等作为主语。

6.8　除非该文献证实或否定了他人已出版的著作，否则不用引文。

6.9　要采用规范化的名词术语(包括地名、机构名和人名)，尚未规范化的词，以使用一次文献所采用者为原则。新术语或尚无合适汉文术语的，可用原文或译出后加括号注明原文。

6.10　商品名需要时应加注学名。

6.11　缩略语、略称、代号，除了相邻专业的读者也能清楚理解的以外，在首次出现处必须加以说明。

6.12　应采用国家颁布的法定计量单位。

6.13　要注意正确使用简化字和标点符号。

附录3 《信息与文献　参考文献著录规则》GB/T 7714—2015(节录)

前言(略)

1　范围(略)

2　规范性引用文件(略)

3　术语和定义(略)

4　著录项目与著录格式

本标准规定参考文献设必备项目与选择项目。凡是标注“任选”字样的著录项目系参考文献的选择项目，其余均为必备项目。本标准分别规定了专著、专著中的析出文献、连续出版物、连续出版物中的析出文献、专利文献以及电子资源的著录项目和著录格式。

4.1　专著

4.1.1　著录项目

主要责任者，题名项【题名，其他题名信息，文献类型标识(任选)】，其他责任者（任选)，版本项，出版项【出版地，出版者，出版年，引文页码，引用日期】，获取和访问路径(电子资源必备)，数字对象唯一标识符(电子资源必备)。

4.1.2　著录格式

主要责任者．题名：其他题名信息[文献类型标识/文献载体标识]．其他责任者．版本项．出版地：出版者，出版年：引文页码[引用日期]．获取和访问路径．数字对象唯一标识符．

[1] 辛希孟．信息技术与信息服务国际研讨会论文集：A 集[C]．北京：中国社会科学出版社，1994.

[2] PIGGOT T M. The cataloguer's way through AACR2：from document receipt to document retrieval [M]. London：The Library Association，1990.

4.2　专著中析出的文献

4.2.1　著录项目

析出文献主要责任者，析出文献题名项【析出文献题名，文献类型标识(任选)】，析出文献其他责任者(任选)，出处项【专著主要责任者，专著题名，其他题名信息】，版本项，出版项【出版地，出版者，出版年，析出文献的页码，引用日期】，获取和访问路径(电子资源必备)，数字对象唯一标识符(电子资源必备)。

4.2.2　著录格式

析出文献主要责任者．析出文献题名[文献类型标识/文献载体标识]．析出文献其他责任者//专著主要责任者．专著题名：其他题名信息．版本项．出版地：出版者，出版年：析出文献的页码[引用日期]．获取和访问路径．数字对象唯一标识．

[1] 白书农．植物开花研究[M]// 李承森．植物科学进展．北京：高等教育出版社，1998：146-163.

［2］WEINSTEIN L, SWERTZ M N. Pathogenic properties of invading microorganism［M］// SODEMAN W A, Jr., SODEMAN W A. Pathologic physiology: mechanisms of disease. Philadelphia: Saunders, 1974: 745-772.

4.3 连续出版物

4.3.1 著录项目

主要责任者，题名项【题名，其他题名信息，文献类型标识(任选)】，年卷期或其他标识(任选)，出版项【出版地，出版者，出版年，引用日期】，获取和访问路径(电子资源必备)，数字对象唯一标识符(电子资源必备)。

4.3.2 著录格式

主要责任者．题名：其他题名信息［文献类型标识/文献载体标识］．年，卷(期)-年，卷(期)．出版地：出版者，出版年［引用日期］．获取和访问路径．数字对象唯一标识符．

［1］中国地质学会．地质论评［J］．1936，1(1)-．北京：地质出版社，1936-.

［2］American Association for the Advancement of Science. Science［J］. 1883，1(1)-. Washington, D. C.: American Association for the Advancement of Science，1883-.

4.4 连续出版物中的析出文献

4.4.1 著录项目

析出文献主要责任者，析出文献题名项【析出文献题名，文献类型标识(任选)】，出处项【连续出版物题名，其他题名信息，年卷期标识与页码，引用日期】，获取和访问路径(电子资源必备)，数字对象唯一标识符(电子资源必备)。

4.4.2 著录格式

析出文献主要责任者．析出文献题名［文献类型标识/文献载体标识］．连续出版物题名：其他题名信息，年，卷(期)：页码［引用日期］．获取和访问路径(电子资源必备)．数字对象唯一标识符(电子资源必备)。

［1］傅刚，赵承，李佳路．大风沙过后的思考［N/OL］．北京青年报，2004-04-12(14)［2005-07-12］．http://www.bjyouth.com.cn/Bqb/20000412/GB/4216%5ED0412B1401.htm.

［2］CAPLAN P. Cataloging internet resources［J］. The Public Access Computer Systems Review，1993，4(2)：61-66.

4.5 专利文献

4.5.1 著录项目

专利申请者或所有者，题名项【专利题名，专利号，文献类型标识(任选)】，出版项【公告日期或公开日期，引用日期】，获取和访问路径(电子资源必备)，数字对象唯一标识符(电子资源必备)。

4.5.2 著录格式

专利申请者或所有者．专利题名：专利号［文献类型标识/文献载体标识］．公告日期或公开日期［引用日期］．获取和访问路径．数字对象唯一标识符．

［1］姜锡洲．一种温热外敷药制备方案：88105607.3［P］．1989-07-26.

［2］西安电子科技大学．光折变自适应光外差探测方法：01128777.2［P/OL］．2002-03-06［2002-05-28］．http://211.152.9.47/sipoasp/zljs/hyjs-yx-new.asp?recid=01128777.2&leixin=0.

4.6 电子资源

凡属电子专著、电子专著中的析出文献、电子连续出版物、电子连续出版物中的析出文献以及电子专利的著录项目与著录格式分别按 4.1~4.5 中有关规则处理。除此而外的电子资源根据本规则著录。

4.6.1 著录项目

主要责任者，题名项【题名，其他题名信息，文献类型标识(任选)】，出版项【出版地，出版者，出版年，引文页码，更新或修改日期，引用日期】，获取和访问路径，数字对象唯一标识符。

4.6.2 著录格式

主要责任者．题名：其他题名信息［文献类型标识/文献载体标识］．出版地：出版者，出版年(更新或修改日期)［引用日期］．获取和访问路径．数字对象唯一标识符．

[1] Online Computer Library Center, Inc. About OCLC: History of cooperation[EB/OL]. [2012-03-27]. http: //www. oclc. org/about/cooperation. en. html.

[2] HOPKINSON A. UNIMARC and metadata: Dubin core[EB/OL]. (2009-04-22)[2013-03-27]. http: //archive. ifla. org/IV/ ifla64/138-161e. htm.

5 著录信息源

参考文献的著录信息源是被著录的信息资源本身。专著、论文集、学位论文、报告、专利文献等可依据题名页、版权页、封面等主要信息源著录各个著录项目；专著、论文集中析出的篇章与报刊上的文章依据参考文献本身著录析出文献的信息，并依据主要信息源著录析出文献的出处；电子资源依据特定网址中的信息著录。

6 著录用文字

6.1 参考文献原则上要求用信息资源本身的语种著录。必要时，可采用双语著录。用双语著录参考文献时，首先应用信息资源的原语种著录，然后用其他语种著录。

6.2 著录数字时，应保持信息资源原有的形式，但卷期号、页码、出版年、版次、更新或修改日期、引用日期、顺序编码制的参考文献序号等应用阿拉伯数字表示。外文书的版次用序数词的缩写形式表示。

6.3 个人著者，其姓全部著录，字母全大写，名可以缩写为首字母(见 8.1.1)；如用首字母无法识别该人名时，则用全名。

6.4 出版项中附在出版地之后的省名、州名、国名等(见 8.4.1.1)以及作为限定语的机关团体名称可按国际公认的方法缩写。

6.5 西文期刊刊名的缩写可参照 ISO 4 的规定。

6.6 著录西文文献时，大写字母的使用要符合信息资源本身文种的习惯用法。

7 著录用符号

7.1 本标准中的著录用符号为前置符。按著者-出版年制组织的参考文献表中的第一个著录项目，如主要责任者、析出文献主要责任者、专利申请者或所有者前不使用任何标志符号。按顺序编码制组织的参考文献表中的各篇文献顺序号用方括号，如：[1]、[2]…。

7.2 参考文献使用下列规定的标志符号：

． 用于题名项、析出文献题名项、其他责任者、析出文献其他责任者、连续出版物的“年卷期或其他标识”项、版本项、出版项、连续出版物中析出文献的出处项、获取和访问路径以及数字对象唯一标识符前。每一条参考文献的结尾可用“．”号。

： 用于其他题名信息、出版者、引用页码、析出文献的页码、专利号前。

，　用于同一著作方式的责任者、“等”“译”字样、出版年、期刊年卷期标识中的年和卷号前。

；　用于同一责任者的合订题名以及期刊后续的年卷期标识与页码前。

//　用于专著中的析出文献的出处项前。

( )　用于期刊年卷期标识中的期号、报纸的版次、电子资源的更新或修改日期以及非公元纪年的出版年。

[ ]　用于文献序号、文献类型标识、电子资源的引用日期以及自拟的信息。

/　用于合期的期号间以及文献载体标识前。

-　用于起讫序号和起讫页码间。

8　著录细则

8.1　主要责任者或其他责任者

8.1.1　个人著者采用姓在前名在后的著录形式。欧美著者的名可以用缩写字母，缩写名后省略缩写点。欧美著者的中译名可以只著录其姓；同姓不同名的欧美著者，其中译名不仅要著录其姓，还需著录其名的首字母。依据 GB/T 28039—2011 有关规定，用汉语拼音书写的人名，姓全大写，其名可缩写，取每个汉字拼音的首字母。

示例 1：李时珍　　　　　　　　　　　(原题：(明)李时珍)

示例 2：凯西尔　　　　　　　　　　　(原题：(阿拉伯)伊本・凯西尔)

8.1.2　著作方式相同的责任者不超过 3 个时，全部照录。超过 3 个时，只著录前 3 个责任者，其后加“，等”或者与之相应的词。

示例 1：马克思，恩格斯

示例 2：YELLAND R L，JONES S C，EASTON K S，et a1 .

8.1.3　无责任者或者责任者情况不明的文献，“主要责任者”项应注明“佚名”或与之相应的词。凡采用顺序编码制组织的参考文献可省略此项，直接著录题名。

示例：Anon，1981. Coffee drinking and cancer of the pancreas [J]. Br Med J，283 (6292)：628.

8.1.4　凡是对文献负责的机关团体名称，通常根据著录信息源著录。机关团体名称应由上至下分级著录，上下级间用“. ”分隔，用汉字书写的机关团体名称除外。

示例 1：中国科学院物理研究所

示例 2：Stanford University. Department of Civil Engineering

8.2　题名

题名包括书名、刊名、报纸名、专利题名、报告名、标准名、学位论文名、档案名、舆图名、析出的文献名等。题名按著录信息源所载的内容著录。

示例 1：J Math & Phys

示例 2：袖珍神学，或，简明基督教辞典

8.2.1　同一责任者的多个合订题名，著录前 3 个合订题名。对于不同责任者的多个合订题名，可以只著录第一个或处于显要位置的合订题名。在参考文献中不著录并列题名。

8.2.2　文献类型标识(含文献载体标识)宜依附录 B《文献类型和文献载体标识代码》著录。对于电子资源既要著录文献类型标识，也要著录文献载体标识。本标准根据文献类型及文献载体的发展现状作了必要的补充。

8.2.3　其他题名信息根据信息资源外部特征的具体情况决定取舍，其他题名信息包括副题名，说明题名文字，多卷书的分卷书名、卷次、册次，专利号，报告号，标准号等。

示例1：地壳运动假说：从大陆漂移到板块构造[M]

示例2：世界出版业：美国卷[M]

示例3：ECL集成电路：原理与设计[M]

示例4：中国科学：D辑 地球科学[J]

8.3 版本

第1版不著录，其他版本说明需著录。版本用阿拉伯数字、序数缩写形式或其他标识表示。古籍的版本可著录“写本”“抄本”“刻本”“活字本”等。

示例1：3版　　　　（原题：第三版）

示例2：新1版　　　（原题：新1版）

示例3：5th ed　　　（原题：Fifth edition）

示例4：Rev. ed.　　（原题：Revised edition）

8.4 出版项

出版项应按出版地、出版者、出版年顺序著录。

示例1：北京：人民出版社，2013

示例2：New York：Academic Press，2012

8.4.1 出版地

8.4.1.1 出版地著录出版者所在地的城市名称。对同名异地或不为人们熟悉的城市名，应在城市名后附省名、州名或国名等限定语。

示例1：Cambridge，Eng.

示例2：Cambridge，Mass.

8.4.1.2 文献中载有多个出版地，只著录第一个或处于显要位置的出版地。

示例1：北京：科学出版社，2013

（原题：科学出版社　北京　上海　2013）

示例2：London，Butterworths，2000

（原题：Butterwoths　London　Boston　Sydney　Wellington　Durban　Toronto　2000）

8.4.1.3 无出版地的中文文献著录“出版地不详”，外文文献著录“S. l.”，并置于方括号内。无出版地的电子资源可以省略此项。

示例1：[出版地不详]：三户图书刊行社，1990

示例2：[S. l.]：MacMillan，1975

8.4.2 出版者

8.4.2.1 出版者可以按著录信息源所载的形式著录，也可以按国际公认的简化形式或缩写形式著录。

示例1：中国标准出版社(原题：中国标准出版社)

示例2：Elsevier Science Publishers(原题：Elsevier Science Publishers)

示例3：IRRI(原题：International Rice Research Institue)

8.4.2.2 文献中载有多个出版者，只著录第一个或处于显要位置的出版者。

示例：Chicago：ALA，1978

（原题：American Library Association/Chicago Canadian Library Association/Ottawa 1978）

8.4.2.3 无出版者的中文文献著录“出版者不详”，外文文献著录“s. n.”，并置于方括号内。无出版者的电子资源可以省略此项。

示例：Salt Lake City：[s. n.]，1964

8.4.3 出版日期

8.4.3.1 出版年采用公元纪年，并用阿拉伯数字著录。如有其他纪年形式时，将原有的纪年形式置于“( )”内。

示例1：1947(民国三十六年)

示例2：1705(康熙四十四年)

8.4.3.2 报纸的出版日期按照“YYYY-MM-DD”格式，用阿拉伯数字著录。

示例：2013-01-08

8.4.3.3 出版年无法确定时，可依次选用版权年、印刷年、估计的出版年。估计的出版年应置于方括号内。

示例1：c1988

示例2：1995 印刷

示例3：[1936]

8.4.4 公告日期、更新日期、引用日期(略)

8.5 页码

专著或期刊中析出文献的页码或引用页码，应采用阿拉伯数字著录(参见8.8.2、10.1.3、10.2.4)。引自序言或扉页题词的页码，可按实际情况著录。

8.6 获取和访问路径(略)

8.7 数字对象唯一标识符(略)

8.8 析出文献

8.8.1 从专著中析出有独立著者、独立篇名的文献按4.2的有关规定著录，其析出文献与源文献的关系用“//”表示。凡是从报刊中析出具有独立著者、独立篇名的文献按4.4的有关规定著录，其析出文献与源文献的关系用“.”表示。关于引文参考文献的著录与标识见10.1.3与10.2.4。

示例：TENOPIR C. Online databases：quality control [J]. Library Journal，1987，113(3)：124-125.

8.8.2 凡是从期刊中析出的文章，应在刊名之后注明其年、卷、期、页码。阅读型参考文献的页码著录文章的起讫页或起始页，引文参考文献的页码著录引用信息所在页。

示例1：2001，1(1)：5-6
　　　　年　卷期　页码

示例2：2010(6)，23
　　　　年　期　页码

8.8.3 对从合期中析出的文献，按8.8.2的规则著录，并在圆括号内注明合期号。

示例：2001(9/10)：36-39
　　　年　期　页码

8.8.4 凡是在同一期刊上连载的文献，其后续部分不必另行著录，可在原参考文献后直接注明后续部分的年、卷、期、页码等。

示例：2011，33(2)，20-25；2011，33(3)：26-30
　　　年　卷期　页码　年　卷期　页码

8.8.5 凡是从报纸中析出的文献，应在报纸名后著录其出版日期与版次。

示例：2013-03-16(1)

年 月 日版次

9 参考文献表

参考文献表可以按顺序编码制组织，也可以按著者-出版年制组织。引文参考文献既可以集中著录在文后或书末，也可以分散著录在页下端。阅读型参考文献著录在文后、书的各章节后或书末。

9.1 顺序编码制

参考文献表按顺序编码制组织时，各篇文献要按正文部分标注的序号依次列出（参见10.1）。

[1] BAKER S K, JACKSON M E. The future of resource sharing [M]. New York: The Haworth Press, 1995.

[2] 杨宗英. 电子图书馆的现实模型[J]. 中国图书馆学报，1996(2)：24-29.

[3] DOWLER L. The research university's dilemma; resource sharing and research in a trans institutional environ- ment[J]. Journal Library Administration, 1995, 21(1/2): 5-26.

9.2 著者-出版年制

参考文献表采用著者-出版年制组织时，各篇文献首先按文种集中，可分为中文、日文、西文、俄文、其他文种5部分；然后按著者字顺和出版年排列。中文文献可以按汉语拼音字顺排列(参见10.2)，也可以按著者的笔画笔顺排列。

[1]尼葛洛庞帝. 1996 数字化生存[M]. 胡泳，范海燕，译. 海口：海南出版社.

[2]BAKER S K, JACKSON M E. 1995. The future of resource sharing [M]. New York: The Haworth Press.

10 参考文献标注法

正文中引用的文献的标注方法可以采用顺序编码制，也可以采用著者-出版年制。

10.1 顺序编码制

10.1.1 顺序编码制是按正文中引用的文献出现的先后顺序连续编码，将序号置于方括号中。如果顺序编码制用脚注方式时，序号可由计算机自动生成圈码。

示例：引用单篇文献，序号置于方括号中

……德国学者N. 克罗斯研究了瑞士巴塞尔市附近侏罗山中老第三纪断裂对第三系褶皱的控制[235]；之后，他又描述了西里西亚第3条大型的近南北向构造带，并提出地槽是在不均一的块体的基底上发展的思想[236]。

……

10.1.2 同一处引用多篇文献时，只须将各篇文献的序号在方括号内全部列出，各序号间用“,”。如遇连续序号，起讫序号间用短横线连接。此规则不适用于用计算机自动编码的序号。

示例：引用多篇文献

裴伟[570,83]提出……

莫拉德对稳定区的节理格式的研究[255-256]……

10.1.3 多次引用同一著者的同一文献时，在正文中标注首次引用的文献序号，并在序号的“[ ]”外著录引文页码。如果用计算机自动编序号时，应重复著录参考文献，但参考文献表中的著录项目可简化为文献序号及引文页码。

示例：多次引用同一著者的同一文献的序号

主编靠编辑思想指挥全局已是编辑界的共识[1]，然而对编辑思想至今没有一个明确的界定，故不妨提出一个构架……参与讨论。由于“思想”的内涵是“客观存在反映在人的意识中经过思维活动而产生的结果”[2]1194，所以“编辑思想”的内涵就是编辑实践反映在编辑工作者的意识中，“经过思维活动而产生的结果”。……《中国青年》杂志创办人追求的高格调——理性的成熟与热点的凝聚[3]，表明其读者群的文化的品位的高层次……“方针”指“引导事业前进的方向和目标”[2]354。……对编辑方针，1981 年中国科协副主席裴丽生曾有过科学的论断——“自然科学学术期刊必须坚持以马列主义、毛泽东思想为指导，贯彻为国民经济发展服务，理论与实践相结合，普及与提高相结合，‘百花齐放，百家争鸣’的方针。”[4]它完整地回答了为谁服务，怎样服务，如何服务得更好的问题。

……

参考文献：

[1] 张忠智．科技书刊的总编(主编)的角色要求[C]//中国科学技术期刊编辑学会建会十周年学术研讨会论文汇编．北京：中国科学技术期刊编辑学会学术委员会，1997：33-34.

[2] 中国社会科学院语言研究所词典编辑室．现代汉语词典[M]．修订本．北京：商务印书馆，1996.

[3] 刘彻东．中国的青年刊物：个性特色为本[J]．中国出版，1998(5)：38-39.

[4] 裴丽生．在中国科协学术期刊编辑工作经验交流会上的讲话[C]// 中国科协学术期刊编辑工作经验交流会资料选．北京：中国科学技术协会学会工作部，1981：2-10.

…………

10.2　著者-出版年制

10.2.1　正文引用的文献采用著者-出版年制时，各篇文献的标注内容由著者姓氏与出版年构成，并置于“( )”内。倘若只标注著者姓氏无法识别该人名时，可标注著者姓名，例如中国人、韩国人、日本人用汉字书写的姓名。集体著者著述的文献可标注机关团体名称。倘若正文中已提及著者姓名，则在其后的“( )”内只须著录出版年。

示例：引用单篇文献

The notion of an invisible college has been explored in the sciences (Crane 1972). Its absence among historians is notes by Stieg(1981)…

参考文献：

CRANE D. 1972. Invisiblecollege [M]. Chicago: Univ. of Chicago Press.

STIEG M F. 1981. The information needs of historians [J]. College and Research Libraries. 42 (6): 549-560.

10.2.2　正文中引用多著者文献时，对欧美著者只需标注第一个著者的姓，其后附“et al”；对于中国著者应标注第一著者的姓名，其后附“等”字，姓氏与“et al.”“等”之间留适当空隙。

10.2.3　在参考文献表中著录同一著者在同一年出版的多篇文献时，出版年后应用小写字母 a，b，c…区别。

示例：引用同一著者同年出版的多篇英文文献

KENNEDY W J, GARRISON R E. 1975a. Morphology and genesis of nodular chalks and hardgrounds in the Upper Cretaceous of southern England[J] Sedimentology，2：311-386.

KENNEDY W J，GARRISON R E. 1975b. Morphology and genesis of nodular phosphates in the cenomanian of South-east England[J]. Lethaia，8：339-360.

10.2.4　多次引用同一著者的同一文献，在正文中标注著者与出版年，并在“( )”外以角标的形式著录引文页码。

示例：多次引用同一著者的同一文献

主编靠编辑思想指挥全局已是编辑界的共识(张忠智，1997)，然而对编辑思想至今没有一个明确的界定，故不妨提出一个构架……参与讨论。由于“思想”的内涵是“客观存在反映在人的意识中经过思维活动而产生的结果”(中国社会科学院语言研究所词典编辑室，1996)[1194]，所以“编辑思想”的内涵就是编辑实践反映在编辑工作者的意识中，“经过思维活动而产生的结果”。……《中国青年》杂志创办人追求的高格调——理性的成熟与热点的凝聚(刘彻东，1998)，表明其读者群的文化的品位的高层次……“方针”指“引导事业前进的方向和目标”(中国社会科学院语言研究所词典编辑室，1996)[235]。……对编辑方针，1981年中国科协副主席裴丽生曾有过科学的论断——“自然科学学术期刊必须坚持以马列主义、毛泽东思想为指导，贯彻为国民经济发展服务，理论与实践相结合，普及与提高相结合，‘百花齐放，百家争鸣’的方针。”(裴丽生，1981)它完整地回答了为谁服务，怎样服务，如何服务得更好的问题。

……

参考文献：

裴丽生，1981. 在中国科协学术期刊编辑工作经验交流会上的讲话[C]//中国科协学术期刊编辑工作经验交流会资料选. 北京：中国科学技术协会学会工作部：2-10.

刘彻东，1998. 中国的青年刊物：个性特色为本[J]. 中国出版(5)：38-39.

张忠智，1997. 科技书刊的总编(主编)的角色要求[C]//中国科学技术期刊编辑学会建会十周年学术研讨会论文汇编. 北京：中国科学技术期刊编辑学会学术委员会：33-34.

中国社会科学院语言研究所词典编辑室. 1996. 现代汉语词典[M]. 修订本. 北京：商务印书馆.

…………

附录A(资料性附录，略)

附录B(资料性附录)文献类型和电子文献载体标识代码

表B.1　文献类型和标识代码

文献类型	标志代码	文献类型	标志代码
普通图书	M	专利	P
会议录	C	数据库	DB
汇编	G	计算机程序	CP
报纸	N	电子公告	EB
期刊	J	档案	A
学位论文	D	舆图	CM
报告	R	数据集	DS
标准	S	其他	Z

表 B.2　电子文献载体和标识代码

电子资源的载体类型	载体类型标识代码	电子资源的载体类型	载体类型标识代码
磁带(magnetic tape)	MT	光盘(CD-ROW)	CD
磁盘(disk)	DK	联机网络(online)	OL

附录

附录4 《出版物上数字用法》GB/T 15835—2011(节录)

前言(略)

1 范围

2 规范性引用文件(略)

3 术语和定义(略)

4 数字形式的选用

4.1 选用阿拉伯数字

4.1.1 用于计量的数字

在使用数字进行计量的场合，为达到醒目、易于辨识的效果，应采用阿拉伯数字。

示例：-125.03　　34.05%　　63%~68%　　1∶500　　97/108

当数值伴随有计量单位时，如：长度、容积、面积、体积、质量、温度、经纬度、音量、频率等等，特别是当计量单位以字母表达时，应采用阿拉伯数字。

示例：523.56km(523.56千米)　　567mm^3(567立方毫米)

34~39 ℃(34~39摄氏度)　　346.87 L(346.87升)

605 g(605克)　　北纬40°(40度)

4.1.2 用于编号的数字

在使用数字进行编号的场合，为达到醒目，易于辨识的效果，应采用阿拉伯数字。

示例：电话号码：98888　邮政编码：100871

通信地址：北京市海淀区复兴路11号

电子邮件地址：x186@186.net

网页地址：http://127.0.0.1

4.1.3 已定型的含阿拉伯数字的词语

现代社会生活中出现的事物、现象、事件，其名称的书写形式中包含阿拉伯数字，已经广泛使用而稳定下来，应采用阿拉伯数字。

示例：3G手机　　MP3播放器　　G8峰会　　维生素B12　　97号汽油

4.2 选用汉字数字

4.2.1 非公历纪年

干支纪年、农历月日、历史朝代纪年及其他传统上采用汉字形式的非公历纪年等等，应采用汉字数字。

示例：丙寅年十月十五日　庚辰年八月五日　　腊月二十三　　正月初五

秦文公四十四年　　太平天国庚申十年九月二十四日

4.2.2 概数

数字连用表示的概数、含“几”的概数，应采用汉字数字。

示例：三四个月　　一二十个　　四十五六岁　　五六万套　　五六十年前

4.2.3 已定型的含汉字数字的词语

汉语中长期使用已经稳定下来的包含汉字数字形式的词语，应采用汉字数字。

示例：万一　一律　一旦　三叶虫　四书五经　星期五　四氧化三铁

七上八下　一心一意　不管三七二十一　一方面　二百五

4.3　选用阿拉伯数字与汉字数字均可

如果表达计量或编号所需要用到的数字个数不多，选择汉字数字还是阿拉伯数字在书写的简洁性和辨识的清晰性两方面没有明显差异时，两种形式均可使用。

示例：17 号楼(十七号楼)　3 倍(三倍)　第 5 个工作日(第五个工作日)

100 多件(一百多件)　20 余次(二十余次)　约 300 人(约三百人)

如果要突出简洁醒目的表达效果，应使用阿拉伯数字；如果要突出庄重典雅的表达效果，应使用汉字数字。

示例：北京时间 2008 年 5 月 12 日 14 时 28 分

十一届全国人大一次会议(不写为"11 届全国人大 1 次会议")

在同一场合出现的数字，应遵循"同类别同形式"原则来选择数字的书写形式。如果两数字的表达功能类别相同(比如都是表达年月日时间的数字)，或者两数字在上下文中所处的层级相同(比如文章目录中同级标题的编号)，应选用相同的形式。反之，如果两数字的表达功能不同．或所处层级不同，可以选用不同的形式。

示例：2008 年 8 月 8 日　二〇〇八年八月八日(不写为"二〇〇八年 8 月 8 日")

应避免相邻的两个阿拉伯数字造成歧义的情况。

示例：高三 3 个班　高三三个班(不写为"高 33 个班")

　　　高三 2 班　高三(2)班　(不写为"高 32 班")

有法律效力的文件、公告文件或财务文件中可同时采用汉字数字和阿拉伯数字。

示例：2008 年 4 月保险账户结算日利率为万分之一点五七五零(0.015750%)

　　　35.5 元(35 元 5 角　三十五元五角　叁拾伍圆伍角)

5　数字形式的使用

5.1　阿拉伯数字的使用

5.1.1　多位数

为便于阅读，四位以上的整数或小数，可采用以下两种方式分节：

——第一种方式：千分撇

整数部分每三位一组，以","分节。小数部分不分节。四位以内的整数可以不分节。

示例：624,000　92,300,000　19,351,235.235767　1256

——第二种方式：千分空

从小数点起，向左和向右每三位数字一组，组间空四分之一个汉字，即二分之一个阿拉伯数字的位置。四位以内的整数可以不加千分空。

示例：55 235 367.346 23　98 235 358.238 368

注：各科学技术领域的多位数分节方式参照 GB 3101—1993 的规定执行。

5.1.2　纯小数

纯小数必须写出小数点前定位的"0"，小数点是齐阿拉伯数字底线的实心点"."。

示例：0.46 不写为 .46 或 0。46

5.1.3　数值范围

在表示数值的范围时，可采用浪纹式连接号"~"或一字线连接号"-"。前后两个数值的附加符号或计量单位相同时，在不造成歧义的情况下，前一个数值的附加符号或计量单位可省略，如果省略数值的附加符号或计量单位会造成歧义，则不应省略。

示例：-36~-8℃　　400-429 页　　100-100kg　　12 500~20 000 元

9 亿~16 亿(不写为 9~16 亿)　　13 万元~17 万元(不写为 13~17 万元)

15%~30%(不写为 15~30%)　　$4.3\times10^6\sim5.7\times10^6$(不写为 $4.3\sim5.7\times10^6$)

5.1.4　年月日

年月日的表达顺序应按照口语中年月日的自然顺序书写。

示例：2008 年 8 月 8 日　1997 年 7 月 1 日

“年”“月”可按照 GB/T 7408-2005 的 5.2.1.1 中的扩展格式，用“-”替代，但年月日不完整时不能替代。

示例：2008-8-8　1997-7-1　8 月 8 日(不写为 8-8)　2008 年 8 月(不写为 2008-8)

四位数字表示的年份不应简写为两位数字。

示例：“1990 年”不写为“90 年”

月和日是一位数时，可在数字前补“0”。

示例：2008-08-08　1997-07-01

5.1.5　时分秒

计时方式既可采用 12 小时制，也可采用 24 小时制。

示例：11 时 40 分(上午 11 时 40 分)　　21 时 12 分 36 秒(晚上 9 时 12 分 36 秒)

时分秒的表达顺序应按照口语中时、分、秒的自然顺序书写。

示例：15 时 40 分　14 时 12 分 36 秒

“时”“分”也可按照 GB/T 7408-2000 的 5.3.1.1 和 5.3.1.2 中的扩展格式，用“:”替代 。

示例：15：40　　14：12：36

5.1.6　含有月日的专名

含有月日的专名采用阿拉伯数字表示时，应采用间隔号“·”将月、日分开，并在数字前后加引号。

示例：“3·15”消费者权益日

5.1.7　书写格式

5.1.7.1　字体

出版物中的阿拉伯数字，一般应使用正体二分字身，即占半个汉字位置。

示例：234　57.236

5.1.7.2　换行

一个用阿拉伯数字书写的数值应在同一行中，避免被断开。

5.1.7.3　竖排文本中的数字方向

竖排文字中的阿拉伯数字按顺时针方向转 90 度。旋转后要保证同一个词语单位的文字方向相同。

5.2　汉字数字的使用

5.2.1　概数

两个数字连用表示概数时，两数之间不用顿号“、”隔开。

示例：二三米　　一两个小时　　三五天　　一二十个　　四十五六岁

5.2.2　年份

年份简写后的数字可以理解为概数时，一般不简写。

示例：“一九七八年”不写为“七八年”

5.2.3　含有月日的专名

含有月日的专名采用汉字数字表示时，如果涉及一月、十一月、十二月，应用间隔号“·

”将表示月和日的数字隔开，涉及其他月份时，不用间隔号。

示例：“一・二八”事变　“一二・九”运动　五国际劳动节

5.2.4　大写汉字数字

——大写汉字数字的书写形式

零、壹、贰、叁、肆、伍、陆、柒、捌、玖、拾、佰、仟、万、亿

——大写汉字数字的适用场合

法律文书和财务票据上，应采用大写汉字数字形式记数。

示例：3,504 元(叁仟伍佰零肆圆)　39,148 元(叁万玖仟壹佰肆拾捌圆)

5.2.5　“零”和“○”

阿拉伯数字“0”有“零”和“○”两种汉字书写形式。一个数字用作计量时，其中“0”的汉字书写形式为“零”，用作编号时，“0”的汉字书写形式为“○”。

示例：“3052(个)”的汉字数字形式为“三千零五十二”(不写为“三千○五十二”)

“95.06”的汉字数字形式为“九十五点零六”(不写为“九十五点○六”)

“公元 2012(年)”的汉字数字形式为“二○一二”(不写为“二零一二”)

5.3　阿拉伯数字与汉字数字同时使用

如果一个数值很大，数值中的“万”“亿”单位可以采用汉字数字，其余部分采用阿拉伯数字。

示例：我国 1982 年人口普查人数为 10 亿零 817 万 5 288 人

除上面情况之外的一般数值，不能同时采用阿拉伯数字与汉字数字

示例：108 可以写作“一百零八”，但不应写作“1 百零 8”“一百 08”

4 000 可以写作“四千”，但不应写作“4 千”。

附录5 《标点符号用法》GB/T 15834—2011(节录)

前言(略)

1 范围(略)

2 术语和定义(略)

3 标点符号的种类(略)

4 标点符号的定义、形式和用法

4.1 句号

4.1.1 定义

句末点号的一种，主要表示句子的陈述语气。

4.1.2 形式

句号的形式是“。”。

4.1.3 基本用法

4.1.3.1 用于句子末尾，表示陈述语气。使用句号主要根据语段前后有较大停顿、带有陈述语气和语调，并不取决于句子的长短。

示例：北京是中华人民共和国的首都。

4.1.3.2 有时也可表示较缓和的祈使语气和感叹语气。

示例：请您稍等一下。

4.2 问号

4.2.1 定义

句末点号的一种，主要表示句子的疑问语气。

4.2.2 形式

问号的形式是“？”。

4.2.3 基本用法

4.2.3.1 用于句子末尾，表示疑问语气(包括反问、设问等疑问类型)。使用问号主要根据语段前后有较大停顿、带有疑问语气和语调，并不取决于句子的长短。

示例：你怎么还不回家去呢？

4.2.3.2 选择问句中，通常只在最后一个选项的末尾用问号，各个选项之间一般用逗号隔开。当选项较短且选项之间几乎没有停顿时，选项之间可不用逗号。当选项较多或较长，或有意突出每个选项的独立性时，也可每个选项之后都用问号。

4.2.3.3 在多个问句连用或表达疑问语气加重时，可叠用问号。通常应先单用，再叠用，最多叠用三个问号。在没有异常强烈的情感表达需要时不宜叠用问号。

示例：这就是你的做法吗？你这个总经理是怎么当的？？你怎么竟敢这样欺骗消费者？？？

4.2.3.4 问号也有标号的用法，即用于句内，表示存疑或不详。

示例：马致远(1250？—1321)，大都人，元代戏曲家、散曲家。

4.3 叹号

4.3.1 定义

句末点号的一种，主要表示句子的感叹语气。

4.3.2　形式

叹号的形式是“！”。

4.3.3　基本用法

4.3.3.1　用于句子末尾，主要表示感叹语气，有时也可表示强烈的祈使语气、反问语气等。使用叹号主要根据语段前后有较大停顿、带有感叹语气和语调或带有强烈的祈使、反问语气和语调，并不取决于句子的长短。

示例：才一年不见，这孩子都长这么高啦！

4.3.3.2　用于拟声词后，表示声音短促或突然。

示例：咔嚓！一道闪电划破了夜空。

4.3.3.3　表示声音巨大或声音不断加大时，可叠用叹号；表达强烈语气时，也可叠用叹号，最多叠用三个叹号。在没有异常强烈的情感表达需要时不宜叠用叹号。

示例：我要揭露！我要控诉！！我要以死抗争！！！

4.3.3.4　当句子包含疑问、感叹两种语气且都比较强烈时（如带有强烈感情的反问句和带有惊愕语气的疑问句），可在问号后再加叹号（问号、叹号各一）。

示例：这么点困难就能把我们吓倒吗？！

4.4　逗号

4.4.1　定义

句内点号的一种，表示句子或语段内部的一般性停顿。

4.4.2　形式

逗号的形式是“，”。

4.4.3　基本用法

4.4.3.1　复句内各分句之间的停顿，除了有时用分号（见4.6.3.1），一般都用逗号。

示例：不是人们的意识决定人们的存在，而是人们的社会存在决定人们的意识。

4.4.3.2　用于下列各种语法位置：

a）较长的主语之后。

示例：苏州园林建筑各种门窗的精美设计和雕镂功夫，都令人叹为观止。

b）句首的状语之后。

示例：在苍茫的大海上，狂风卷集着乌云。

c）较长的宾语之前。

示例：有的考古工作者认为，南方古猿生存于上新世至更新世的初期和中期。

d）带句内语气词的主语（或其他成分）之后，或带句内语气词的并列成分之间。

示例：他呢，倒是很乐意地、全神贯注地干起来了。

示例：（那是个没有月亮的夜晚。）可是整个村子——白房顶啦，白树木啦，雪堆啦，全看得见。

e）较长的主语中间、谓语中间或宾语中间。

示例：母亲沉痛的诉说，以及亲眼见到的事实，都启发了我幼年时期追求真理的思想。

f）前置的谓语之后或后置的状语、定语之前。

示例：真美啊，这条蜿蜒的林间小路。

4.4.3.3　用于下列各种停顿处：

a）复指成分或插说成分前后。

示例：老张，就是原来的办公室主任，上星期已经调走了。

b）语气缓和的感叹语、称谓语或呼唤语之后。

示例：哎哟，这儿，快给我揉揉。

c）某些序次语（“第”字头、“其”字头及“首先”类序次语）之后。

示例：为什么许多人都有长不大的感觉呢？原因有三：第一，父母总认为自己比孩子成熟；第二，父母总要以自己的标准来衡量孩子；第三，父母出于爱心而总不想让孩子在成长的过程中走弯路。

4.5　顿号

4.5.1　定义

句内点号的一种，表示语段中并列词语之间或某些序次语之后的停顿。

4.5.2　形式

顿号的形式是“、”。

4.5.3　基本用法

4.5.3.1　用于并列词语之间。

示例：这里有自由、民主、平等、开放的风气和氛围。

4.5.3.2　用于需要停顿的重复词语之间。

示例：他几次三番、几次三番地辩解着。

4.5.3.3　用于某些序次语（不带括号的汉字数字或“天干地支”类序次语）之后。

示例：我准备讲两个问题：一、逻辑学是什么？二、怎样学好逻辑学？

4.5.3.4　相邻或相近两数字连用表示概数通常不用顿号。若相邻两数字连用为缩略形式，宜用顿号。

示例：飞机在6000米高空水平飞行时，只能看到两侧八九公里和前方一二十公里范围内的地面。

4.5.3.5　标有引号的并列成分之间、标有书名号的并列成分之间通常不用顿号。若有其他成分插在并列的引号之间或并列的书名号之间（如引语或书名号之后还有括注），宜用顿号。

示例：“日”“月”构成“明”字。

4.6　分号

4.6.1　定义

句内点号的一种，表示复句内部并列关系分句之间的停顿，以及非并列关系的多重复句中第一层分句之间的停顿。

4.6.2　形式

分号的形式是“；”。

4.6.3　基本用法

4.6.3.1　表示复句内部并列关系的分句（尤其当分句内部还有逗号时）之间的停顿。

示例：语言文字的学习，就理解方面说，是得到一种知识；就运用方面说，是养成一种习惯。

示例：内容有分量，尽管文章短小，也是有分量的；内容没有分量，即使写得再长也没有用。

4.6.3.2　表示非并列关系的多重复句中第一层分句（主要是选择、转折等关系）之间的停顿。

示例：人还没看见，已经先听见歌声了；或者人已经转过山头望不见了，歌声还余音袅袅。

4.6.3.3　用于分项列举的各项之间。

示例：特聘教授的岗位职责为：一、讲授本学科的主干基础课程；二、主持本学科的重大科研项目；三、领导本学科的学术队伍建设；四、带领本学科赶超或保持世界先进水平。

4.7　冒号

4.7.1　定义

句内点号的一种，表示语段中提示下文或总结上文的停顿。

4.7.2　形式

冒号的形式是“：”。

4.7.3　基本用法

4.7.3.1　用于总说性或提示性词语（如“说”“例如”“证明”等）之后，表示提示下文。

示例：北京紫禁城有四座城门：午门、神武门、东华门和西华门。

4.7.3.2　表示总结上文。

示例：张华上了大学，李萍进了技校，我当了工人：我们都有美好的前途。

4.7.3.3　用在需要说明的词语之后，表示注释和说明。

示例：（本市将举办首届大型书市。）主办单位：市文化局；承办单位：市图书进出口公司；时间：8月15日—20日；地点：市体育馆观众休息厅。

4.7.3.4　用于书信、讲话稿中称谓语或称呼语之后。

示例：广平先生：……

4.7.3.5　一个句子内部一般不应套用冒号。在列举式或条文式表述中，如不得不套用冒号时，宜另起段落来显示各个层次。

示例：第十条　遗产按照下列顺序继承：

　　第一顺序：配偶、子女、父母。

　　第二顺序：兄弟姐妹、祖父母、外祖父母。

4.8　引号

4.8.1　定义

标号的一种，标示语段中直接引用的内容或需要特别指出的成分。

4.8.2　形式

引号的形式有双引号““ ””和单引号“‘ ’”两种。左侧的为前引号，右侧的为后引号。

4.8.3　基本用法

4.8.3.1　标示语段中直接引用的内容。

示例：李白诗中就有“白发三千丈”这样极尽夸张的语句。

4.8.3.2　标示需要着重论述或强调的内容。

示例：这里所谓的“文”，并不是指文字，而是指文采。

4.8.3.3　标示语段中具有特殊含义而需要特别指出的成分，如别称、简称、反语等。

示例：电视被称作“第九艺术”。

4.8.3.4　当引号中还需要使用引号时，外面一层用双引号，里面一层用单引号。

示例：他问：“老师，‘七月流火’是什么意思？”

4.8.3.5　独立成段的引文如果只有一段，段首和段尾都用引号；不止一段时，每段开头仅用前引号，只在最后一段末尾用后引号。

示例：我曾在报纸上看到有人这样谈幸福：

　　“幸福是知道自己喜欢什么和不喜欢什么。……

　　“幸福是知道自己擅长什么和不擅长什么。……

　　“幸福是在正确的时间做了正确的选择。……”

4.8.3.6　在书写带月、日的事件、节日或其他特定意义的短语(含简称)时，通常只标引其中的月和日；需要突出和强调该事件或节日本身时，也可连同事件或节日一起标引。

示例：“5·12”汶川大地震

4.9　括号

4.9.1　定义

标号的一种，标示语段中的注释内容、补充说明或其他特定意义的语句。

4.9.2　形式

括号的主要形式是圆括号“(　)”，其他形式还有方括号“[ ]”、六角括号“〔　〕”和方头括号“【　】”等。

4.9.3　基本用法

4.9.3.1　标示下列各种情况，均用圆括号：

a) 标示注释内容或补充说明。

示例：我校拥有特级教师(含已退休的)17 人。

b) 标示订正或补加的文字。

示例：信纸上用稚嫩的字体写着：“阿夷(姨)，你好!”。

c) 标示序次语。

示例：语言有三个要素：(1)声音；(2)结构；(3)意义。

d) 标示引语的出处。

示例：他说得好：“未画之前，不立一格；既画之后，不留一格。”(《板桥集·题画》)

e) 标示汉语拼音注音。

示例：“的(de)”这个字在现代汉语中最常用。

4.9.3.2　标示作者国籍或所属朝代时，可用方括号或六角括号。

示例：[英]赫胥黎《进化论与伦理学》

4.9.3.3　报刊标示电讯、报道的开头，可用方头括号。

示例：【新华社南京消息】

4.9.3.4　标示公文发文字号中的发文年份时，可用六角括号。

示例：国发〔2011〕3 号文件

4.9.3.5　标示被注释的词语时，可用六角括号或方头括号。

示例：〔奇观〕奇伟的景象。

4.9.3.6　除科技书刊中的数学、逻辑公式外，所有括号(特别是同一形式的括号)应尽量避免套用。必须套用括号时，宜采用不同的括号形式配合使用。

示例：〔茸(róng)毛〕很细很细的毛。

4.10　破折号

4.10.1　定义

标号的一种，标示语段中某些成分的注释、补充说明或语音、意义的变化。

4.10.2　形式

破折号的形式是“——”。

4.10.3　基本用法

4.10.3.1　标示注释内容或补充说明(也可用括号，见 4.9.3.1；二者的区别另见 B.1.7)。

示例：一个矮小而结实的日本中年人——内山老板走了过来。

4.10.3.2　标示插入语(也可用逗号，见 4.4.3.3)。

示例：这简直就是——说得不客气点——无耻的勾当！
4.10.3.3　标示总结上文或提示下文(也可用冒号，见4.7.3.1、4.7.3.2)。
示例：坚强，纯洁，严于律己，客观公正——这一切都难得地集中在一个人身上。
4.10.3.4　标示话题的转换。
示例："好香的干菜，——听到风声了吗?"赵七爷低声说道。
4.10.3.5　标示声音的延长。
示例："嘎——"传过来一声水禽被惊动的鸣叫。
4.10.3.6　标示话语的中断或间隔。
示例："班长他牺——"小马话没说完就大哭起来。
4.10.3.7　标示引出对话。
示例：——你长大后想成为科学家吗?

——当然想了！

4.10.3.8　标示事项列举分承。
示例：根据研究对象的不同，环境物理学分为以下五个分支学科：

——环境声学；

——环境光学；

——环境热学；

——环境电磁学；

——环境空气动力学。

4.10.3.9　用于副标题之前。
示例：飞向太平洋

——我国新型号运载火箭发射目击记

4.10.3.10　用于引文、注文后，标示作者、出处或注释者。
示例1：先天下之忧而忧，后天下之乐而乐。

——范仲淹

4.11　省略号
4.11.1　定义
标号的一种，标示语段中某些内容的省略及意义的断续等。
4.11.2　形式
省略号的形式是"……"。
4.11.3　基本用法
4.11.3.1　标示引文的省略。
示例：我们齐声朗诵起来："……俱往矣，数风流人物，还看今朝。"
4.11.3.2　标示列举或重复词语的省略。
示例：对政治的敏感，对生活的敏感，对性格的敏感，……这都是作家必须要有的素质。
4.11.3.3　标示语意未尽。
示例：你这样干，未免太……！
4.11.3.4　标示说话时断断续续。
示例：她磕磕巴巴地说："可是……太太……我不知道……你一定是认错了。"
4.11.3.5　标示对话中的沉默不语。
示例："还没结婚吧?"

"……"他飞红了脸，更加忸怩起来。

4.11.3.6　标示特定的成分虚缺。

示例：只要……就……

4.11.3.7　在标示诗行、段落的省略时，可连用两个省略号(即相当于十二连点)。

示例：从隔壁房间传来缓缓而抑扬顿挫的吟咏声——

床前明月光，疑是地上霜。

…………

4.12　着重号

4.12.1　定义

标号的一种，标示语段中某些重要的或需要指明的文字。

4.12.2　形式

着重号的形式是“.”标注在相应文字的下方。

4.12.3　基本用法

4.12.3.1　标示语段中重要的文字。

示例：诗人需要表现，而不是证明。

4.12.3.2　标示语段中需要指明的文字。

示例：下边加点的字，除了在词中的读法外，还有哪些读法？

着急 子弹 强调

4.13　连接号

4.13.1　定义

标号的一种，标示某些相关联成分之间的连接。

4.13.2　形式

连接号的形式有短横线“-”、一字线“—”和浪纹线“~”三种。

4.13.3　基本用法

4.13.3.1　标示下列各种情况，均用短横线：

a) 化合物的名称或表格、插图的编号。

示例：3-戊酮为无色液体，对眼及皮肤有强烈的腐蚀性。

b) 连接号码，包括门牌号码、电话号码，以及用阿拉伯数字表示年月日等。

示例：安宁里东路 26 号院 3-2-11 室

c) 在复合名词中起连接作用。

示例：吐鲁番-哈密盆地

d) 某些产品的名称和型号。

示例：WZ-10 直升机具有复杂天气和夜间作战的能力。

e) 汉语拼音、外来语内部的分合。

示例：shuōshuō-xiàoxiào(说说笑笑)

4.13.3.2　标示下列各种情况，一般用一字线，有时也可用浪纹线：

a) 标示相关项目(如时间、地域等)的起止。

示例：沈括(1031—1095)，宋朝人。

b) 标示数值范围(由阿拉伯数字或汉字数字构成)的起止。

示例：25~30 g

4.14　间隔号

4.14.1　定义

标号的一种，标示某些相关联成分之间的分界。

4.14.2 形式

间隔号的形式是“·”。

4.14.3 基本用法

4.14.3.1 标示外国人名或少数民族人名内部的分界。

示例：克里斯蒂娜·罗塞蒂

4.14.3.2 标示书名与篇(章、卷)名之间的分界。

示例：《淮南子·本经训》

4.14.3.3 标示词牌、曲牌、诗体名等和题名之间的分界。

示例：《沁园春·雪》

4.14.3.4 用在构成标题或栏目名称的并列词语之间。

示例：《天·地·人》

4.14.3.5 以月、日为标志的事件或节日，用汉字数字表示时，只在一、十一和十二月后用间隔号；当直接用阿拉伯数字表示时，月、日之间均用间隔号(半角字符)。

示例：“九一八”事变 “五四”运动

4.15 书名号

4.15.1 定义

标号的一种，标示语段中出现的各种作品的名称。

4.15.2 形式

书名号的形式有双书名号“《 》”和单书名号“〈 〉”两种。

4.15.3 基本用法

4.15.3.1 标示书名、卷名、篇名、刊物名、报纸名、文件名等。

示例：《红楼梦》(书名)

4.15.3.2 标示电影、电视、音乐、诗歌、雕塑等各类用文字、声音、图像等表现的作品的名称。

示例：《庄子研究文献数据库》(光盘名)

4.15.3.3 标示全中文或中文在名称中占主导地位的软件名。

示例：科研人员正在研制《电脑卫士》杀毒软件。

4.15.3.4 标示作品名的简称。

示例：我读了《念青唐古拉山脉纪行》一文(以下简称《念》)，收获很大。

4.15.3.5 当书名号中还需要书名号时，里面一层用单书名号，外面一层用双书名号。

示例：《教育部关于提请审议〈高等教育自学考试试行办法〉的报告》

4.16 专名号

4.16.1 定义

标号的一种，标示古籍和某些文史类著作中出现的特定类专有名词。

4.16.2 形式

专名号的形式是一条直线，标注在相应文字的下方。

4.16.3 基本用法

4.16.3.1 标示古籍、古籍引文或某些文史类著作中出现的专有名词，主要包括人名、地名、国名、民族名、朝代名、年号、宗教名、官署名、组织名等。

示例：<u>孙坚</u>人马被<u>刘表</u>率军围得水泄不通。(人名)

4.16.3.2 现代汉语文本中的上述专有名词，以及古籍和现代文本中的单位名、官职名、事件名、会议名、书名等不应使用专名号。必须使用标号标示时，宜使用其他相应标号(如引号、书名号等)。

4.17 分隔号

4.17.1 定义

标号的一种，标示诗行、节拍及某些相关文字的分隔。

4.17.2 形式

分隔号的形式是“/”。

4.17.3 基本用法

4.17.3.1 诗歌接排时分隔诗行(也可使用逗号和分号，见4.4.3.1/4.6.3.1)。

示例：春眠不觉晓/处处闻啼鸟/夜来风雨声/花落知多少。

4.17.3.2 标示诗文中的音节节拍。

示例：横眉/冷对/千夫指，俯首/甘为/孺子牛。

4.17.3.3 分隔供选择或可转换的两项，表示“或”。

示例：动词短语中除了作为主体成分的述语动词之外，还包括述语动词所带的宾语和/或补语。

4.17.3.4 分隔组成一对的两项，表示“和”。

示例：13/14次特别快车

4.17.3.5 分隔层级或类别。

示例：我国的行政区划分为：省(直辖市、自治区)/省辖市(地级市)/县(县级市、区、自治州)/乡(镇)/村(居委会)。

5 标点符号的位置和书写形式

5.1 横排文稿标点符号的位置和书写形式

5.1.1 句号、逗号、顿号、分号、冒号均置于相应文字之后，占一个字位置，居左下，不出现在一行之首。

5.1.2 问号、叹号均置于相应文字之后，占一个字位置，居左，不出现在一行之首。两个问号(或叹号) 叠用时，占一个字位置；三个问号(或叹号)叠用时，占两个字位置；问号和叹号连用时，占一个字位置。

5.1.3 引号、括号、书名号中的两部分标在相应项目的两端，各占一个字位置。其中前一半不出现在一行之末，后一半不出现在一行之首。

5.1.4 破折号标在相应项目之间，占两个字位置，上下居中，不能中间断开分处上行之末和下行之首。

5.1.5 省略号占两个字位置，两个省略号连用时占四个字位置并须单独占一行。省略号不能中间断开分处上行之末和下行之首。

5.1.6 连接号中的短横线比汉字“一”略短，占半个字位置；一字线比汉字“一”略长，占一个字位置；浪纹线占一个字位置。连接号上下居中，不出现在一行之首。

5.1.7 间隔号标在需要隔开的项目之间，占半个字位置，上下居中，不出现在一行之首。

5.1.8 着重号和专名号标在相应文字的下边。

5.1.9 分隔号占半个字位置，不出现在一行之首或一行之末。

5.1.10 标点符号排在一行末尾时，若为全角字符则应占半角字符的宽度(即半个字位置)，以使视觉效果更美观。

5.1.11 在实际编辑出版工作中，为排版美观、方便阅读等需要，或为避免某一小节最后一个汉字转行 或出现在另外一页开头等情况(浪费版面及视觉效果差)，可适当压缩标点符号所占用的空间。

5.2　竖排文稿标点符号的位置和书写形式

5.2.1　句号、问号、叹号、逗号、顿号、分号和冒号均置于相应文字之下偏右。

5.2.2　破折号、省略号、连接号、间隔号和分隔号置于相应文字之下居中，上下方向排列。

5.2.3　引号改用双引号“﹃”“﹄”和单引号“﹁”“﹂”，括号改用“︵”“︶”，标在相应项目的上下。

5.2.4　竖排文稿中使用浪线式书名号“﹏”，标在相应文字的左侧。

5.2.5　着重号标在相应文字的右侧，专名号标在相应文字的左侧。

5.2.6　横排文稿中关于某些标点不能居行首或行末的要求，同样适用于竖排文稿。

附 录 A（规范性附录，略）

附 录 B（资料性附录，略）

附录6 《校对符号及其用法》GB/T 14706—1993(节录)

1 主要内容与适用范围(略)

2 引用标准(略)

3 术语(略)

4 校对符号及用法示例(见校对符号一览表)

5 使用要求

5.1 校对校样，必须用色笔(墨水笔、圆珠笔等)书写校对符号和示意改正的字符，但是不能用灰色铅笔书写。

5.2 校样上改正的字符要书写清楚。校改外文，要用印刷体。

5.3 校样中的校对引线要从行间画出。墨色相同的校对引线不可交叉。

编号	符号形态	符号作用	符号在文中和页边用法示例	说　明
一、字符的改动				
1	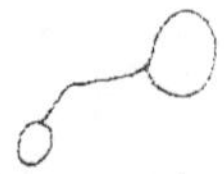	改　正	增高出版物质量。 提 改革开攻 放	改正的字符较多，圈起来有困难时，可用线在页边画清改正的范围 必须更换的损、坏、污字也用改正符号画出
2	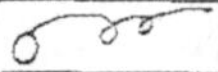	删　除	提高出版物物质质量。	
3		增　补	要搞好校工作。 对	增补的字符较多，圈起来有困难时，可用线在页边画清增补的范围
4	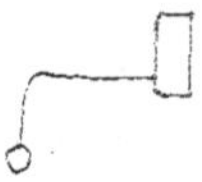	改正上下角	16=42 2 H_2SO_4 4 尼古拉·费欣 · 0.25+0.25=0.5 . 举例：2×3=6 ： X：Y=1：2 ：	
二、字符方向位置的移动				
5		转　正	字符颠倒要转正。	
6	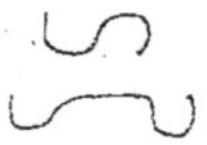	对　调	认真经验总结。 认真验结经总。	用于相邻的字词 用于隔开的字词

编号	符号形态	符号作用	符号在文中和页边用法示例	说　明
7		接　排	要重视校对工作， 提高出版物质量。	
8		另　起　段	完成了任务。明年……	
9	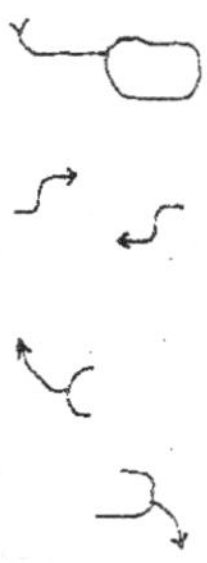	转　移	校对工作，提高出 版物质量要重视。 "。以上引文均见中文新版《 列宁全集》。 编者　年　月 …… 各位编委：	用于行间附近的转移 用于相邻行首末衔接字符的推移 用于相邻页首末衔接行段的推移
10	 或 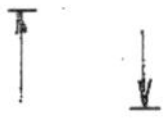	上　下　移	序号　名　称　数量 01　显微镜　2	字符上移到缺口左右水平线处 字符下移到箭头所指的短线处
11	 或 	左　右　移	要重视校对工 作，提高出版物质量。 3 4　5 6　5 欢呼　歌　唱	字符左移到箭头所指的短线处 字符左移到缺口上下垂直线处 符号画得太小时，要在页边重标
12		排　齐	校对工作非常重要。 必须提高印刷质量，缩短印制周期。 国家标准	
13		排阶梯形	RH_2 	
14		正　图	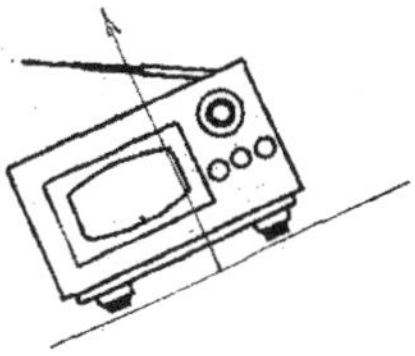	符号横线表示水平位置，竖线表示垂直位置，箭头表示上方

续表

编号	符号形态	符号作用	符号在文中和页边用法示例	说　明
		三、字符间空距的改动		
15	∨ >	加大空距	一、校对程序 ∨ 校对胶印读物、影印书刊的注意事项： >	表示在一定范围内适当加大空距 横式文字画在字头和行头之间
16	∧ <	减小空距	二、校对程 序 ∧ 校对胶印读物、影印书刊的注意事项： <	表示不空或在一定范围内适当减小空距 横式文字画在字头和行头之间
17	#	空 1 字距 空 1/2 字距 空 1/3 字距 空 1/4 字距	第一章校对职责和方法 1. 责任校对	多个空距相同的，可用引线连出，只标示一个符号
18	Y	分　开	Goodmorning! Y	用于外文
		四、其　他		
19	△	保　留	认真搞好校对工作。	除在原删除的字符下画△外，并在原删除符号上画两竖线
20	○=	代　替	兰色的程度不同，从淡兰色到深兰色具有多种层次，如天兰色、湖兰色、海兰色、宝兰色…… ○=蓝	同页内有两个或多个相同的字符需要改正的，可用符号代替，并在页边注明
21	○○○	说　明	第一章 校对的职责 改黑体	说明或指令性文字不要圈起来，在其字下画圈，表示不作为改正的文字。如说明文字较多时，可在首末各三字下画圈

附录 7　理科部分期刊目录表

学科	刊物名称	主办单位
数学类	数学学报	中国科学院数学研究所
	高等学校计算数学学报	南京大学
	高校应用数学学报	浙江大学，中国工业与应用数学学会
	工程数学学报	西安交通大学
	数理统计与应用概率	北京工业大学应用数学系
	数学的实践与认识	中国科学院数学与系统科学研究院
	数学物理学报	中国科学院武汉物理与数学研究所
	系统工程	湖南省系统工程与管理学会
	数学杂志	湖北省数学学会，武汉数学学会，武汉大学
	应用数学	华中理工大学
	数学研究与评论	大连理工大学
	应用数学学报	中国科学院应用数学研究所，中国数学会
	计算数学	中国科学院数学与系统科学研究院
	数学进展	中国数学会
	系统科学与数学	中国科学院系统科学研究所
	数学年刊·A 辑	复旦大学
物理类	半导体学报	中国科学院半导体研究所
	高能物理与核物理	中国科学院高能物理研究所
	声学学报	中国科学院声学所，中国声学学会
	核聚变与等离子体物理	核工业西南物理研究院
	力学学报	中国力学学会，中国科学院力学研究所
	空气动力学学报	中国空气动力学会
	固体力学学报	中国力学学会
	力学进展	中国科学院力学研究所，中国力学学会
	电子学报	中国电子学会
	中国科学·G 辑	中国科学院，国家自然科学基金委员会
	科学通报	中国科学院，国家自然科学基金委员会
	光学学报	中国科学院上海光机所，中国光学学会

续表

学科	刊物名称	主办单位
物理类	物理学报	中国物理学会
	中国激光	中国科学院上海光机所，中国光学学会
	电子科学学刊	中国科学院电子学研究所
	微波学报	中国电子学会
	光子学报	中国科学院西安光学精密机械研究所，中国光学学会
	量子光学学报	山西省物理学会
	物理学进展	中国物理学会
	原子与分子物理学报	中国物理学会
	计算物理	中国核学会
	激光杂志	重庆市光学机械研究所
化学化工类	物理化学学报	中国化学会
	高等学校化学学报	吉林大学，南开大学
	有机化学	中国化学会
	催化化学学报	中国化学会
	无机化学学报	中国化学会
	化工学报	中国化工学会
	高分子学报	中国化学会
	燃料化学学报	中国化学会，中国科学院山西煤炭化学研究所
	分析化学	中国化学会
	化学通报	中国化学会
	化学反应工程与工艺	浙江大学联合化学反应工程研究所，中国石化上海石油化工研究院
	化工进展	中国化工学会
	硅酸盐通报	中国硅酸盐学会，中材人工晶体研究院有限公司
	应用化学	中国化学会，中国科学院长春应用化学研究所
	化学物理学报	中国物理学会
	化学工程	华陆工程科技有限责任公司
	高分子材料科学与工程	中国石油化工股份有限公司科技开发部，国家自然科学基金委员会化学科学部等
	石油学报	中国石油学会
	中国稀土学报	中国稀土学会
	核化学与放射化学	中国核学会核化学与放射化学学会

续表

学科	刊物名称	主办单位
生物类	遗传学报	中国科学院遗传所，中国遗传学会
	植物生理学报	中国植物生理与植物分子生物学学会，中国科学院上海生命科学研究院植物生理生态研究所
	作物学报	中国作物学会，中国农业科学院作物科学研究所，中国科技出版传媒股份有限公司
	植物保护学报	中国植物保护学会，中国农业大学
	病毒学报	中国微生物学会
	环境科学学报	中国科学院生态环境研究中心
	中国农业科学	中国农业科学院，中国农学会
	中国水稻科学	中国水稻研究所
	水土保持学报	中国土壤学会，中国科学院，水利部水土保持研究所
	真菌学报	中国菌物学会
	动物学报	中国动物学会
	生理学报	中国生理学会，中国科学院上海生命科学研究院
	实验生物学报	中国细胞生物学会
	昆虫学报	中国科学院动物研究所，中国昆虫学会
	生态学报	中国生态学会
	动物分类学报	中国科学院动物研究所，中国动物学会，中国昆虫学会
	植物分类学报	中国植物学会
	人类学学报	中国科学院古脊椎动物与古人类研究所
	植物病理学报	中国植物病理学会
	植物学报	中国科学院植物研究所，中国植物学会
	土壤学报	中国科学院南京土壤研究所
	解剖学报	中国解剖学会
	水生生物学报	中国科学院水生生物研究所，中国海洋湖沼学会
	中国免疫学杂志	中国免疫学会
	中国病理生理杂志	中国病理生理学会
	中国细胞生物学学报	中国科学院上海生命科学研究院生物化学与细胞生物学研究所，中国细胞生物学学会
地学类	天文学报	中国天文学会，中国科学院紫金山天文台
	天文和天体物理学研究	中国科学院国家天文台，中国天文学会
	地理学报	中国地理学会，中国科学院国家计划委员会地理研究所
	气象学报	中国气象学会

续表

学科	刊物名称	主办单位
地学类	地震学报	中国地震学会
	地震地质	中国地震局地质研究所
	地质学报	中国地质学会
	岩石学报	中国矿物岩石地球化学学会，中国科学院地质与地球物理研究所
	古生物学报	中国古生物学会，中国科学院南京地质古生物所
	矿物学报	中国科学院地球化学研究所，中国矿物岩石地球学学会
	地层学杂志	全国地层委员会，中国科学院南京地质和古生物研究所
	地球科学	中国地质大学
	沉积学报	中国矿物岩石地球化学学会沉积学专业委员会，中国地质学会沉积地质专业委员会
	地球物理学报	中国地球物理学会，中国科学院地质与地球物理研究所
	地质论评	中国地质学会
计算机类	自动化学报	中国自动化学会，中国科学院自动化研究所
	控制理论与应用	华南理工大学，中国科学院系统科学研究所
	控制与决策	东北大学
	机器人	中国自动化学会，中国科学院沈阳自动化研究所
	模式识别与人工智能	中国自动化学会国家智能计算机研究开发中心，中国科学院合肥智能机械研究所
	系统工程理论与实践	中国系统工程学会
	信息与控制	中国自动化学会，中国科学院沈阳自动化研究所
	计算机学报	中国计算机学会，中国科学院计算技术研究所
	计算机研究与发展	中国科学院计算技术研究所，中国计算机学会
	传感器技术	信息产业部电子第四十九研究所
	微电子学与计算机	中国航天时代电子公司第七七一研究所
	软件学报	中国计算机学会，中国科学院软件研究所